KB143904

초보자도 간단히 단숨에 배우는 자바 JAVA

초보자도 간단히 단숨에 배우는 자바 JAVA

동영상 강의 제공

이현석 지음

터닝 포인트

어느 분야에서나 전문가로써 일을 하다 보면 주변으로부터 그 분야에 종사하기 위해 필요한 기술에 대해 질문을 받게 되곤 합니다. 프로그래밍이라고 해서 예외일 수는 없겠죠. 가령 다음과 같은 질문들이 있습니다.

"프로그래밍은 어려워요?"
"프로그램을 만들기 위해서는 어떤 것을 배워야 하죠?"
"얼마나 공부하면 프로그램을 만들 수 있나요?"

사실 이런 류의 질문들에 한 마디로 대답한다는 것은 퍽이나 난감한 일입니다. 모든 일들이 대충 하는 것은 쉽지만 잘 하려면 시간이 꽤 걸리는 법이죠. 만들려고 하는 프로그램마다 필요한 기술이 다르고 요구되는 숙련도도 다릅니다.

모든 숙련 직업에는 공통적인 사항이 하나 있습니다. "기초"부터 배워야 한다는 것이죠. 이 책은 프로그래밍의 기초이자 특별히 자바의 기초를 전달하기 위해 집필된 책입니다.

자바의 기초를 다룬 책은 시중에서 많이 찾아볼 수 있습니다. 이 책이 다른 책들과 차별될 수 있는 것은 일종의 "결핍"에 있을 것입니다. 필자가 이 책을 집필할 때에는 최대한 많은 부분을 "모르게 하려고" 노력했습니다. 지식을 전달하는 책이 모르게 하려 노력한다니 아이러니한 일이죠.

필자는 대학 시절부터 지금까지 전공자, 비전공자를 막론하고 프로그래밍을 배우기 위해 도전했고 어렵다는 이유로 이를 포기했던 많은 사람들을 봐왔습니다.

요즘은 파이썬이나 자바스크립트와 같은 아주 쉬운 프로그래밍 언어도 많이 유명해지고 책도 많아 프로그래밍을 배우기에는 참 좋은 시대입니다. 이런 상황에서 자바라는 어찌 보면 고리타분하기까지 한 언어를 완전히 배우는 것은 퍽이나 어려운 길일 수도 있습니다. 그래서 필자는 자바라는 언어의 많은 부분들을 걷어내고 정말로 기초적인 부분들만을 통해 예제 코드들을 작성하기 시작했죠.

이 책은 완전한 입문자가 자바 프로그래밍을 맛볼 수 있도록 하는 것을 목표로 집필된 책입니다. 만일 여러분이 프로그래밍을 배우기로 마음먹은 입문자라면 잘 오셨습니다. 길지 않은 시간 후에 스스로 프로그램을 만들고 있는 독자 여러분들을 만날 수 있기를 바랍니다.

책을 집필하는 동안 함께 하는 시간이 많이 줄었지만 묵묵히 견디고 손수 검수까지 맡아준, 집필할 때와 다르게 이제는 배우자가 되어 있는 빛나에게 고마움을 전합니다.

이현석

OS 및 개발툴

이 책은 윈도우 10을 기준으로 집필되었습니다.
개발툴은 IntelliJ 2019.3.1 버전을 기준으로 하였습니다.

챕터 구성

13장을 제외한 모든 장은 다음과 같은 내용을 담고 있습니다.

1. 간단한 개념 소개 및 문법
2. 예제 코드 및 실행 결과
3. 실습용 연습문제

13장에서는 배운 내용을 토대로 간단한 게임을 만들어봅니다.

소스코드 다운로드

- https://github.com/benimario/non-engineer-java-101

대상 독자

이 책은 아래와 같은 분들을 위해 집필이 되었습니다.

- 프로그래밍 경험이 없는 분
- 프로그램을 만드는 방법이 궁금한 분
- 가볍게 프로그래밍의 기초 지식을 배워보고싶은 분

목 차

PART 03 변수

PART 04 연산자를 이용해 값 조작하기

PART 05 데이터의 형태, 자료형

PART 06 사용자 입력과 예외 처리

PART 07 조건문을 이용해 다르게 동작하기

PART 08

배열과 반복문

PART 09

파일 읽고 쓰기

PART 10

메소드를 이용해 반복되는 코드 줄이기

PART 11

배열보다 유용한 컬렉션(Collection)

PART 12 데이터의 연결고리 Map

PART 13 움퍼스 사냥 게임 만들기

PART 01 준비운동

프로그래밍을 시작하기에 앞서 프로그래밍이 무엇인지 어렴풋이라도 알아둔다면 좋을 것입니다. 이 장에서는 프로그래밍의 개념과 자바와의 관계, 그리고 자바 프로그래밍을 시작하기 위해서 필요한 개발용 프로그램을 설치하는 과정에 대해 알아보도록 하겠습니다.

목차

학습 목표

- 프로그래밍과 자바가 무엇인지 이해합니다.
- 자바 프로그래밍 환경을 구축합니다.
- 생에 첫 프로그램을 만들어봅니다.
- 표준 출력에 대해 이해합니다.
- 이 책에서 코드를 작성하는 데에 사용하는 기본 규칙을 살펴봅니다.

주요 용어

- 프로그래밍 : 프로그래밍 언어를 사용해 컴퓨터가 해야할 일을 상세하게 적어놓는 것
- 자바(JAVA) : 프로그래밍 언어 중 하나
- 인텔리제이(IntelliJ) : 대표적인 자바 프로그래밍 도구
- System.out.println() : 화면에 텍스트를 출력하기 위한 명령

학습 시간

50분

동영상 강의

https://bit.ly/2VP2WU6

프로그래밍과 자바

프로그래밍은 단순하게 말하자면 컴퓨터가 해야 할 일을 순서대로 상세하게 적어 놓는 것입니다. 예를 들어, 점심 메뉴를 골라서 추천해주는 프로그램을 만든다면 다음과 같이 적어볼 수 있습니다.

점심 메뉴로는 “자장면”, “짬뽕”, “굶기”가 있다.
점심 메뉴 중 하나를 무작위로 선택한다.
고른 점심 메뉴를 출력해준다.

그림 1.1 프로그래밍은 컴퓨터에게 어떤 일을 해야 하는지 설명하는 것

조금 더 상세하게 적어볼 수도 있고 누군가는 다른 방법으로 적을 수도 있습니다. 예를 들어, 점심 메뉴를 무작위로 고르지 않고 오늘 날짜를 3으로 나눈 나머지를 계산해 나머지 값이 0이라면 “자장면”, 1이라면 “짬뽕”, 2라면 “굶기”를 추천하도록 만들 수도 있습니다. 똑같은 점심 메뉴

추천 프로그램이라도 만드는 사람에 따라 다른 방법으로 만들 수가 있고 절차를 어떻게 만드느냐에 따라 서로 다른 프로그램이 만들어질 수 있는 것입니다.

물론 이렇게 한글로 설명서처럼 적어놓는다고 컴퓨터가 알아서 저 단계들을 실행할 수 있을 리는 없습니다. 프로그램을 작성할 때에는 이를 작성하기 위해 고안된 특별한 언어로 작성해야 하며 이를 위한 형식을 지켜야 합니다. 그리고 이렇게 문자로 작성된 절차들을 실행 가능한 실행 파일의 형태로 변환해주는 과정이 필요합니다.

사람이 작성하고 컴퓨터가 알아들을 수 있는 언어들을 프로그래밍 언어라고 부르며, 널리 사용되는 프로그래밍 언어에는 C, C++, 자바, 파이썬 등 아주 다양한 종류가 존재합니다. 이 많은 프로그래밍 언어 가운데 자바는 국내나 해외를 가리지 않고 많은 대기업들이 프로그램을 개발하기 위해 사용하고 있는 언어입니다. 그만큼 수요가 많다는 것이죠.

자바로 개발할 수 없는 프로그램은 없다고 말할 정도로 자바는 널리 사용되는 언어입니다. 자바를 배우면 PC용 프로그램부터 웹서버, 게임 서버, 스마트폰 앱까지 아주 많은 것들을 만들 수가 있습니다. 물론 이런 복잡한 프로그램들을 개발하기 위해서는 많은 훈련이 필요합니다. 그렇다면 우리는 어떤 것부터 훈련해야 할까요? 모든 것들이 그렇듯 기초부터 시작해야 합니다. 우리는 이제부터 자바로 프로그램을 개발하는 아주 기초적인 방법들을 배우게 될 것입니다.

자바 프로그램 개발 툴 IntelliJ 설치하기

자바로 개발을 시작할 때에는 개발에 도움이 되는 많은 기능들이 포함된 개발용 프로그램을 사용하는 것이 일반적입니다. 이 책에서는 널리 사용되고 있는 개발 툴인 인텔리제이(IntelliJ)를 사용할 것입니다. 웹브라우저의 주소창에 다음 주소를 입력해 인텔리제이 다운로드 페이지로 들어가보세요.

http://jetbrains.com/idea/

이 페이지에 접속하면 다음과 같은 페이지가 나타납니다. 한글 홈페이지가 준비되어 있지는 않지만 당황하지 말고 침착하게 DOWNLOAD 버튼을 클릭합니다.

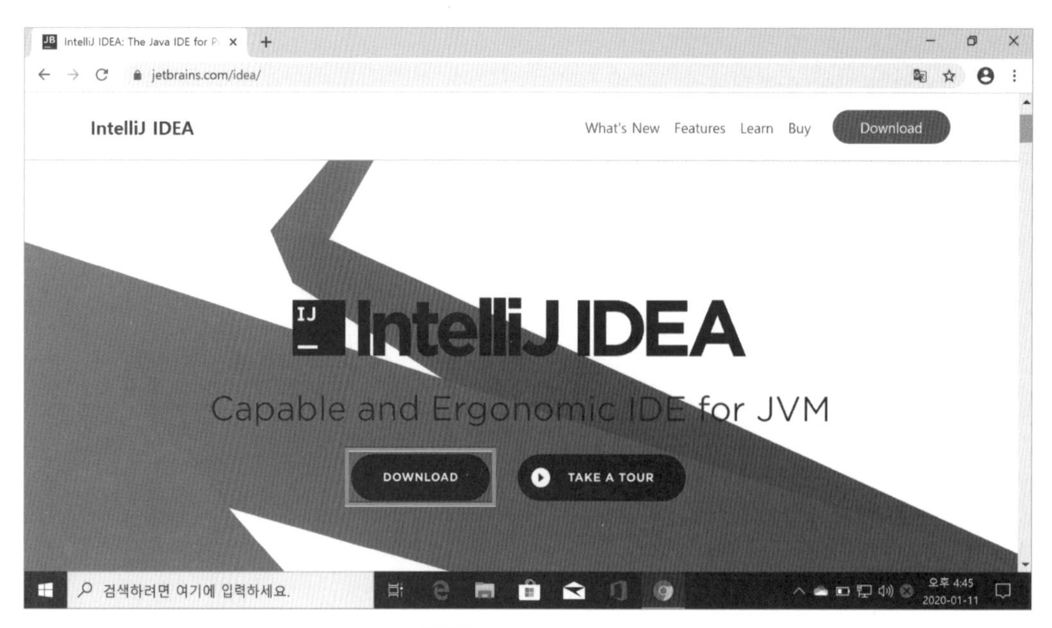

그림 1.2 인텔리제이 홈페이지

다운로드 버튼을 클릭하면 유료 프로그램(Ultimate)을 다운로드 받을 것인지 무료 프로그램(Community)을 다운로드 받을 것인지를 선택하는 화면이 나타납니다. 자바를 공부하기 위해 굳이 유료 프로그램이 필요하지는 않으므로 커뮤니티 에디션 하단의 다운로드 버튼을 클릭합니다.

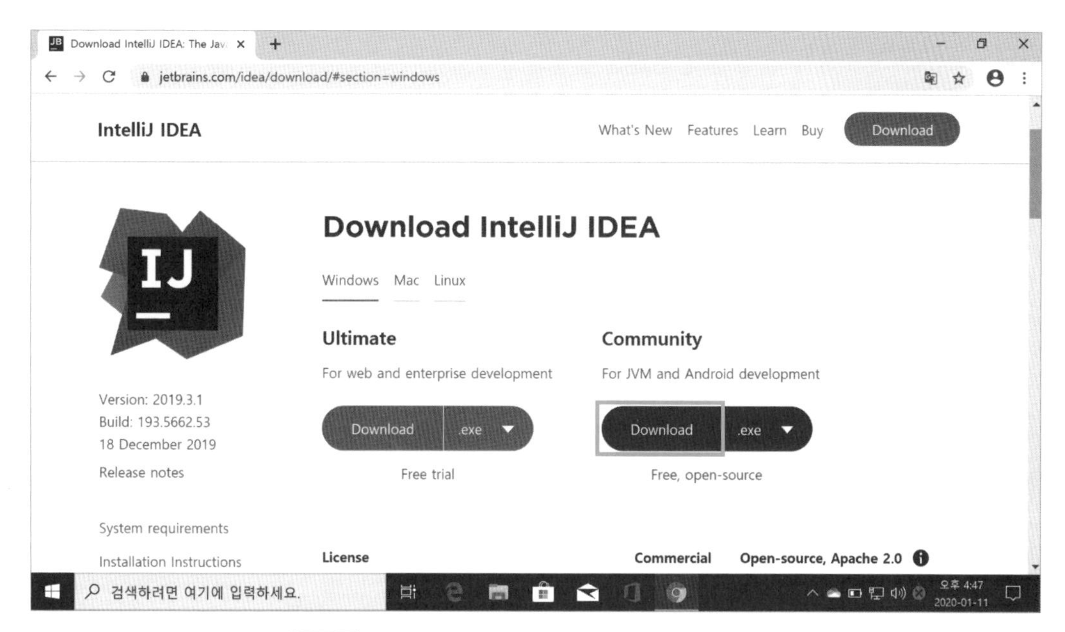

그림 1.3 인텔리제이 다운로드 페이지에서 커뮤니티 에디션 다운로드

인터넷 익스플로러나 엣지(Edge)와 같은 브라우저의 경우 프로그램 다운로드 시 하단에 다음과 같은 알림 창이 나타날 수 있습니다. 이 경우 저장 버튼을 눌러 다운로드를 진행해줍니다.

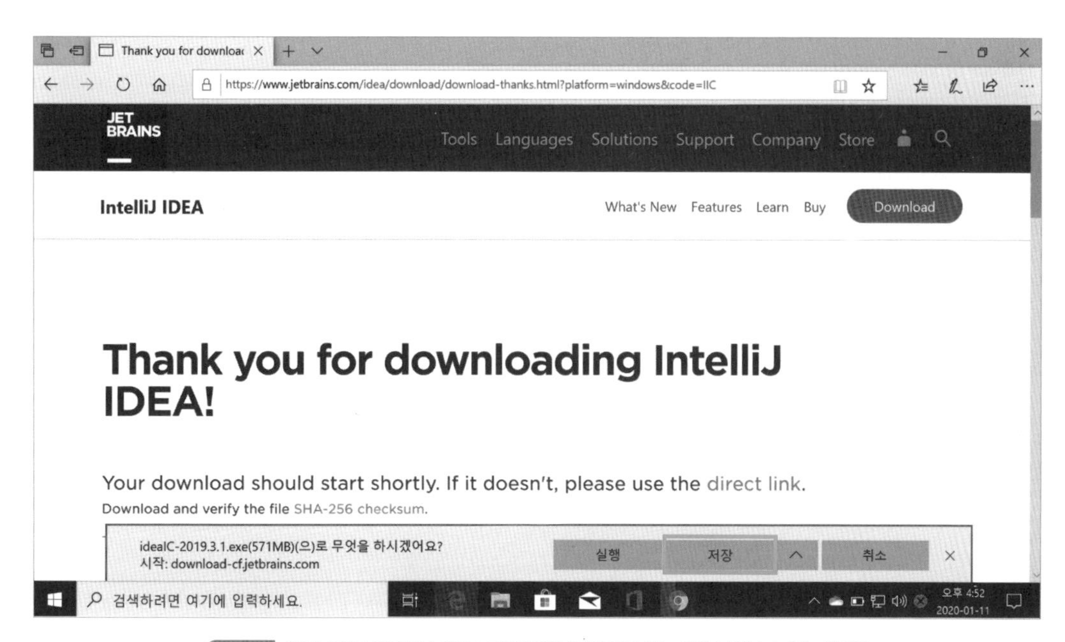

그림 1.4 인터넷 익스플로러나 엣지 브라우즈에서 다운로드 받는 경우 나타날 수 있는 알림창

다운로드가 완료된 후 다운로드 받은 설치 프로그램을 더블클릭해 실행시키면 다음과 같이 설치 프로그램 로딩이 진행된 후 "이 앱이 디바이스를 변경할 수 있도록 허용하시겠어요?" 등의 메시지가 담긴 프로그램 실행 경고 창이 나타납니다. "예" 버튼을 눌러 설치를 진행합니다.

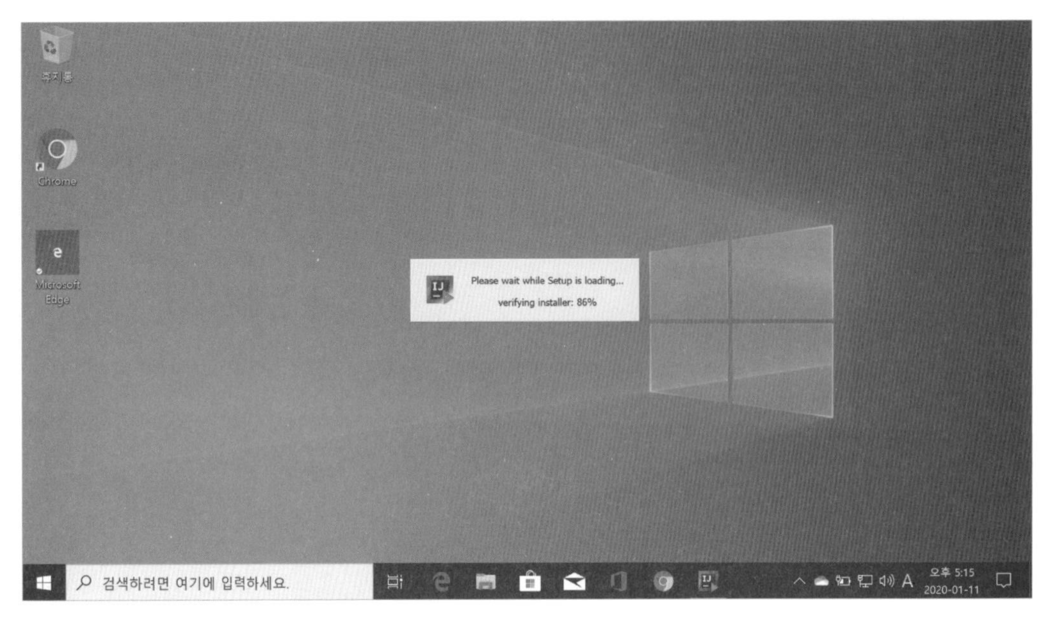

그림 1.5 다운로드 받은 설치 프로그램을 실행하면 나타나는 화면

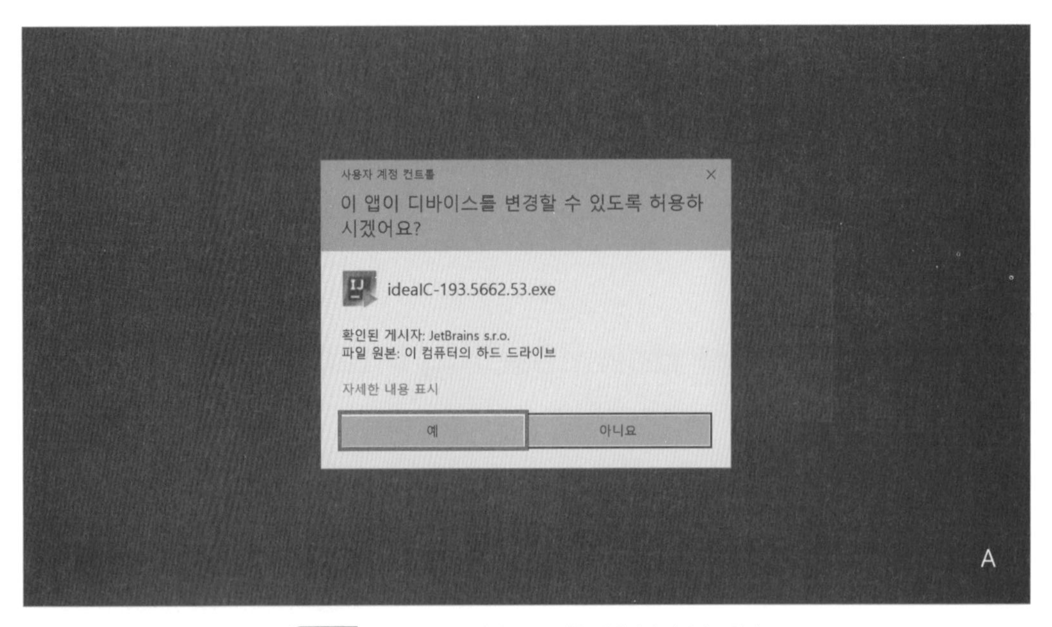

그림 1.6 다운로드 받은 설치 프로그램을 실행하면 나타나는 화면

다음과 같은 설치 안내 창이 나타나면 하단의 "Next" 버튼을 클릭해 설치를 진행해줍니다.

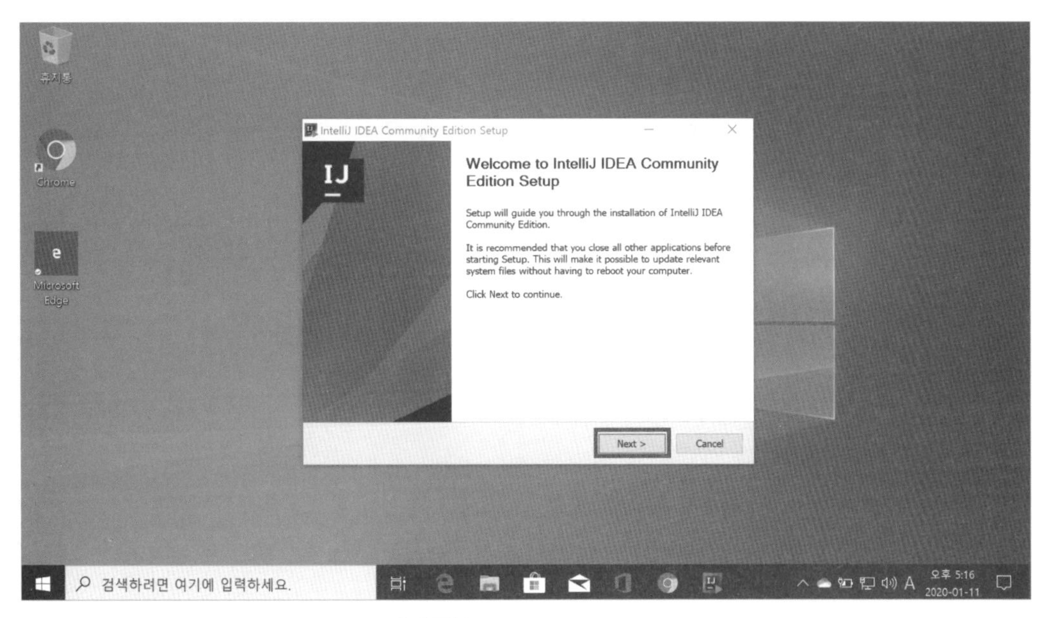

그림 1.7 인텔리제이 설치 초기 화면

다음으로는 설치 위치를 선택하라는 창이 나타납니다. 기본 값을 그대로 둔 채 하단의 "Next" 버튼을 클릭해 다음 단계로 진입합니다.

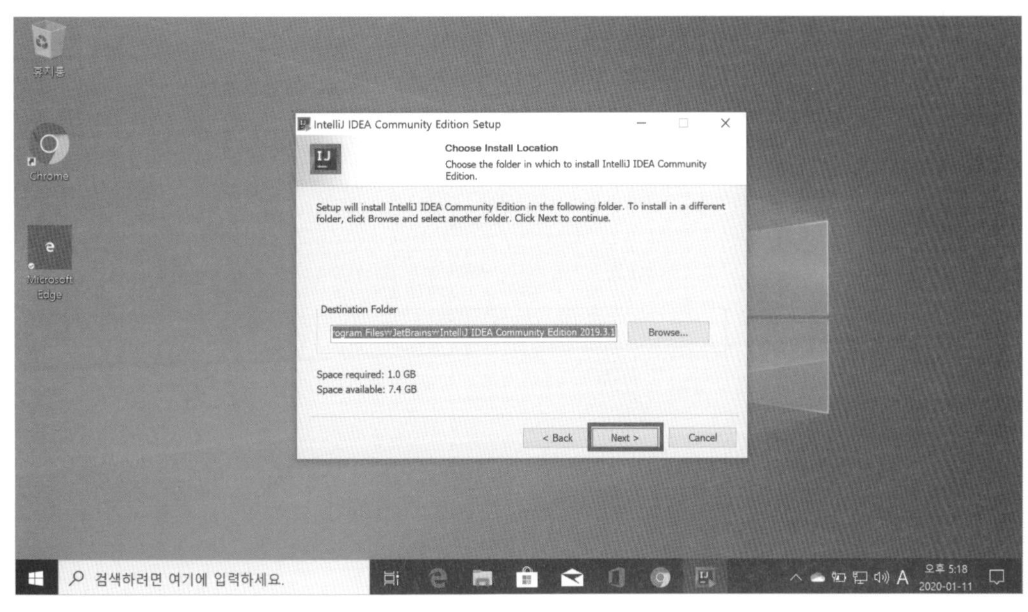

그림 1.8 설치 위치를 선택

설치 옵션 선택 창이 나타나면 바탕화면 바로가기를 위해 Create Desktop Shortcut 상자 안의 64-bit launcher 항목에만 체크박스를 체크한 후 하단의 "Next" 버튼을 클릭해 다음 단계를 진행합니다.

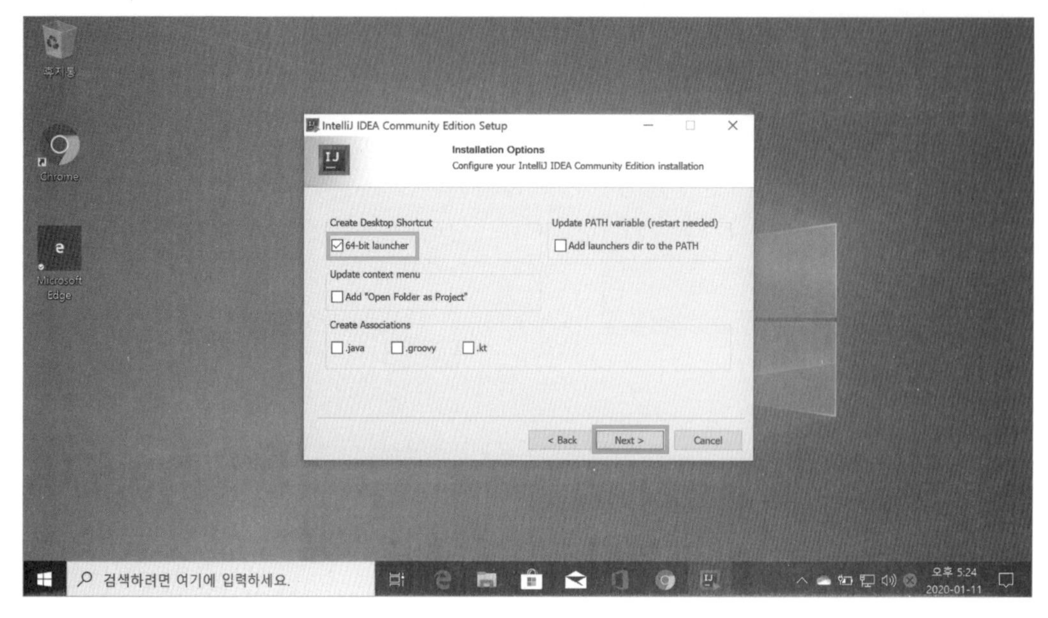

그림 1.9 설치 옵션을 선택

시작 메뉴 폴더를 선택하는 화면에서는 기본 값을 그대로 유지한 채 하단의 "Install" 버튼을 클릭합니다.

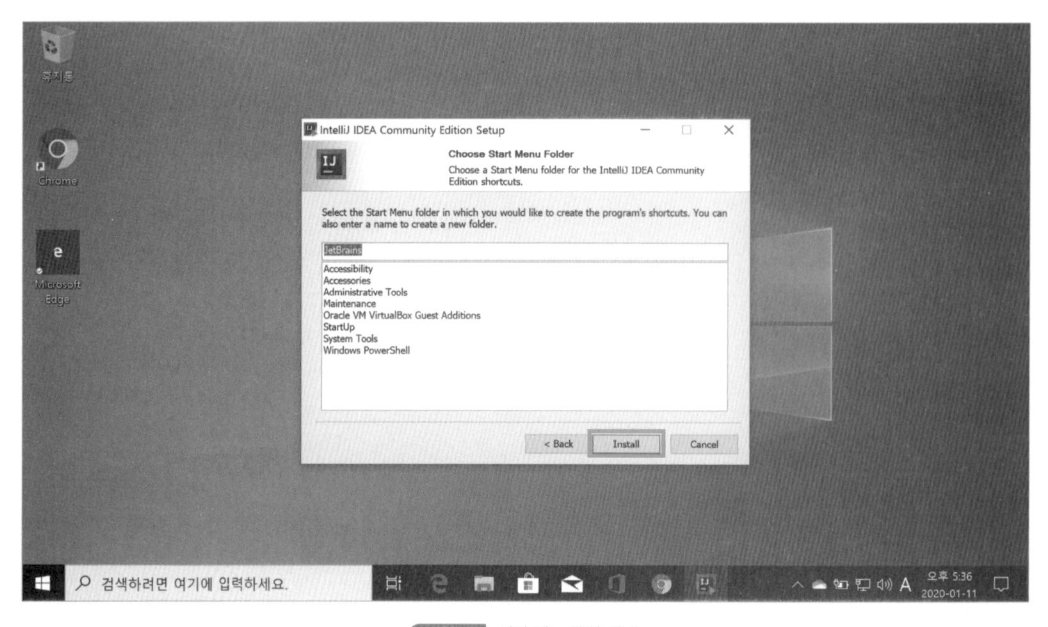

그림 1.10 시작 메뉴 폴더 선택

이제 다음과 같이 설치가 진행되는 것을 확인할 수 있습니다.

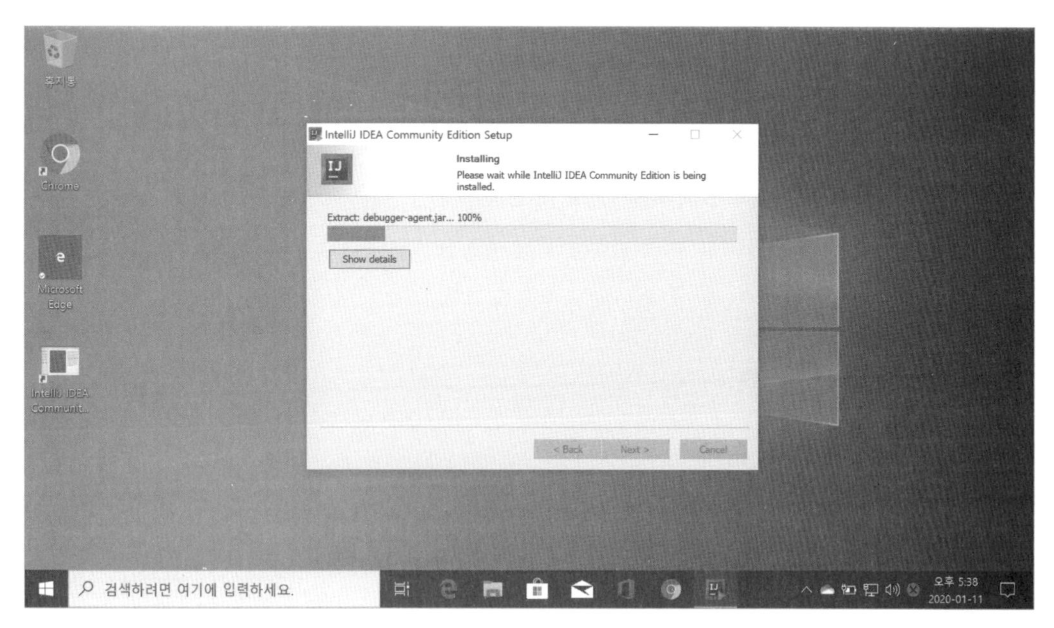

그림 1.11 설치 진행 과정

설치가 완료되면 다음과 같이 설치 완료 메시지가 나타나는데, 하단의 "Finish" 버튼을 눌러 설치를 종료해줍니다.

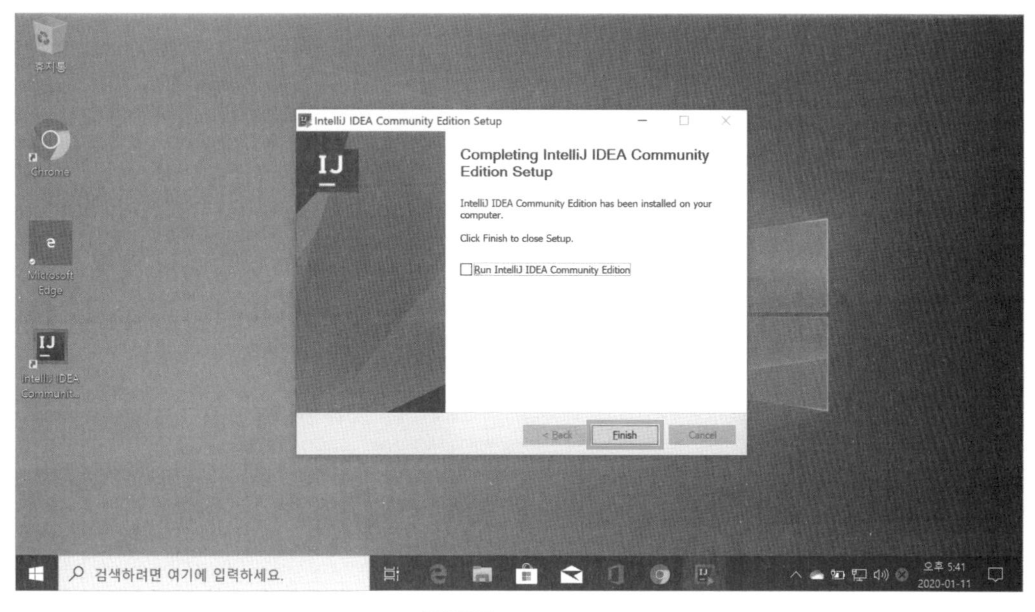

그림 1.12 설치 완료 메시지

이제 바탕화면에 생성된 인텔리제이 실행 아이콘을 더블클릭해 프로그램을 실행시켜줍니다.

그림 1.13 바탕화면에 생성된 인텔리제이 아이콘 더블클릭

첫 번째 실행 시에는 다음과 같이 초기 설정 옵션 선택 창이 나타납니다. 우리는 이제 막 프로그램을 설치했으므로 아래의 "Do not import settings" 옵션을 선택한 후 "OK" 버튼을 클릭합니다.

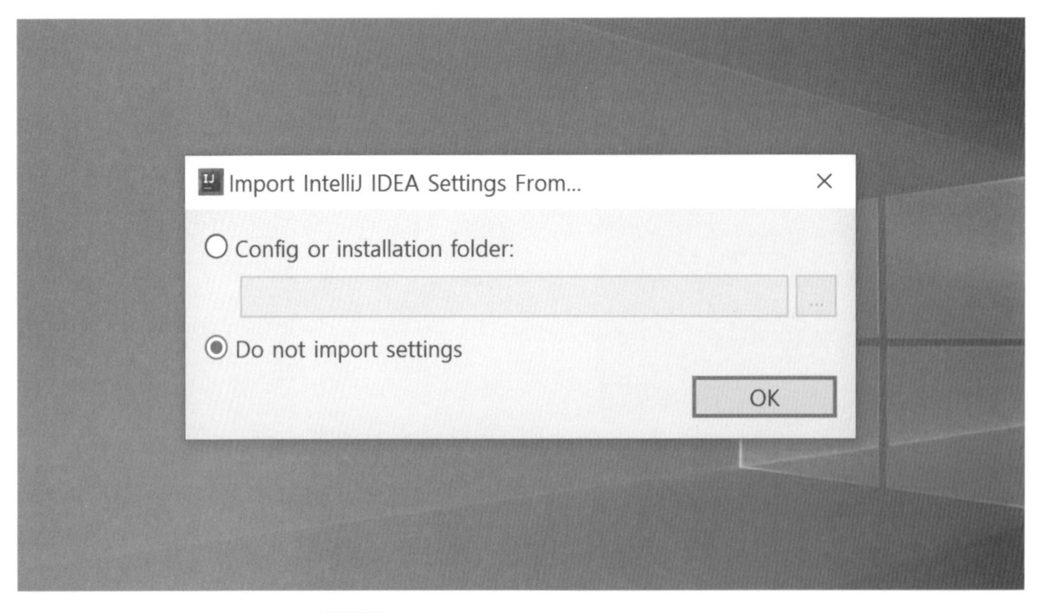

그림 1.14 초기 설정 옵션은 Do not import settings를 선택

다음으로는 개인 정보 정책에 대한 동의 화면이 나타납니다. 동의하지 않으면 프로그램을 사용할 수 없으므로 충분히 읽어본 후 하단의 동의 체크박스(I confirm that…)에 체크하고 "Continue" 버튼을 클릭해 다음 단계를 진행합니다.

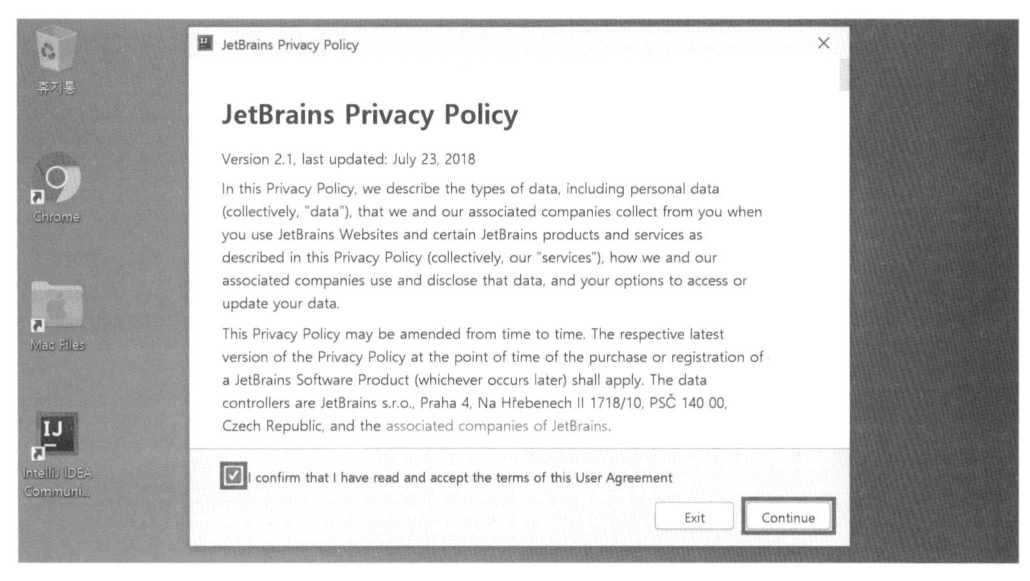

그림 1.15 개인정보 보호 정책 동의 화면

프로그램을 향상시키기 위해 이용 데이터를 수집하니 이를 공유해달라는 메시지가 나타나는데, 개인정보는 유출되지 않으며 공유 여부는 프로그램 이용과는 관계가 없으니 공유(Send Usage Statistics)나 공유하지 않음(Don't send) 중 마음 가는대로 버튼을 클릭합니다. 필자는 공짜 프로그램을 사용하는 감사의 표시로 공유하기를 선택했습니다.

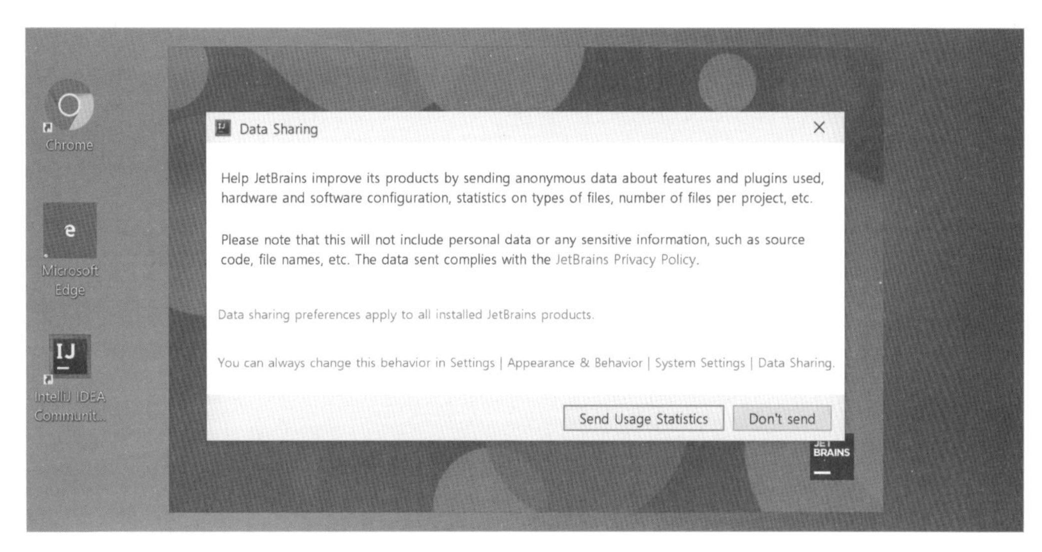

그림 1.16 이용 데이터 수집 허용 화면

다음과 같이 테마를 선택하는 창이 나타나면 원하는 테마를 선택 후 좌측 하단의 "Skip Remaining and Set Defaults" 버튼을 클릭합니다. 여기에서는 Light 테마를 선택했습니다.

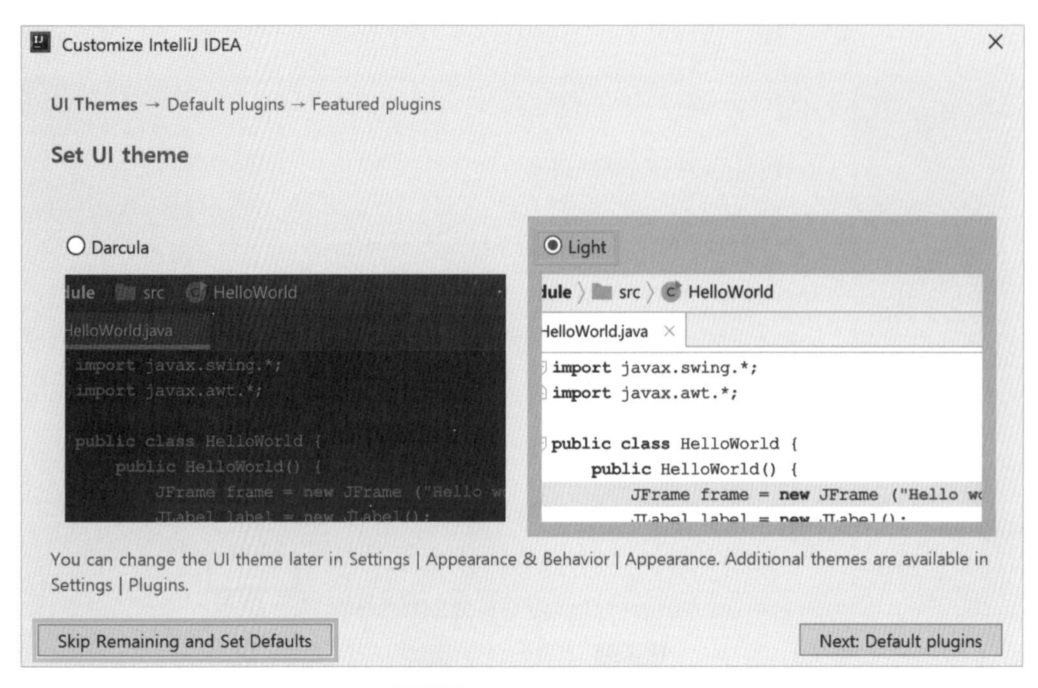

그림 1.17 인텔리제이 테마 선택 화면

프로그램이 처음 실행되면 다음과 같이 메인 화면이 나타납니다. 아직 아무 프로젝트도 만들지 않았으므로 "Create New Project"를 클릭해 새 프로젝트를 생성합니다.

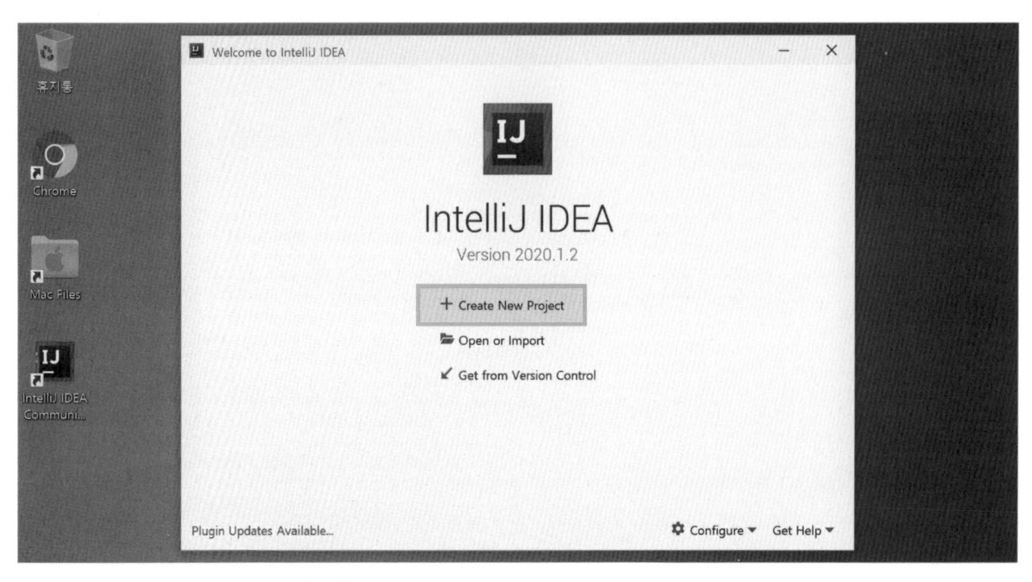

그림 1.18 Create New Project 버튼을 클릭해 새 프로젝트를 생성

새 프로젝트를 생성하는 창이 나타나면 좌측의 목록에서 "Java"를 선택한 후 우측 상단의 Project SDK 선택 창에서 Download JDK를 선택합니다. 이미 설치된 JDK가 보인다면 해당 JDK를 선택하고 진행해도 괜찮습니다.

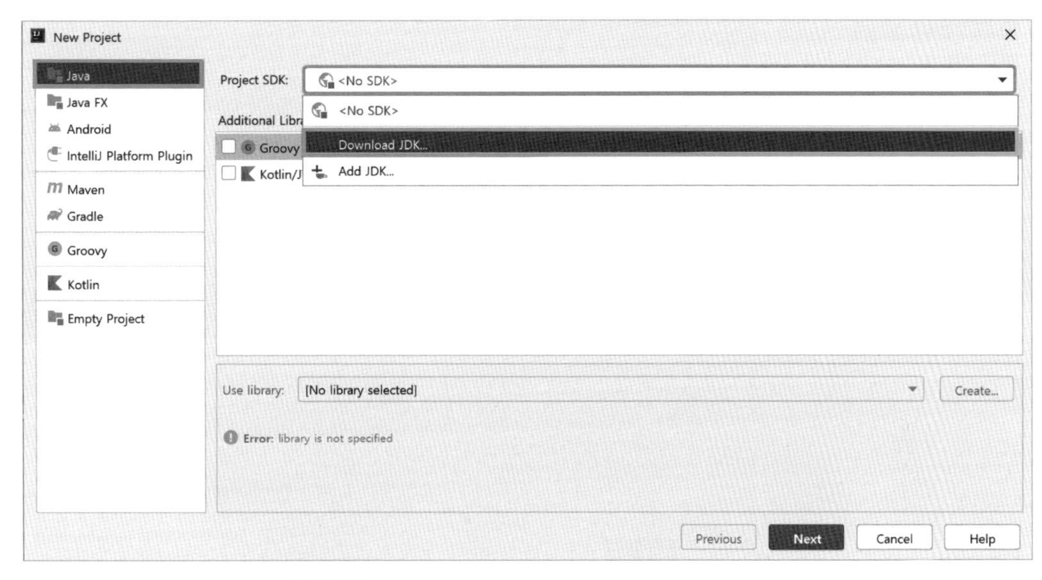

그림 1.19 새 프로젝트 생성 창에서 Java 선택 후 JDK 다운로드 선택

다운로드할 JDK 버전을 선택하는 팝업이 나타나면 Vendor 항목에서 OpenJDK를 선택하고 Version 항목에서는 8.x 이상의 버전을 선택한 후 다운로드 버튼을 클릭합니다. 여기에서는 14.0.1을 선택했습니다.

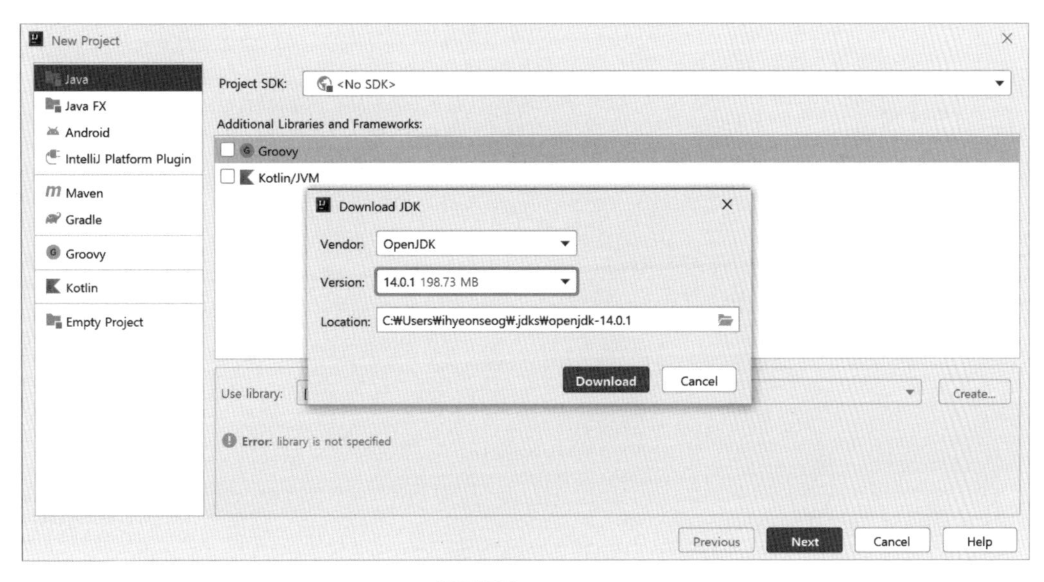

그림 1.20 JDK 다운로드

JDK 다운로드가 완료되면 다음과 같이 Project SDK 항목에 다운로드 받은 JDK를 선택하고 하단의 "Next" 버튼을 클릭해 다음 단계로 진입합니다.

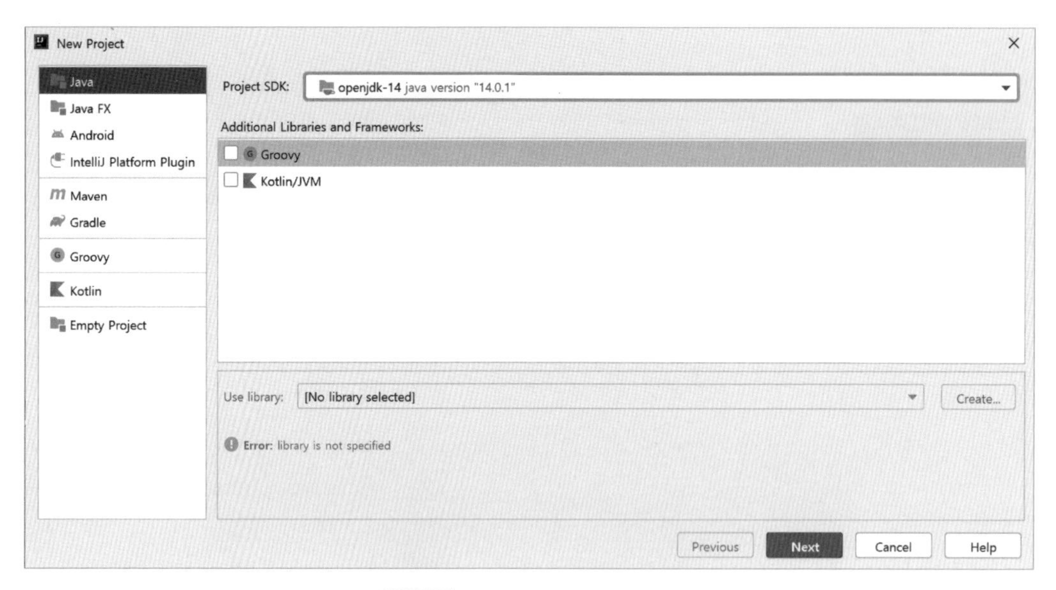

그림 1.21 JDK 선택 후 다음 단계로 진입

다음으로 나타나는 템플릿 선택 창에서는 아무 것도 체크하지 않고 하단의 "Next" 버튼을 클릭합니다.

그림 1.22 프로젝트 템플릿 선택 창에서는 아무것도 체크되지 않은 상태로 Next 버튼을 클릭

마지막으로 프로젝트명과 소스코드 파일 저장 위치를 입력하는 창이 나타나면 프로젝트명(Project name)에는 원하는 프로젝트명(필자는 java_programming이라고 입력)을 입력하고 소스코드 파일 저장 위치(Project location)는 그대로 둔 뒤 하단의 "Finish" 버튼을 클릭해 새 프로젝트 생성을 마칩니다.

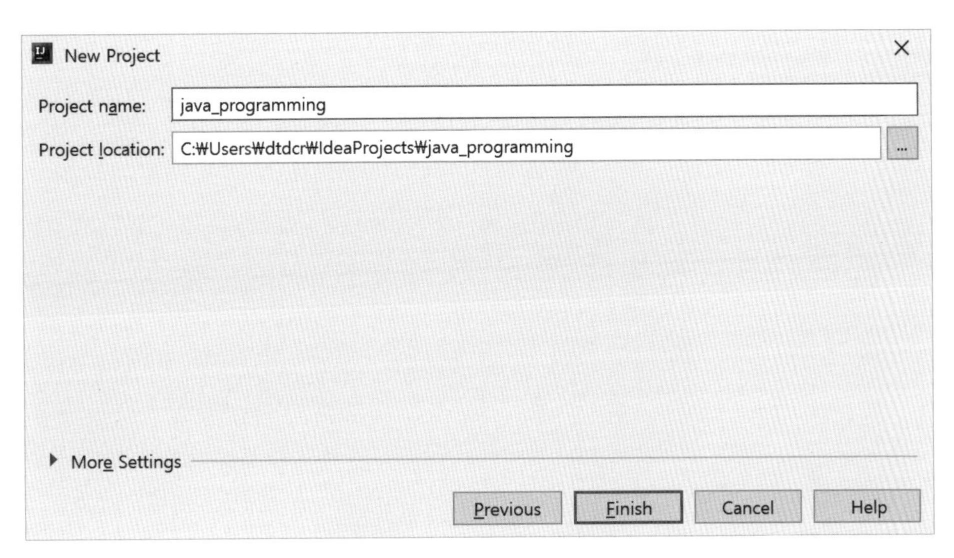

그림 1.23 프로젝트 이름과 저장 위치 선택

프로젝트를 생성하거나 열면 다음과 같은 Tip of the Day 창이 나타날 수 있습니다. 우측 상단의 "X" 버튼이나 하단의 "Close" 버튼을 눌러 닫아줍니다.

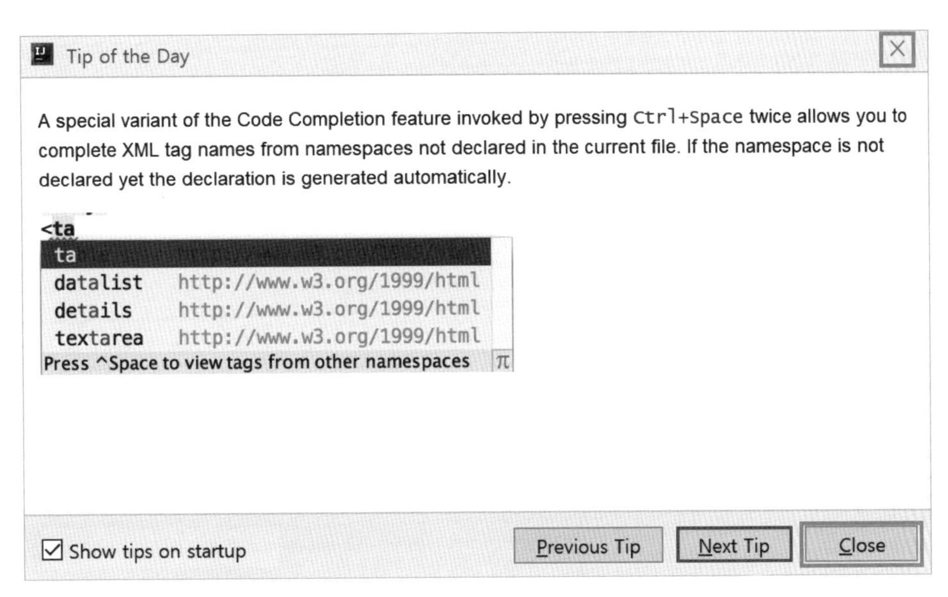

그림 1.24 프로젝트를 생성하거나 여는 경우 처음에는 팁 팝업창이 나타난다

여기까지 잘 따라왔다면 다음과 같은 프로젝트가 생성된 것을 확인할 수 있습니다.

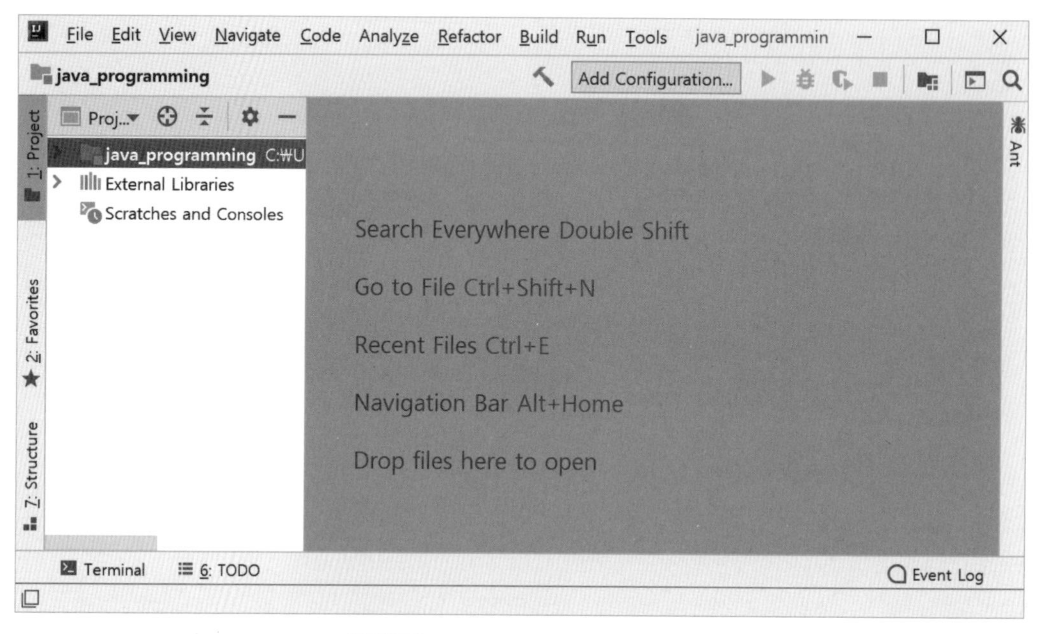

그림 1.25 프로젝트가 생성되고 난 후 초기 화면

프로그램이 복잡하게 생겼다고 해서 두려워할 필요는 없습니다. 이 프로그램에서 앞으로 우리가 주로 사용하게 될 주요 영역은 다음과 같은 단 2개의 영역입니다. ①번 영역은 "프로젝트 윈도우", ②번 영역은 "에디터"라고 부릅니다. 프로젝트 윈도우는 우리가 만드는 프로그램들의 파일 목록을 볼 수 있는 창이고 에디터는 우리가 흔히 쓰는 메모장 프로그램과 비슷하다고 생각하면 됩니다. 앞으로 반복되어 등장할 이름들이니 잘 기억해두시기 바랍니다.

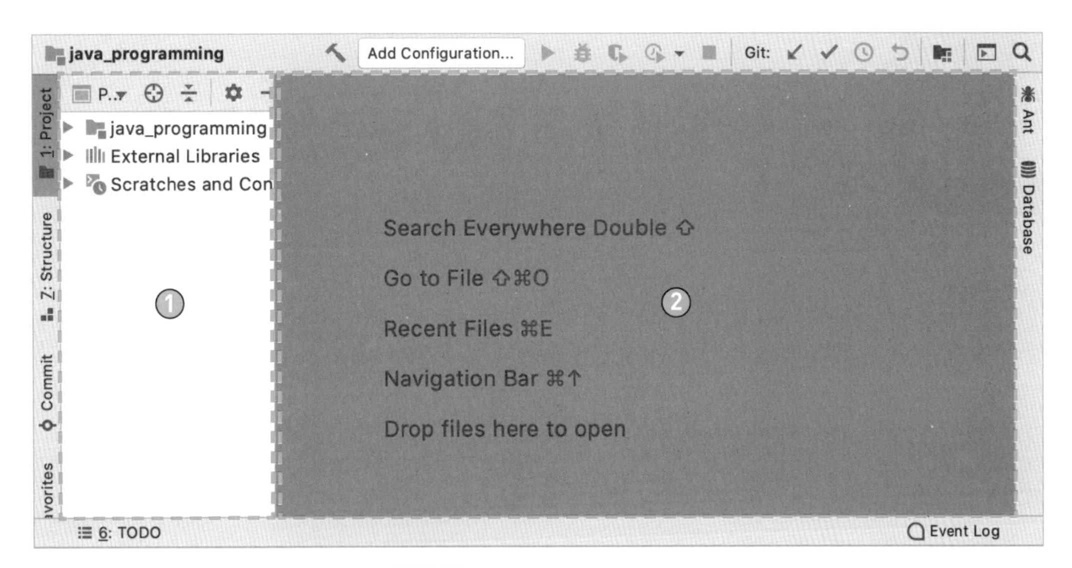

그림 1.26 프로젝트 윈도우와 에디터 영역

이제 자바 프로그래밍을 시작할 준비가 되었습니다. 준비가 잘 된 것을 확인할 겸 아주 간단한 프로그램을 작성하면서 자바 프로그램 코드의 기본적인 형태를 살펴보도록 하겠습니다.

첫 번째 프로그램 작성해보기

프로젝트 윈도우의 프로젝트 이름(여기에서는 java_programming)이 적힌 부분 좌측에 있는 오른쪽 꺽쇠 모양을 누르면 폴더가 펼쳐지면서 "src"라는 미리 준비된 하위 폴더가 나타납니다. src는 source의 줄임말이며 이 폴더는 앞으로 우리가 작성할 소스코드 파일들을 저장할 폴더입니다.

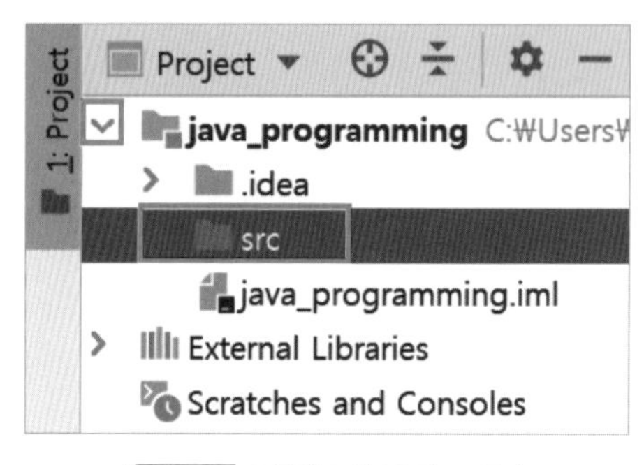

그림 1.27 프로젝트 윈도우의 src 폴더

참고 인텔리제이 자바 프로젝트의 폴더 구조

- .idea : 인텔리제이가 관리하는 프로젝트 설정 파일들이 모여있는 폴더입니다.
- out : 우리가 작성한 소스코드를 실행시키면 소스코드들이 컴파일 과정을 거쳐 실행 가능한 형태로 변환되는데 이 결과 파일들이 모여있는 폴더입니다.
- java_programming.iml : iml 확장자를 가진 파일은 인텔리제이가 관리하는 프로젝트 하위의 조금 더 작은 단위 설정입니다.
- External Libraries : 프로그래밍을 할 때에 도움을 주는 미리 작성된 소스코드들이 묶여있는 목록입니다.
- Scratches and Consoles : 소스코드를 작성하면서 임시적으로 메모를 작성하거나 하는 경우 이곳에 파일을 생성할 수 있습니다.

src 폴더에 마우스 오른쪽 버튼을 클릭한 후 나타나는 팝업 메뉴에서 "New" → "Java Class" 순으로 마우스 커서를 옮긴 후 클릭합니다.

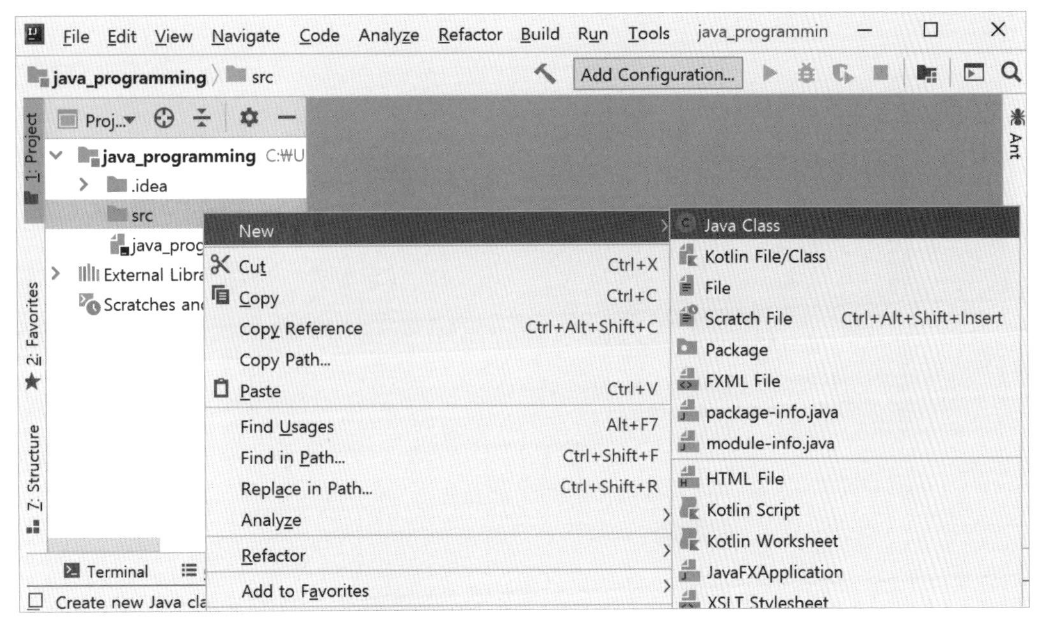

그림 1.28 팝업에서 New → Java Class 순으로 클릭

새 클래스명(New Java Class)을 입력하는 창이 나타나면 "HelloJava"라고 입력한 뒤 엔터키를 입력합니다. 지금은 클래스명이라고 하는 것이 파일명과 동일한 것이라고 생각하고 넘어가면 됩니다.

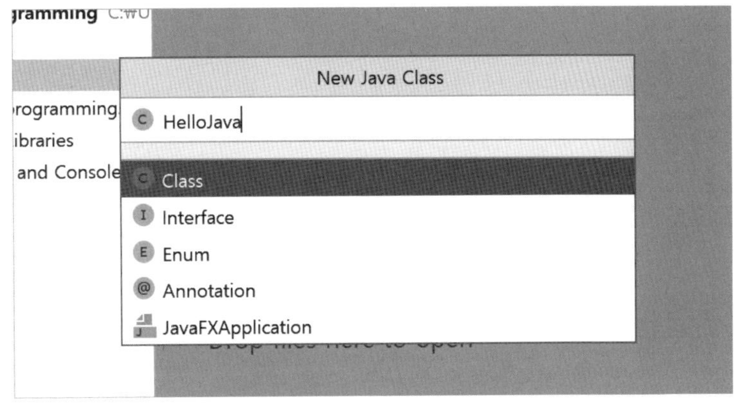

그림 1.29 New Java Class 생성 화면

이제 프로젝트 윈도우에는 "HelloJava"라는 파일이 생성되고 에디터에는 "HelloJava" 파일을 편집할 준비가 됩니다. 정확한 파일 이름은 HelloJava.java이지만 프로젝트 윈도우에는 .java가 생략되어 보여집니다.

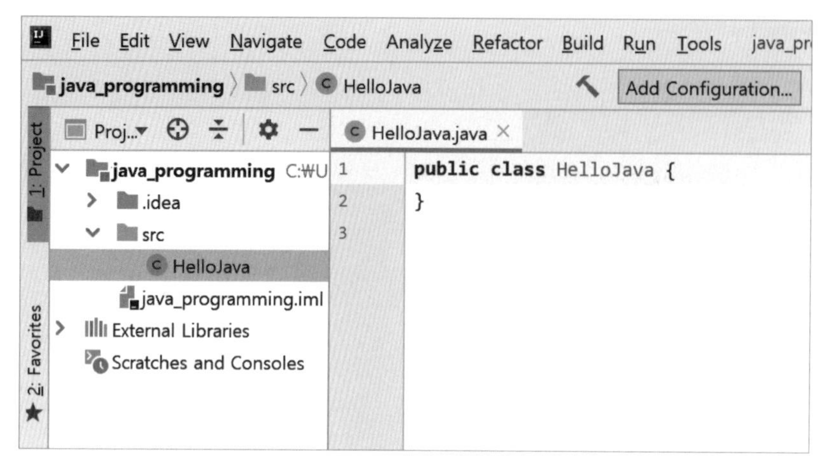

그림 1.30 클래스명을 입력하고 파일이 생성된 직후 화면

앞서 설명했듯이 에디터는 우리가 흔히 쓰는 메모장 프로그램과 같습니다. 키보드를 이용해 문자를 입력하는 창이죠. 메모장과 조금 다른 것은 프로그램 코드를 입력하는 데에 도움이 되는 여러 기능들이 추가되어 있다는 것입니다. 이러한 기능들에 대해서는 천천히 알아가도록 하고 일단은 메모장과 같다는 사실만 기억하세요.

이제 에디터 영역을 클릭한 후 다음과 같은 코드를 입력해보세요. 세 번째 줄 끝에 있는 세미콜론(;)에 주의해야 합니다.

HelloJava.java

```
1  public class HelloJava {
2      public static void main(String[] args) {
3          System.out.println("Hello, Java!");
4      }
5  }
6
```

그림 1.31 프로그래밍의 시작은 언제나 Hello

이제 이 프로그램을 무작정 실행해봅시다. 에디터 좌측 줄번호를 기준으로 두 번째 줄에 있는 초록색 삼각형을 클릭하면 실행 옵션을 선택하는 팝업이 나타납니다. "Run 'HelloJava.main()'"을 클릭해봅시다.

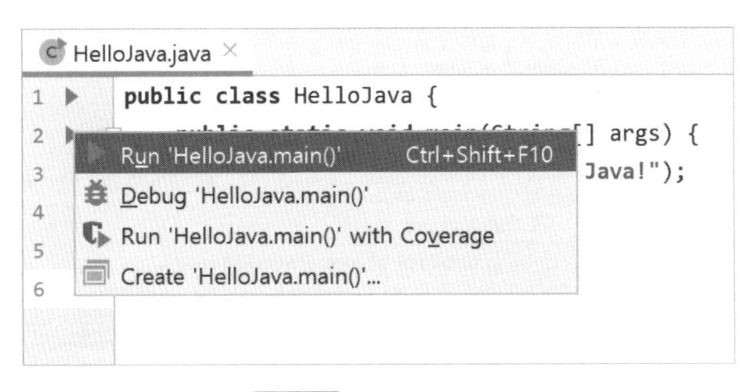

그림 1.32 프로그램 실행 버튼

인텔리제이의 하단에 간략한 진행 상황이 표시되고 프로그램이 실행됩니다. 프로그램이 실행되기까지는 시간이 조금 필요할 수 있으니 누르자마자 실행되지 않더라도 인내심을 가지고 잠시만 기다려주세요. 프로그램이 정상적으로 실행되었다면 하단에 다음과 같은 출력 창이 나타납니다.

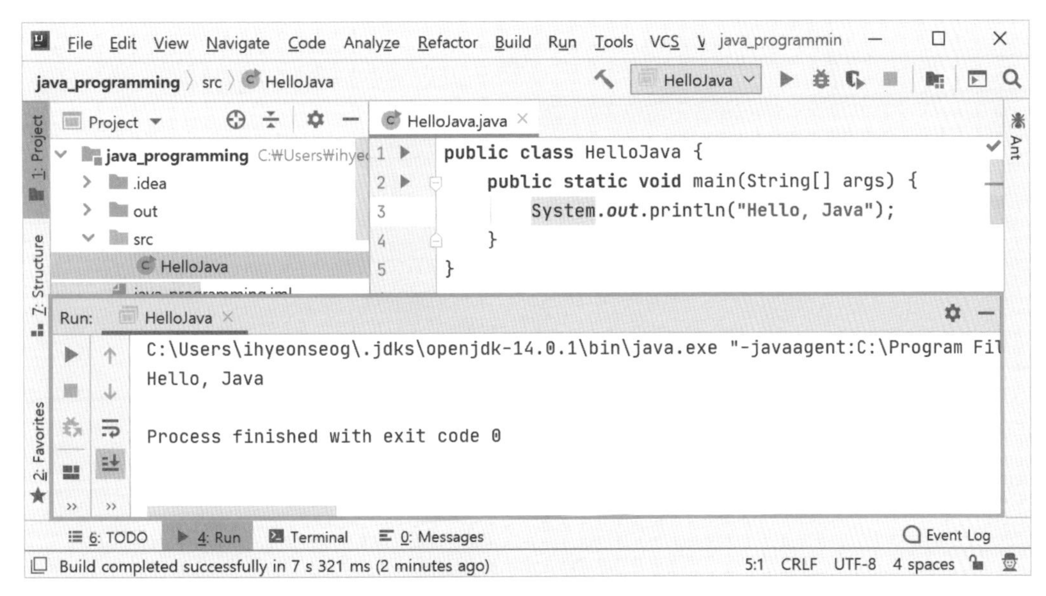

그림 1.33 프로그램의 실행 결과

출력 창을 잘 살펴보면 코드에 포함되어 있던 "Hello, Java"라는 문장이 있습니다. 우리는 지금 "Hello, Java"라는 문장을 출력하는 프로그램을 작성한 것입니다. 여기에서 소스코드 상의 "Hello, Java"를 원하는 문장으로 수정하고 다시 실행하면 출력되는 문장도 달라지는 것을 확인할 수 있습니다.

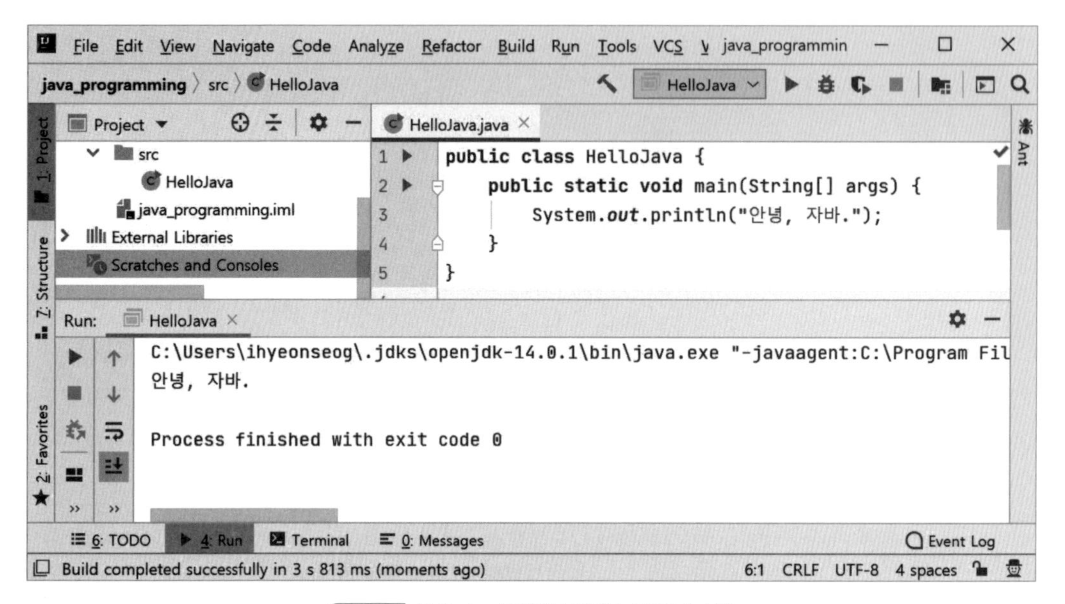

그림 1.34 "Hello, Java"를 "안녕, 자바"로 수정한 후 실행

자바 프로그래밍의 가장 기본, 표준 출력

우리가 작성한 프로그램이 제대로 동작하는지를 확인하기 위해서는 결국 프로그램의 실행 결과를 눈으로 볼 수 있어야 합니다. 이를 위한 가장 기본적인 방법은 표준 출력을 이용하는 것입니다. 표준 출력은 일반적으로 우리가 볼 수 있도록 화면에 글자를 출력해주는 것입니다.

그림 1.35 모니터에 출력된 메시지를 통해 프로그램의 결과를 확인

자바에서는 표준 출력을 통해 문자열을 출력하기 위해서는 다음과 같은 명령어를 사용합니다.

```
System.out.println("원하는 문장");
```

그림 1.36 표준 출력을 통해 문자열을 출력하는 소스코드

우리는 앞의 HelloJava 예제코드에서도 "Hello, Java"라는 글자를 출력하기 위해 동일한 명령어를 사용했었습니다. 앞으로 우리가 작성하는 소스코드에서 이 코드를 이용하면 프로그램을 실행했을 때 우리가 원하는 데이터를 글자로 확인할 수 있게 됩니다.

코드 작성 규칙

자바 코드를 작성하기 위해 지켜야 하는 많은 규칙들이 있지만 여기에서는 자바 프로그래밍에 최대한 쉽게 입문할 수 있도록 제한된 규칙만을 사용해 코드를 작성할 것입니다. 앞에서 작성한 HelloJava 프로그램을 봅시다.

```
1 ▶  public class HelloJava {           ①
2 ▶      public static void main(String[] args) {
3            System.out.println("Hello, Java!");   ②
4        }
5    }
```

그림 1.37 이 책에서 지켜야 할 규칙

① 이 영역은 클래스명이라고 부릅니다. 클래스명은 생성한 파일명과 동일한 이름을 사용해야 합니다. 인텔리제이에서는 새 자바 클래스 파일을 생성할 때에 자동으로 클래스명까지 완성해 주기 때문에 직접 쓸 일은 거의 없습니다. 클래스명은 숫자로 시작할 수는 없으며 특수문자로는 '$'와 '_'만 사용할 수 있고 띄어쓰기를 넣을 수 없습니다. 띄어쓰기 없이도 읽기 좋도록 단어의 첫 글자를 대문자로 사용하는 경우가 많지만 이를 꼭 지키지는 않아도 프로그램 작성은 가능합니다.

② 이 영역은 우리가 컴퓨터에게 내릴 여러 명령들을 작성하는 영역입니다. 이 부분이 앞으로 우리가 자바 프로그래밍을 배워서 채워 넣어야 할 중요한 부분입니다. 예로, 앞의 코드는 표준 출력을 통해 ["Hello, Java"라는 문장을 출력해.]라는 명령 한 줄로 이루어져 있습니다.
이 영역에 작성하는 프로그램 코드들은 모두 세미콜론으로 끝나야 하는 규칙을 가지고 있습니다. 이러한 문법적 규칙들에 대해서는 앞으로 예제를 통해 하나씩 알아볼 것입니다.

앞으로 예제에서 나올 모든 코드들은 모두 위와 같은 형식을 갖추고 있습니다. 타이핑해야 할 양이 다소 많아 보일 수도 있지만 익숙해지면 금방 입력할 수 있고, 인텔리제이가 어느 정도는 자동으로 작성해 주기 때문에 크게 어려운 부분은 없습니다. 우리는 프로그래밍을 처음 접하는 사람들이기 때문에 1번과 2번 영역을 제외한 글자들은 그냥 형식적인 틀로 생각하면 됩니다.

인텔리제이의 자동완성 기능

앞서 HelloJava 파일을 생성했을 때 파일에는 일부 코드가 미리 작성되어 있었습니다. 이번 절에서는 소스코드를 빠르게 작성할 수 있도록 돕기 위해 인텔리제이가 제공하는 많은 코드 자동완성 기능 중 몇가지에 대해 살펴보도록 하겠습니다.

"Hello, Java" 한 줄을 출력하기 위해 "public static void main …"과 같은 꽤 많은 형식적인 코드를 작성해야 했던 것을 떠올려보면 상당히 귀찮고 막막할 수가 있습니다. 인텔리제이에서는 이 코드 또한 자동으로 작성해 주는 기능이 있습니다. 다음과 같이 "main"이라고 입력한 후 잠시 기다리면 아래에 팝업 하나가 나타납니다.

```
public class HelloJava {
    main
}   main
    Press Ctrl+. to choose the selected (or first) suggestion ar
```

그림 1.38 main을 입력하면 나타나는 자동완성 팝업

이 상태로 엔터키를 치거나 마우스로 팝업의 "main" 영역을 클릭하면 다음과 같이 코드가 자동으로 완성됩니다.

```
public class HelloJava {
    public static void main(String[] args) {
        
    }
}
```

그림 1.39 자동완성을 이용해 생성된 코드

이제 여러분은 표준 출력을 통해 어떤 문장이든 출력할 수 있게 되었습니다. 다음의 요구사항들을 따라 다양한 문장을 출력하는 프로그램을 작성해봅시다. 다음 페이지에 예시 코드가 있으니 처음에는 보지 않고 작성해보세요. 너무 어렵다면 예시 코드를 참고해도 좋습니다.

1. 여러분의 이름을 출력하는 프로그램을 작성해보세요.

   - 클래스명: MyName

2. 다음과 같은 문장을 출력하는 프로그램을 작성해보세요.

   - 클래스명: Sentence

   치킨은 살 안 쪄요.

   살은 내가 쪄요.

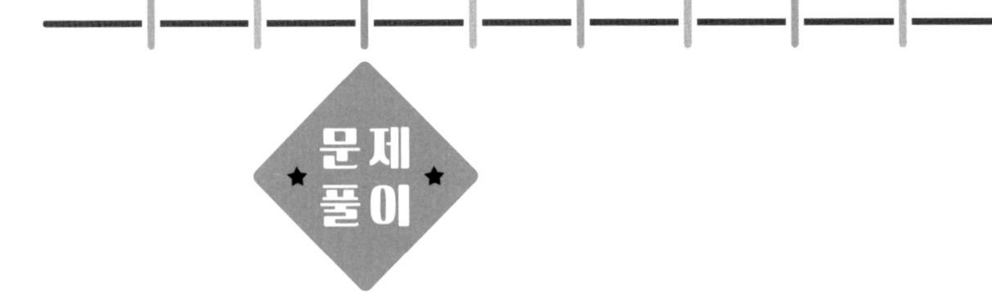

1. MyName

```
public class MyName {
    public static void main(String[] args) {
        System.out.println("고길동");
    }
}
```

그림 1.40 이름을 출력하는 프로그램 예시

2. Sentence

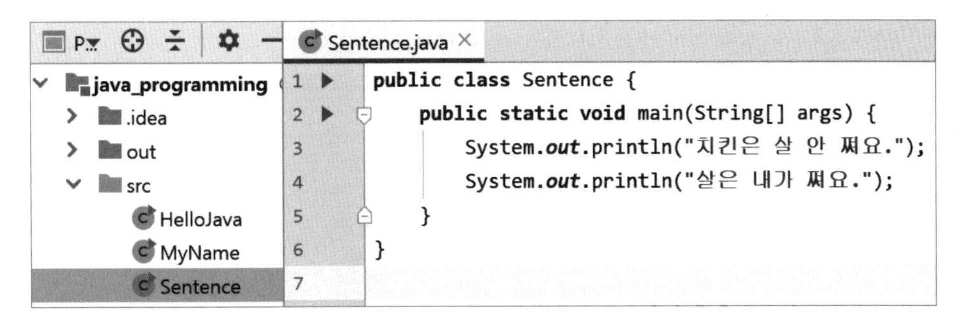

그림 1.41 여러 문장을 출력하는 프로그램

PART 02 | 자바 입문 - 숫자와 문자 그리고 주석

프로그래밍에 있어서 데이터를 표현하기 위해 가장 기본이 되는 형태로는 숫자와 문자가 있습니다. 숫자도 문자도 모두 데이터를 표현하기 위해 사용되지만 가장 큰 차이점은 숫자는 계산이 가능하고 문자는 계산이 불가능하다는 것입니다. 문자로 이루어진 데이터의 대표적인 예로는 이름을 들어볼 수 있습니다. "홍길동"이라는 이름은 세 개의 문자로 이루어진 문자열입니다. 숫자 데이터의 대표적인 예로는 나이를 들어볼 수 있습니다. 5라는 나이는 숫자입니다. 하지만 "5세"라고 표현하면 이것은 문자열이 됩니다. 이 장에서는 자바에서 숫자와 문자를 어떻게 표현하고 계산하는지, 5와 "5세" 간에는 어떤 차이가 있는지에 대해 알아보도록 하겠습니다.

목차

학습 목표

- 자바에서 숫자와 문자의 차이점을 이해하고 사용법을 익힙니다.
- 특수문자에 대해 이해합니다.
- 주석에 대해 이해합니다.

주요 용어

- 숫자 : 따옴표로 묶이지 않은 숫자
- 문자 : 홑따옴표로 묶인 문자 하나
- 문자열 : 쌍따옴표로 묶인 0자 이상의 문자나 숫자의 조합
- 이스케이프 문자 : 앞에 백슬래시(₩)가 붙어 특수한 용도로 사용되는 문자

학습 시간

50분

동영상 강의

https://bit.ly/2VP2WU6

숫자

자바에서는 따옴표로 묶이지 않은 숫자만을 숫자로 인식합니다. 즉, 37은 숫자이지만 "37"은 숫자가 아닌 것으로 받아들인다는 것을 의미합니다. 숫자를 사용하는 몇몇 방법을 살펴보고 표준 출력을 통해 출력해봅시다.

그림 2.1 자바에서는 1과 "1"이 다르다

먼저 살펴볼 방법은 숫자를 직접 출력하는 것입니다. 앞서 배운 System.out.println 명령에 따옴표가 없는 숫자를 넣게 되면 숫자가 그대로 출력됩니다.

클래스명 : Number01

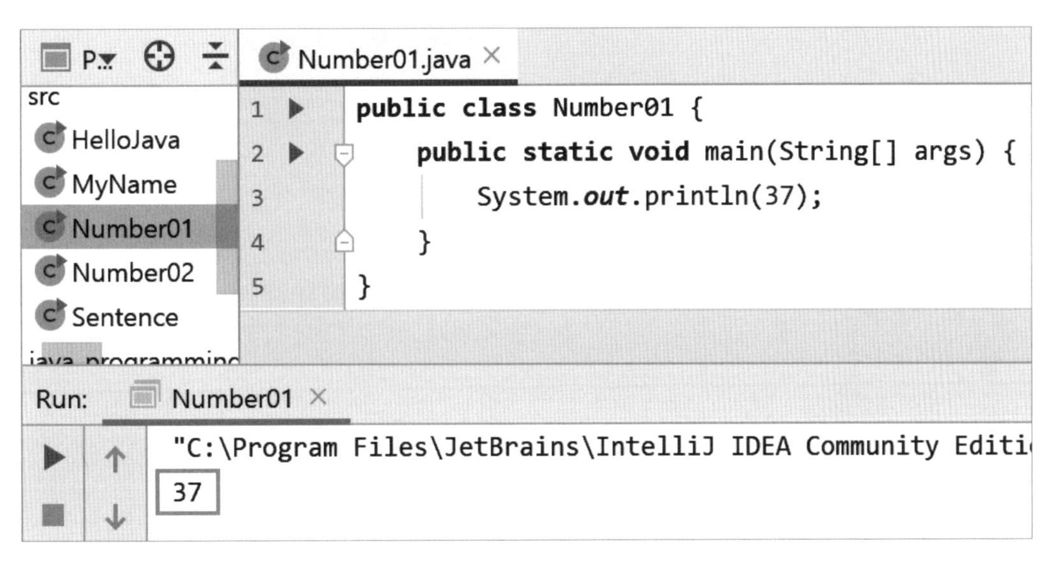

그림 2.2 표준 출력을 통해 숫자를 출력한 결과

앞의 코드는 표준 출력을 통해 37이라는 숫자를 그대로 출력했습니다. 이뿐만 아니라 사칙연산의 결과 값을 출력하거나 실수를 출력하는 것도 가능합니다. 다음 코드를 따라 작성하고 결과를 확인해보세요.

클래스명 : Number02

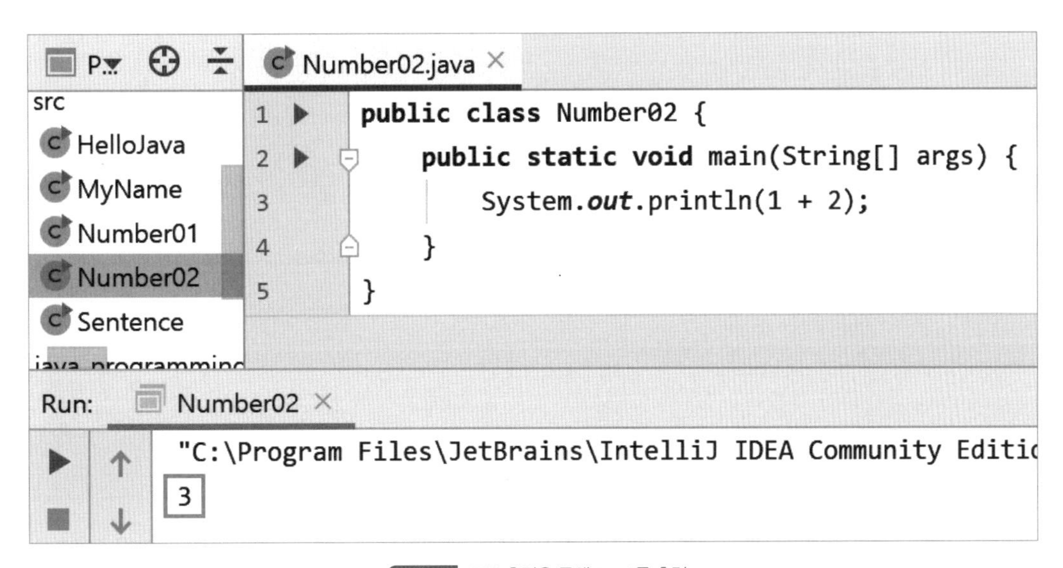

그림 2.3 표준 출력을 통해 1 + 2를 출력

이 예제는 표준 출력을 통해 1 + 2를 출력하도록 명령하였고, 결과로는 3이 출력된 것을 확인할 수 있습니다. 실수도 한 번 출력해봅시다.

클래스명 : Number03

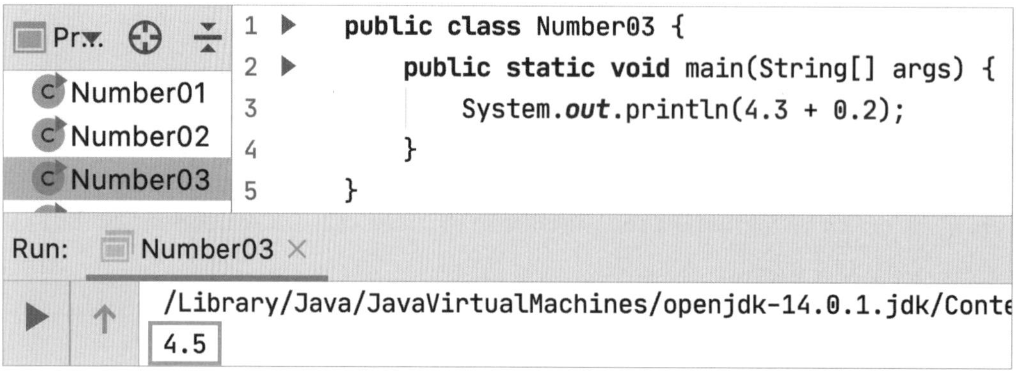

```
1 public class Number03 {
2     public static void main(String[] args) {
3         System.out.println(4.3 + 0.2);
4     }
5 }
```

```
Run: Number03
/Library/Java/JavaVirtualMachines/openjdk-14.0.1.jdk/Conte
4.5
```

그림 2.4 표준 출력을 통해 실수의 덧셈 결과를 출력

이처럼 숫자를 사용할 때에는 사칙연산과 같은 계산까지도 처리할 수 있습니다. 이 때 사용되는 연산자들에 대해서는 나중에 설명할 "연산자" 장에서 더 자세히 알아보도록 하겠습니다.

문자와 문자열

앞서 자바에서는 따옴표로 묶인 것을 문자로 인식한다고 했습니다. 하지만 정확한 사실은 홑따옴표로 묶었는지 겹따옴표로 묶었는지에 따라 문자와 문자열로 나뉘어 취급된다는 것입니다. "홍"은 문자열이고 '홍'은 문자인 것입니다.

그림 2.5 자바에서는 'A'와 "A"가 다르다

일반적으로 문자는 글자 하나를 의미하며 문자열은 둘 이상의 글자를 의미합니다. 하지만 자바에서 문자열은 0개 이상의 글자들을 따옴표로 묶은 것을 의미합니다. 다음 예제를 따라 문자와 문자열을 각각 출력해봅시다.

클래스명 : CharAndString

```
CharAndString.java ×
1 ▶ public class CharAndString {
2 ▶     public static void main(String[] args) {
3             System.out.println("나는 문자열");
4             System.out.println('헐');
5         }
6 }

Run: CharAndString ×
"C:\Program Files\JetBrains\IntelliJ IDEA C
나는 문자열
헐
```

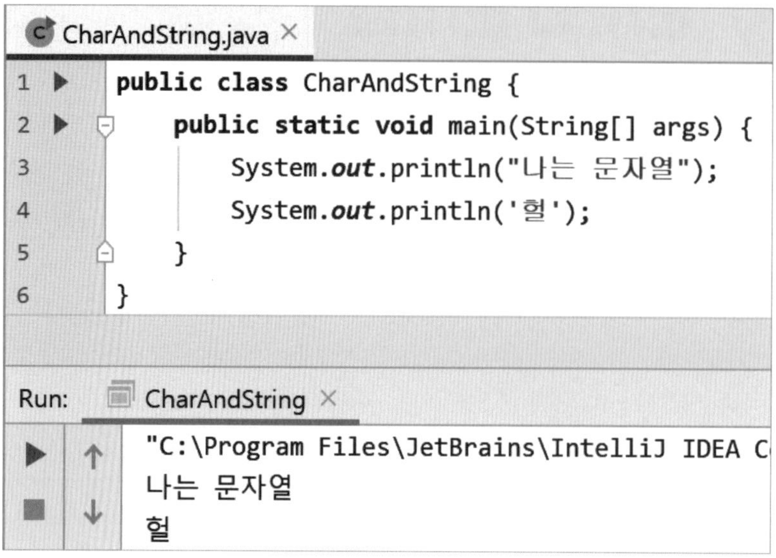

그림 2.6 문자열과 문자

앞의 예제에서는 순서대로 "나는 문자열"이라는 문자열과 "헐"이라는 문자를 출력했습니다. 만일 '헐' 대신 홑따옴표 안에 문자열이라는 문장을 입력한다면 인텔리제이가 빨간 밑줄과 함께 해당 부분이 잘못되었다는 것을 알려줍니다. 물론 이런 경우 프로그램은 실행될 수 없습니다.

```
System.out.println('문자열');
```

그림 2.7 홑따옴표 안에 여러 글자를 넣으면 빨간 밑줄로 오류를 알려준다

이처럼 자바에서는 홑따옴표 안에 여러 글자가 들어가는 것을 허용하지 않습니다. 문자라는 것은 글자 하나를 표현한다는 큰 제약을 가지고 있기 때문에 그 용도가 썩 다양하지는 않습니다. 앞으로 나올 예제 코드들도 대부분 문자열을 사용할 것이기에 문자에 대해서는 "홑따옴표로 감싼 문자라는 친구가 있었지…" 정도로 기억해도 좋습니다.

특수문자와 이스케이프

만일 여러분이 문자열 안에 큰따옴표를 출력하고 싶다면 어떻게 해야 할까요? 안녕, 나는 **"자바"야**와 같은 문장을 출력한다고 해봅시다. 무턱대고 넣었다가는 다음과 같이 오류가 발생하고 프로그램은 실행되지 않을 것입니다.

```java
System.out.println("안녕, 나는 "자바"야.");
```

그림 2.8 일반적인 방법으로 겹따옴표를 출력하려 하면 오류가 발생한다

이럴 때에는 문자열 안의 따옴표 앞에 '\'(이하 백슬래시)를 붙이는 것으로 따옴표가 출력되어야 한다는 것을 자바에게 알려줄 수 있습니다. 백슬래시는 설정에 따라 간혹 ₩로 보여질 수도 있습니다. 다음 코드를 보세요. 참고로 백슬래시 키는 키보드에서 백스페이스 키 아래에 위치해 있습니다.

클래스명 : Escape01

Escape01.java

```java
1  public class Escape01 {
2      public static void main(String[] args) {
3          System.out.println("안녕, 나는 \"자바\"야.");
4      }
5  }
```

Run: Escape01

```
"C:\Program Files\JetBrains\IntelliJ IDEA Community
안녕, 나는 "자바"야.
```

그림 2.9 겹따옴표를 출력하는 방법

이처럼 따옴표 앞에 백슬래시를 붙여주면 따옴표를 문자열의 시작과 끝을 나타내는 구분자가 아니라 출력되어야 할 문자열의 일부임을 나타낼 수 있습니다. 그러면 백슬래시를 출력하기 위해서는 어떻게 해야 할까요? '\\'와 같이 백슬래시를 두 번 연달아 넣으면 됩니다. 이처럼 백슬래시가 붙어 원래 역할과는 다른 특수한 기능을 하는 문자들을 이스케이프(escape)라고 부릅니다.

이스케이프가 필요한 몇 가지 경우가 더 있습니다. 대표적으로 줄바꿈을 표현하고 싶을 때가 있습니다. 줄바꿈은 문자 'n' 앞에 백슬래시를 붙여 '\n'과 같이 사용해 표현합니다. 다음 예제의 출력을 주목하세요.

클래스명 : Escape02

```
1  public class Escape02 {
2      public static void main(String[] args) {
3          System.out.println("치킨은 살 안 쪄요.\n살은 내가 쪄요.");
4      }
5  }
```

```
Run: Escape02
치킨은 살 안 쪄요.
살은 내가 쪄요.
```

그림 2.10 한 명령으로 여러 줄을 출력하는 코드

'\n'이 위치한 곳에서 줄바꿈이 된 것을 확인할 수 있습니다.

LESSON 04

주석

일반적으로 주석은 낱말이나 문장의 뜻을 쉽게 풀이한 것을 의미합니다. 글의 내용 진행에는 영향을 미치지 않죠. 프로그래밍 언어에서의 주석도 마찬가지입니다. 프로그램의 실행에는 영향을 미치지 않고 추가할 수 있는 설명을 주석이라고 부릅니다. 자바에서 코드에 주석을 추가하는 방법에는 총 세 가지가 존재하지만 지금은 다음과 같은 두 가지만 알면 됩니다.

클래스명 : LineComment

```
1  public class LineComment {
2      public static void main(String[] args) {
3          ① // 이 줄은 프로그램에 영향을 끼치지 않는 한줄 주석입니다.
4          System.out.println("Hello, Java");
5      }
6  }
```

그림 2.11 한줄 주석

① "//"로 시작하는 줄은 프로그램 실행에 아무런 영향도 미치지 않는 설명 문구입니다.

클래스명 : BlockComment

```
1 ▶  public class BlockComment {
2 ▶      public static void main(String[] args) {
3            /*
4            주석은 프로그램의 실행에 영향을 미치지 않습니다.
5            이렇게 여러 줄의 주석도 추가할 수 있습니다.
6             */
7            System.out.println("Hello, Java");
8        }
9    }
```

그림 2.12 여러 줄의 주석

① 여러 줄의 주석은 "/*"와 "*/"로 감싸서 표현합니다.

주석은 프로그램 코드에 설명을 추가하고 싶을 때 사용할 수 있습니다.

이 장에서는 자바 프로그래밍에 대한 맛보기의 의미로 표준 출력에 대해 한 번 더 살펴보며 문자열과 숫자의 차이점에 대한 것을 가볍게 알아보았습니다. 조금 더 자세한 차이점과 사용 방법들은 이후에 더 다루게 될 테니 조급해하지 않아도 좋습니다. 다음 장에서는 조금 더 본격적으로 프로그래밍의 중요한 컨셉들을 다루게 될 것입니다. 이 장을 넘기기 전에 꼭 스스로 연습하는 시간을 가져보도록 합시다.

1. 길동이는 6월에 태어났고 정확한 날짜는 16일입니다. 길동이의 생일을 출력하는 프로그램을 만들어보세요. (출력 형식: x월 xx일)

   - 클래스명: Birthday

2. 길동이가 태어난 달(6월)과 날짜(16일)를 더한 결과를 출력하는 프로그램을 만들어보세요.

   - 클래스명: SumOfMonthAndDay

1. Birthday

```
Birthday.java
1  public class Birthday {
2      public static void main(String[] args) {
3          System.out.println("6월 16일");
4      }
5  }

Run: Birthday
"C:\Program Files\JetBrains\IntelliJ IDEA Community Ed
6월 16일
```

그림 2.13 생일을 출력하는 프로그램

2. SumOfMonthAndDay

```
SumOfMonthAndDay.java
1  public class SumOfMonthAndDay {
2      public static void main(String[] args) {
3          System.out.println(6 + 16);
4      }
5  }

Run: SumOfMonthAndDay
"C:\Program Files\JetBrains\IntelliJ IDEA Community Ed
22
```

그림 2.14 태어난 달과 날짜를 더한 결과를 출력하는 프로그램

PART 03

변수

이번 장에서는 프로그래밍 언어에서 필수적으로 익혀야 하는 개념인 변수에 대해 알아보도록 하겠습니다. 프로그래밍 세계에는 변수를 설명하기 위한 수많은 비유가 존재합니다. 그만큼 중요한 개념이며 설명하기도 어렵다는 것이겠죠. 여기에서는 실습을 통해 변수를 사용해보며 변수가 무엇인지 개념을 잡아가도록 하겠습니다.

목차

학습 목표

- 변수의 개념을 익힙니다.
- 변수를 선언할 수 있습니다.
- 변수의 필요성을 이해합니다.
- 좋은 변수의 이름을 짓는 기준에 대해 알아봅니다.

주요 용어

- 변수 : 어떤 값을 가리키는 이름
- 예약어 : 자바에서 따로 사용하기 위해 미리 정의된 단어

학습 시간

50분

동영상 강의

https://bit.ly/2VP2WU6

LESSON 01 변수의 선언

변수란 데이터를 담는 상자로 자주 비유되곤 합니다. 누군가는 바구니에 비유하기도 합니다. 수학을 배웠다면 수학에 등장하는 변수라는 단어로 이해해도 좋습니다. 어떻게 비유하든 변수의 본질은 값을 가질 수 있는 특별한 이름입니다. 이 값은 변할 수도 있지만 이름은 변하지 않습니다. 변수의 개념이 생소하게 느껴질 수 있지만 실습을 통해 변수란 무엇인지 감을 잡아봅시다.

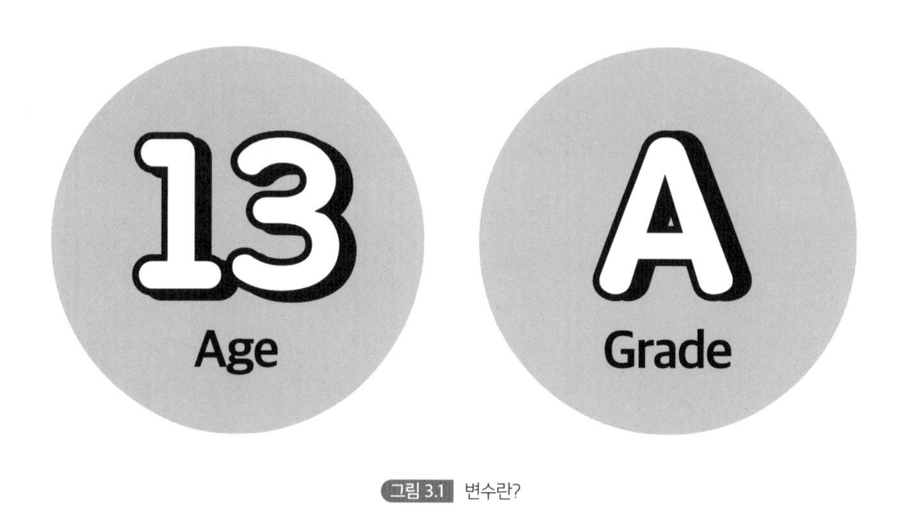

그림 3.1 변수란?

그러면 변수라는 것은 어떻게 만들까요? 자바에서 변수를 선언하는 문법은 다음과 같습니다.

그림 3.2 변수 선언 문법

앞의 그림에서, type은 우리가 사용하려고 하는 데이터의 종류이며 name은 그 데이터에 붙일 이름입니다. 그럼 변수를 선언하는 방법을 실제 예제 코드를 통해 살펴봅시다.

클래스명 : Variable01

```
1  public class Variable01 {
2      public static void main(String[] args) {
3          int number;
4      }
5  }
```

그림 3.3 변수 선언의 예

코드 상에서는 세 번째 줄을 자세히 보세요. number가 바로 변수의 이름입니다 그 왼쪽의 int는 데이터의 종류를 나타냅니다. int는 이 변수가 정수 값 중 하나가 될 수 있다는 것을 의미합니다. 이해를 돕기 위해 종류라고 표현했지만 사실은 데이터 타입이나 자료형 등의 이름으로 불리는 것입니다. 자료형에 대해서는 5장에서 조금 더 자세히 살펴보게 됩니다.

모든 문장은 세미콜론으로 끝나야 하는 규칙이 있기 때문에 변수 선언 뒤에도 세미콜론을 붙여 선언이 끝났음을 알립니다. 이 세미콜론은 글을 쓸 때 문장이 끝났음을 알리는 마침표와도 비슷한 의미입니다.

변수에 값 할당하기

앞서 변수는 값을 가질 수 있다고 했습니다. 하지만 방금 본 예제 코드는 number라는 변수가 아무런 값도 가지지 않습니다. 변수가 특정한 값을 가지도록 하기 위해서는 다음 규칙에 따라 코드를 작성하면 됩니다.

변수이름 = 값;

클래스명 : Variable02

```
1 ▶  public class Variable02 {
2 ▶      public static void main(String[] args) {
3            int number;
4            number = 3;
5        }
6    }
```

그림 3.4 변수에 값 대입

네 번째 줄에서는 number라는 변수가 3이라는 값을 가지도록 정의했습니다. 대부분의 프로그래밍 언어에서 '='이라는 기호는 양쪽에 있는 값이 같다라는 의미가 아니라 오른쪽에 있는 값을 왼쪽의 변수 이름에 대입할 때 사용합니다. 이제부터는 number라는 이름이 곧 3을 의미하게 되는 것입니다.

다음과 같이 변수를 선언하면서 값을 바로 대입할 수도 있습니다.

클래스명 : Variable03

```
Variable03.java
1 public class Variable03 {
2     public static void main(String[] args) {
3         int number = 3;
4     }
5 }
```

그림 3.5 변수 선언과 값 대입을 한번에 하는 예시

이렇게 만든 변수 이름은 표준 출력에 직접 사용할 수 있습니다. 앞서 정의한 number를 출력해봅시다.

클래스명 : Variable04

```
1 public class Variable04 {
2     public static void main(String[] args) {
3         int number = 3;
4         System.out.println(number);
5     }
6 }
Run: Variable04
3
```

그림 3.6 표준 출력을 통해 변수의 값 출력

이처럼 표준 출력에 number를 직접 넣어주니 3이라는 값이 출력되는 것을 확인할 수 있습니다.

참고 System.out.println을 빠르게 입력하는 팁

앞서 'main'을 입력하고 잠시 기다리면 나오는 팝업으로 public static void main(...)과 같은 코드를 빠르게 작성할 수 있었던 것과 마찬가지로 System.out.println(...)을 빠르게 작성하기 위해서는 'sout'을 입력하면 인텔리제이의 자동 완성 기능을 이용할 수 있습니다.

변수의 값 변경하기

변수의 값은 한 번 대입했다고 고정되는 것이 아니고 변경도 가능합니다. 다음 코드를 봅시다.

클래스명 : Variable05

```java
1 ▶  public class Variable05 {
2 ▶      public static void main(String[] args) {
3          ① int number = 3;
4            System.out.println(number);
5          ② number = 10;
6            System.out.println(number);
7        }
8    }
```

```
Run: Variable05 ×
3
10
```

그림 3.7 변수에 할당된 값 변경

① number라는 이름의 변수를 선언하면서 3이라는 값을 대입해 줍니다.

② 다시 number에 10을 대입해 주었습니다.

출력 창을 잘 살펴보면 처음 출력은 3이고 값을 두 번째 출력은 10인 것을 확인할 수 있습니다. 이렇게 변수에 할당된 값은 언제든 변경시킬 수 있습니다. 아주 일부의 경우에 변경시킬 수 없는 변수도 존재하기는 하지만 지금은 신경 쓰지 않아도 좋습니다.

한 변수의 값을 다른 변수에 대입하는 것도 가능합니다.

클래스명 : Variable06

```
1 ▶  public class Variable06 {
2 ▶      public static void main(String[] args) {
3            int number1 = 3;
4            int number2 = number1;
5            System.out.println(number2);
6        }
7    }
```

```
Run: Variable06 ×
3
```

그림 3.8 변수의 값을 다른 변수에 대입

number2를 선언하면서 number3을 대입해 줬더니 number2의 값이 3이 되었습니다. 이처럼 변수는 어떤 종류의 값을 가지는 특정한 이름이며 값을 변경할 수도 있고 변수끼리 대입할 수도 있습니다. 하지만 3이라는 값을 직접 사용하면 되는데 왜 키보드를 더 두드리는 수고를 들이면서까지 변수가 필요할까요? 다음 절에서 그 이유를 알아보겠습니다.

변수의 필요성

변수는 어떤 값을 가리킬 수 있다는 것과 그 값이 변할 수 있다는 특징을 가지고 있습니다. 그렇다면 변수가 왜 필요한 것일까요?

한 마트에서 이벤트를 기획했다고 가정해봅시다. 이 이벤트는 매달 15일에 물건을 구매하면 15%의 적립금을 추가로 적립해 주는 이벤트입니다. 이 마트가 여러분에게 다음과 같은 구매금액별 적립금을 계산해 주는 프로그램을 의뢰했습니다.

100원 구매 시 적립금

300원 구매 시 적립금

1000원 구매 시 적립금

10000원 구매 시 적립금

우리는 변수 없이 다음과 같이 프로그램을 작성할 수 있습니다. '*' 기호는 곱셈을 의미하며 4장에서 자세히 살펴보게 됩니다.

```
1  public class MartEvent01 {
2      public static void main(String[] args) {
3          System.out.println(100 * 0.15);
4          System.out.println(300 * 0.15);
5          System.out.println(1000 * 0.15);
6          System.out.println(10000 * 0.15);
7      }
8  }
```

그림 3.9 변수가 없는 경우

그런데 마트에서 날짜를 13일로 바꾸고 적립금을 13%로 줄이겠다고 연락이 왔습니다. 우리는 이제 각 문장의 숫자를 찾아 날짜와 0.15라는 숫자를 모두 바꿔주어야 합니다. 하지만 변수를 이용하면 다음과 같이 코드를 작성할 수 있습니다. '/' 기호는 나눗셈을 의미하며 곱셈과 함께 4장에서 자세히 살펴봅니다.

```java
public class MartEvent02 {
    public static void main(String[] args) {
        int ratio = 15;

        System.out.println(100 * ratio / 100.0);
        System.out.println(300 * ratio / 100.0);
        System.out.println(1000 * ratio / 100.0);
        System.out.println(10000 * ratio / 100.0);
    }
}
```

그림 3.10 변수가 있는 경우

이제부터는 ratio 변수의 값 하나만 변경해주면 전체 계산에서의 적립금 비율이 변경되어 많은 코드를 고쳐야 할 필요가 없습니다. 이처럼 변수를 적절히 활용하면 코드의 관리가 원활해지는 장점이 있습니다.

참고 변수의 필요성은 편리함에만 있나요?

아닙니다. 변수는 편리하기도 하지만 그 자체로 의미를 가지기 때문에 필요한 경우도 많습니다. 예를 들어, 우리가 소스코드에 작성한 15라는 숫자가 숫자 자체만으로는 날짜인지 나이인지 등을 판단하기가 어려울 것입니다. 여기에 age라는 변수명을 붙이면 이 숫자가 나이라는 것을 인지할 수 있는 것이죠. 이와 관련해 다음 절에서 좋은 변수명을 만드는 규칙에 대해 살펴보게 될 것입니다.

좋은 변수명과 나쁜 변수명

변수의 이름을 어떻게 만들든 간에 프로그램은 똑같이 실행될 수 있습니다. 하지만 좋은 변수명을 만든다면 나중에 코드를 읽었을 때나 다른 사람이 코드를 읽었을 때에 훨씬 빠르게 이해할 수 있게 됩니다.

다음 코드를 보면서 공감해봅시다.

클래스명 : BadVariableName

BadVariableName.java

```
1  public class BadVariableName {
2      public static void main(String[] args) {
3          int a = 17;
4          int b = a + 10;
5          System.out.println(b);
6      }
7  }
```

그림 3.11 나쁜 변수명의 예

변수의 이름으로 a와 b가 등장했습니다. 무엇인지는 잘 모르겠지만 a의 값은 17이고 b의 값은 a의 값에 10을 더한 값입니다. 그리고 b를 출력해 주고 있습니다. 무슨 일을 하는 코드인지는 전혀 모르겠습니다. 동일한 코드이지만 변수명만 다른 코드를 한 번 보겠습니다.

클래스명 : GoodVariableName

GoodVariableName.java

```
1  public class GoodVariableName {
2      public static void main(String[] args) {
3          int age = 17;
4          int ageAfter10Years = age + 10;
5          System.out.println(ageAfter10Years);
6      }
7  }
```

그림 3.12 좋은 변수명의 예

변수의 이름으로 등장하는 것은 age와 ageAfter10Years입니다. age의 값이 17이라니 나이가 17세라는 것일테지요. ageAfter10Years는 나이에 10을 더한 값입니다. 아무래도 이 프로그램은 10년 후의 나이를 출력해주는 프로그램인 것 같습니다.

이처럼 변수의 이름을 어떻게 짓느냐에 따라 코드를 읽고 이해할 수 있는 가능성이 달라집니다. 어떤 것이 좋은 변수명이고 좋은 변수명이 필요한 이유에 대해 공감이 되시나요? 이 외에도 변수명을 지을 때 고려해야 할 규칙들이 있어야 합니다. 몇몇은 강제이고 몇몇은 권장사항입니다. 다음은 이 규칙들의 일부입니다.

- 첫 글자는 반드시 영문 대소문자나 언더스코어(_), 또는 $여야 하지만 영문 소문자로 시작하는 것을 권장합니다.
  - int _age (X)
  - int Age (X)
  - int age (O)
- 첫 글자를 제외한 나머지 글자에는 영문 대소문자, 언더스코어, $, 숫자를 사용할 수 있습니다. 일부 경우 이모지(그림문자)나 한글 변수명 등을 사용할 수는 있으나 권장되지 않습니다.
  - int page_number (X)
  - int pageNumber (O)

- 영문은 대소문자를 구분합니다. age와 aGe는 다른 변수입니다.
- 의미를 명확히 하는 선에서 가능한 한 짧은 단어를 사용합니다.
- 자바에서는 변수명의 시작은 소문자로, 그 뒤부터는 단어 단위로 첫 글자만 대문자를 사용하는 카멜케이스(camel case) 표기법을 사용하는 권장됩니다.
  - int searchResult (O)
- 자바에서 다른 용도로 사용하고 있는 키워드들은 변수명으로 사용할 수 없습니다. 이런 단어들을 보통 예약어(reserved words)라고 부릅니다. 아래는 예약어들의 예시입니다.

abstract	assert	boolean	break	byte	case
catch	char	class	const	continue	default
double	do	else	enum	extends	false
final	finally	float	for	goto	if
implements	import	instanceof	int	interface	long
native	new	null	package	private	protected
public	return	short	static	strictfp	super
switch	synchronized	this	throw	throws	transient
true	try	void	volatile	while	

참고 대중적인 표기법의 종류

- 카멜케이스: 소문자로 시작하며 뒤따르는 단어들의 첫 문자는 대문자를 사용(예: friedChickenSandwich)
- 파스칼케이스: 카멜케이스에서 첫 문자도 대문자로 사용(예: FriedChickenSandwich)
- 스네이크케이스: 주로 소문자를 사용하며 단어들의 사이에 '_' 를 사용(예: fried_chicken_sandwich)

이번 장에서는 프로그래밍의 필수 요소인 변수에 대해 알아보았습니다. 변수를 활용해 다음 요구사항에 맞는 프로그램을 작성해봅시다.

1. 길동이의 현재 나이는 8세입니다. 현재 길동이의 나이와 10년 후, 20년 후, 30년 후 길동이의 나이를 출력하는 프로그램을 만들어보세요.

   - 클래스명: AgeOfGildong

2. 시간이 흘러 길동이의 나이가 9세가 되었습니다. 앞서 작성한 AgeOfGildong 프로그램을 수정해 길동이의 나이가 9세일 때 10년 후, 20년 후, 30년 후 길동이의 나이를 출력하는 프로그램을 만들어보세요.

1. AgeOfGildong

```
AgeOfGildong.java
1  public class AgeOfGildong {
2      public static void main(String[] args) {
3          int ageOfGildong = 8;
4          System.out.println(ageOfGildong);
5          System.out.println(ageOfGildong + 10);
6          System.out.println(ageOfGildong + 20);
7          System.out.println(ageOfGildong + 30);
8      }
9  }
```

그림 3.13 AgeOfGildong

2. AgeOfGildong (수정)

```
AgeOfGildong.java
1  public class AgeOfGildong {
2      public static void main(String[] args) {
3          int ageOfGildong = 9;
4          System.out.println(ageOfGildong);
5          System.out.println(ageOfGildong + 10);
6          System.out.println(ageOfGildong + 20);
7          System.out.println(ageOfGildong + 30);
8      }
9  }
```

그림 3.14 AgeOfGildong

PART 04

연산자를 이용해 값 조작하기

프로그래밍에서 연산자란 값을 조작하는 등의 특정 작업에 있어서 사용되는 기호 정도로 생각해볼 수 있습니다. 앞서 배웠던 변수에 값을 대입하는 행위(number = 3)에서 '='이 바로 연산자의 일종입니다. 정확히는 대입 연산자라고 부릅니다. 이 외에도 사칙 연산 등을 수행하는 산술 연산자, 비교 연산자, 논리 연산자 등의 다양한 연산자가 있습니다. 이 장에서는 이들 연산자에 대해서 살펴보도록 하겠습니다.

목차

학습 목표

- 연산자를 통해 사칙 연산을 수행할 수 있습니다.
- 사칙 연산의 우선순위를 이해합니다.
- 비교 연산을 수행할 수 있습니다.
- 서로 다른 숫자 타입의 연산 결과에 대해 이해합니다.

주요 용어

- 연산자 : 계산이나 비교 등에 사용되는 특수한 기호
- 사칙 연산자 : 덧셈, 뺄셈, 곱셈, 나눗셈 시 사용하는 기호
- 비교 연산자 : 좌측과 우측의 값을 비교할 때 사용하는 기호

학습 시간

50분

동영상 강의

https://bit.ly/2VP2WU6

LESSON 01 산술 연산자

산술 연산자는 수학 계산에서 사용되는 연산자입니다. 더하기(+), 빼기(-) 등의 기호가 그것입니다. 자바에서는 산술식을 위해 준비된 다음과 같은 연산자들이 있습니다. 주의할 점은 수학에서 배운 기호들과는 약간 다르게 생긴 부분이 있다는 것입니다. 다음 표를 봅시다.

연산자	의미	사용 예시
+	덧셈	1 + 2
-	뺄셈	2 - 1
*	곱셈	2 * 3
/	나눗셈	6 / 2
%	나머지	5 % 2

예제 코드를 통해 각 연산자의 사용법과 출력 결과를 살펴보도록 하겠습니다.

덧셈(+)

클래스명 : Operator01

```
Operator01.java
1  public class Operator01 {
2      public static void main(String[] args) {
3          System.out.println(2 + 3);
4          System.out.println(3 + 1 + 7);
5      }
6  }
```

```
Run: Operator01
5
11
```

그림 4.1 덧셈 연산자의 사용 예

덧셈 연산자는 수학에서 사용되는 그것과 완벽히 동일합니다. 2 + 3의 값은 5이고 3 + 1 + 7의 값은 11이죠.

뺄셈(-)

클래스명 : Operator02

```
Operator02.java
1  public class Operator02 {
2      public static void main(String[] args) {
3          System.out.println(5 - 2);
4          System.out.println(10 - 3 - 6);
5      }
6  }

Run: Operator02
3
1
```

그림 4.2 뺄셈 연산자의 사용 예

뺄셈 또한 덧셈과 다를 바 없이 수학의 그것과 동일합니다. 다만 곱셈은 기호가 조금 다릅니다.

곱셈(*)

클래스명 : Operator03

Operator03.java

```
1  public class Operator03 {
2      public static void main(String[] args) {
3          System.out.println(2 * 3);
4      }
5  }
```

Run: Operator03

```
6
```

그림 4.3 곱셈 연산자의 사용 예

자바 프로그래밍에서 곱셈 기호는 '*'를 사용합니다. 2 * 3의 결과 값으로 6이 출력된 것을 확인할 수 있습니다.

나눗셈(/)

클래스명 : Operator04

Operator04.java

```
1  public class Operator04 {
2      public static void main(String[] args) {
3          System.out.println(6 / 2);
4      }
5  }
```

Run: Operator04

```
3
```

그림 4.4 나눗셈 연산자의 사용 예

나눗셈 또한 곱셈과 마찬가지로 수학에서 사용되는 것과는 기호가 다릅니다. 나눗셈을 표현하기 위해서는 '/'가 사용됩니다.

나머지(%)

나머지 연산은 수학에서 배웠던 사칙 연산에는 없는 연산자입니다. 나머지 연산자는 왼쪽의 값을 오른쪽의 값으로 나누었을 때 나머지 값을 계산합니다. 가령 7을 3으로 나누면 1이 나머지로 남게 되는 것이죠.

클래스명 : Operator05

Operator05.java

```
public class Operator05 {
    public static void main(String[] args) {
        System.out.println(7 % 3);
    }
}
```

Run: Operator05

```
1
```

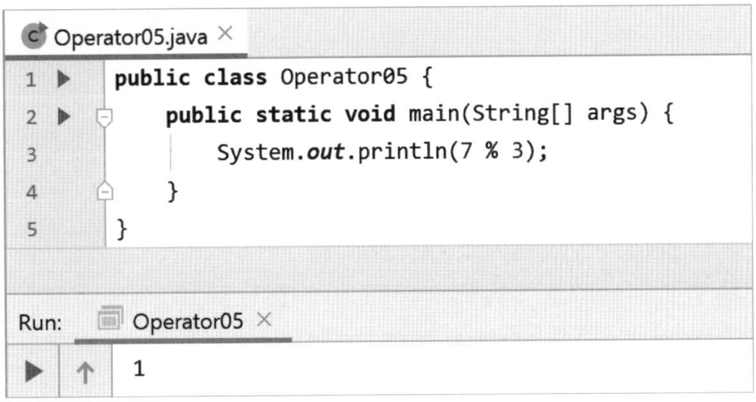

그림 4.5 나머지 연산자의 사용 예

앞서 설명과 같이 7을 3으로 나눴을 때 나머지 값인 1이 출력되는 것을 확인할 수 있습니다. 사칙 연산은 실 생활에서도 자주 사용되는 연산이지만 나머지 연산은 언제 사용될까요? 간단하게는 특정 확률을 만들어내는 데에 사용할 수가 있습니다. 특정 숫자를 10으로 나눈 나머지가 1일 때에만 어떤 일을 한다고 하면 1/10의 확률을 가지게 되는 것이죠.

산술 연산자의 우선순위

수학에서와 마찬가지로 산술 연산자들은 우선순위를 가지게 됩니다. 곱셈이 덧셈이나 뺄셈보다는 먼저 계산되게 되는 것이죠. 다음 예제 코드를 통해 확인해봅시다.

클래스명 : Operator06

Operator06.java

```
1  public class Operator06 {
2      public static void main(String[] args) {
3          System.out.println(1 + 2 * 3);
4          System.out.println(2 - 4 / 2);
5      }
6  }
```

Run: Operator06

```
7
0
```

그림 4.6 산술 연산자의 우선순위

1 + 2 * 3의 경우 2 * 3이 먼저 계산된 후 1을 더해 7이 되었습니다. 수학과 마찬가지로 곱셈이 먼저 계산됩니다. 그러면 나눗셈이 사용된 계산에서는 어떨까요? 4번째 줄의 출력 결과에서 알 수 있듯이 뒤에 있는 4 / 2가 먼저 계산된 후 2에서 그 값을 뺍니다. 이처럼 산술 연산은 수학에서의 그것과 동일한 우선순위를 가집니다.

만일 4번째 줄에서 4 / 2보다 2 - 4를 먼저 계산하고 싶다면 어떻게 해야 할까요? 수학에서와 마찬가지로 수식을 괄호로 묶어주면 됩니다.

클래스명 : Operator07

Operator07.java

```
1  public class Operator07 {
2      public static void main(String[] args) {
3          System.out.println((2 - 4) / 2);
4      }
5  }
```

Run: Operator06

```
-1
```

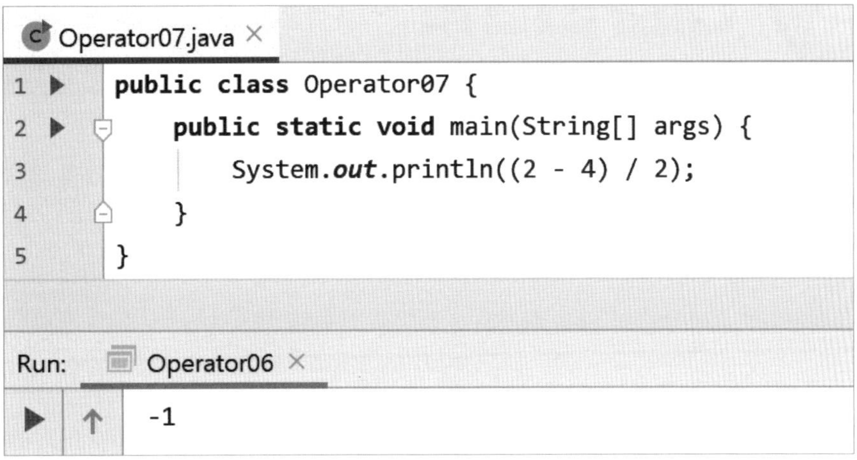

그림 4.7 괄호를 이용한 우선순위 제어

프로그래밍에서의 산술 연산은 기초적인 수학과 다를 바가 없어 크게 어렵지는 않을 겁니다.

우선순위	연산자	비고
1	()	괄호 안의 연산을 우선 수행
2	*, /, %	좌측에 나타난 것부터 수행
3	+, -	좌측에 나타난 것부터 수행

대입 연산자

우리는 이미 앞의 “변수” 장에서 대입 연산자를 사용해봤습니다. 여기에서는 예제 코드를 통해 약간의 추가적인 내용들을 살펴봅시다.
앞서 사용했듯이 대입 연산자를 사용하기 위해서는 변수를 선언해야 합니다. 대입 연산자를 추가적으로 사용함으로써 변수의 값을 변경하는 행위도 가능했었습니다.

클래스명 : Operator08

Operator08.java

```
1  public class Operator08 {
2      public static void main(String[] args) {
3          int number = 5;
4          number = 6;
5          System.out.println(number);
6      }
7  }
```

Run: Operator08

```
6
```

그림 4.8 대입 연산자의 사용 예

앞의 예제 코드에서 변수 number의 자료형은 int입니다. 정수 값을 가질 수 있는 변수라는 의미입니다. 하지만 여기에 실수 값을 대입하려 하면 어떻게 될까요?

클래스명 : Operator09

Operator09.java
public class Operator09 {
public static void main(String[] args) {
int number = 1.2;
}
}

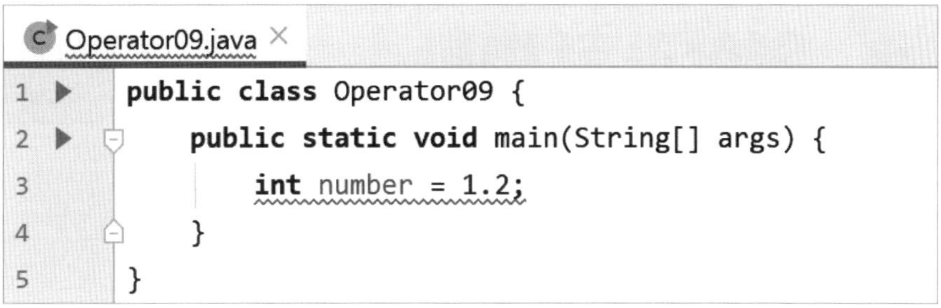

그림 4.9 변수와 대입값의 자료형이 다를 경우 오류 발생

예제 코드에서 볼 수 있듯이 빨간 밑줄이 생기며 오류가 있다는 것을 알 수 있습니다. 빨간 밑줄이 그어진 영역에 마우스 커서를 올리면 인텔리제이가 어떤 오류가 있는지를 알려줍니다.

int number = 1.2;
Required type: int
Provided: double
Cast to 'int' Alt+Shift+Enter
More actions... Alt+Enter

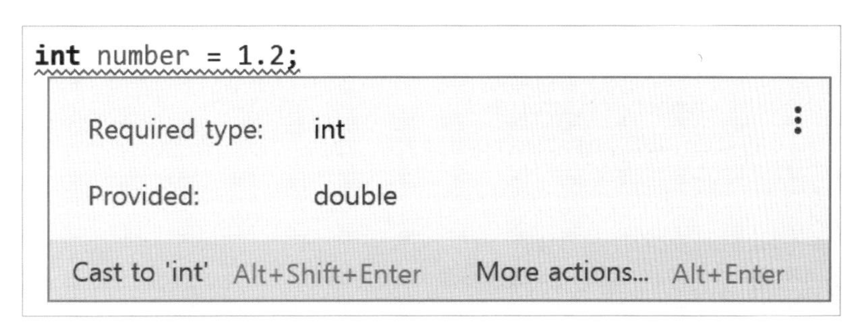

그림 4.10 변수와 대입값의 자료형이 다른 경우 발생하는 오류의 상세 팝업

int형 변수에 실수 값을 대입하려 했다는 오류입니다. 이처럼 변수가 가진 자료형 이외의 값을 대입 하려하면 오류가 발생합니다. 다음 절에서는 이를 해결하는 방법에 대해 간단히 알아보겠습니다.

서로 다른 숫자 타입의 연산과 형 변환

앞서 정수형 변수에 실수를 대입하려 하는 경우 오류가 발생하는 것을 확인했습니다. 이번 절에서는 서로 다른 타입의 숫자에 대해 사칙 연산을 수행할 때 일어나는 일들과 정수형 변수에 실수를 대입하는 방법에 대해 알아보도록 하겠습니다.

먼저 앞서 오류가 발생하는 코드인 Operator09 클래스를 열어 다음과 같이 수정합니다.

클래스명 : Operator09

```
1  public class Operator09 {
2      public static void main(String[] args) {
3          int number = (int) 1.6;
4          System.out.println(number);
5      }
6  }
```

그림 4.11 형 변환의 예

(int) 1.6은 1.6을 int형으로 변경하겠다는 의미입니다. 이처럼 숫자 간에는 자료형을 변환할 수가 있습니다. 이를 "형 변환"이라고 부릅니다. 하지만 1.6을 정수로 변환하려면 0.6은 어떻게 되는 걸까요? 이 경우에는 소수점 아래의 숫자들은 버려지게 됩니다. 즉, (int) 1.6의 값은 1이 됩니다.

자바에서는 정수형 변수에 실수를 그냥 대입하는 행위는 허용하지 않지만 이들 간의 연산 자체는 허용합니다. 다만 정수끼리 계산했을 때와 실수가 포함되었을 때와는 결과가 조금 다릅니다.

클래스명 : Operator10

Operator10.java

```
1  public class Operator10 {
2      public static void main(String[] args) {
3          System.out.println(1 + 1.2);
4          System.out.println(7 / 2);
5          System.out.println(7 / 2.0);
6      }
7  }
```

Run: Operator10

```
2.2
3
3.5
```

그림 4.12 정수와 실수의 연산

1 + 1.2의 결과는 예상과 같이 2.2가 나옵니다. 하지만 7 / 2의 값은 예상과 다르게 3이 출력됩니다. 자바에서는 정수와 정수의 계산 결과는 무조건 정수가 되기 때문에 소수점 아래의 숫자는 버려지게 되는 것입니다. 그렇다면 정수와 실수의 계산은 어떨까요? 정수와 실수의 계산 결과는 실수가 됩니다. 때문에 7 / 2.0의 결과는 3.5가 출력되는 것을 확인할 수 있습니다.

비교 연산자

자바에서는 기본적으로 숫자 타입의 비교 결과를 되돌려주는 연산자들이 존재합니다. 이들 연산자는 수학에서 등장하는 등호, 부등호 등과 비슷한 역할을 가지고 있습니다. 이를 비교 연산자라고 부릅니다. 대부분의 프로그래밍 언어에서 지원하는 비교 연산자들의 목록을 다음 표에서 확인하고 수학 기호와 비교해봅시다.

비교 연산자	사용 예시	비교 의미	수학 기호
<	2 < 3	왼쪽 값이 오른쪽 값보다 작은가?	<
<=	2 <= 3	왼쪽 값이 오른쪽 값보다 작거나 같은가?	≤
>	2 > 3	왼쪽 값이 오른쪽 값보다 큰가?	>
>=	2 >= 3	왼쪽 값이 오른쪽 값보다 크거나 같은가?	≥
==	2 == 3	양쪽 값이 같은가?	=
!=	2 != 3	양쪽 값이 다른가?	≠

수학 기호와 비슷하게 생겼죠? 일부 수학 연산자들의 경우 키보드로 입력하는 것은 다소 어렵기 때문에 특수문자를 사용해야 하는 연산자들('≤', '≥', '≠' 등)은 키보드를 통해 입력하기 쉬운 두 문자를 연달아 배열하는 방법을 채택하고 있습니다.

같음을 뜻하는 '='의 경우는 대입 연산자로 사용되고 있기 때문에 부득이하게 양쪽 값이 같은지를 비교할 때에는 '=='와 같이 '=' 기호를 두번 연달아 사용해야 합니다.

다음 예제 코드를 통해 사용법을 확실히 익히고 출력 결과를 확인해봅시다. 코드의 길이가 길기 때문에 한 눈에 비교하기 쉽도록 출력 창을 오른쪽에 배치했습니다.

클래스명 : Operator11

```java
public class Operator11 {
    public static void main(String[] args) {
        System.out.println(2 < 3);
        System.out.println(2 <= 3);
        System.out.println(2 > 3);
        System.out.println(3 >= 3);
        System.out.println(5 == 3);
        System.out.println(5 == 5);
        System.out.println(5 != 5);
        System.out.println(3 != 5);
    }
}
```

출력

```
true
true
false
true
false
true
false
true
```

그림 4.13 비교 연산자의 사용 예와 그 결과

출력을 통해 확인해봤더니 비교 연산자들은 비교 결과를 참(true) 혹은 거짓(false)의 형태로 표현해주고 있습니다. 2 〈 3의 경우 2가 3보다 작다는 것은 사실에 해당하므로 참(true)이 출력되는 원리입니다.

이 장에서는 대입 연산자와 자료형, 그리고 각종 산술 연산자와 비교 연산자들의 종류 및 사용법에 대해 알아보았습니다. 다음 요구사항들을 통해 각종 연산자를 활용하는 방법을 연습해보도록 합시다.

1. 아래와 같은 변수가 존재한다면 각 연산자의 결과값이 어떨지 예측해보세요.

```
int x = 5;
int y = 2;
```

- x < y
- y > x
- y <= x
- y * y
- x * y
- y % x
- y % 2
- x == 5
- 2 != y

2. 양계장에서 닭이 낳은 알이 277개 있습니다. 한 판에 30개의 달걀이 포장된다고 할 때 계란판에 포장되고 남은 계란의 수를 출력하는 코드를 작성해보세요.

- 클래스명: EggPackage

1. 비교 연산자의 결과

false

false

true

4

10

2

0

true

false

2. EggPackage

```
1  public class EggPackage {
2
3      public static void main(String[] args) {
4          int totalEggs = 277; // 총 달걀 개수입니다.
5          int eggCartonSize = 30; // 한 판에 포장되는 달걀의 수입니다.
6
7          // totalEggs 를 eggCartonSize 로 나눈 나머지를 계산합니다.
8          int remainingEggs = totalEggs % eggCartonSize;
9
10         System.out.println("총" + remainingEggs + "개의 계란이 남습니다.");
11     }
12 }
```

```
Run: Diary × EggPackage ×
총7개의 계란이 남습니다.

Process finished with exit code 0
```

그림 4.14 EggPackage

PART 05

데이터의 형태, 자료형

우리는 앞서 숫자, 문자열 등을 활용해 간단한 프로그램을 작성했습니다. 프로그래밍 세계에서는 숫자, 문자와 같은 데이터의 형태를 자료형이라고 부릅니다. 이 장에서는 기본 자료형에 어떤 것들이 있는지 또 이들을 어떻게 활용할 수 있는지에 대해 살펴보도록 합시다.

목차

학습 목표

- 자료형의 개념을 익힙니다.
- 다양한 기본 자료형에 대해 익숙해집니다.
- 원시 자료형과 래퍼 타입에 대해 이해합니다.

주요 용어

- 자료형 : 숫자, 문자 등 값의 타입
- 정수형 : 숫자 중 정수로 구성된 값의 자료형
- 실수형 : 숫자 중 실수로 구성된 값의 자료형
- 문자형 : 문자 하나로 이루어진 값의 자료형
- 문자열 : 문자 여러개로 이루어진 값의 자료형
- 논리형 : 참과 거짓을 나타내는 값의 자료형
- 원시 자료형 : 기본적인 숫자, 문자 등의 순수한 값의 자료형
- 래퍼 타입 : 원시 자료형을 한번 감싸 추가적인 기능을 제공하는 자료형

학습 시간

80분

동영상 강의

https://bit.ly/2VP2WU6

정수형

자바에서는 같은 정수라고 해도 나타낼 수 있는 숫자의 범위에 따라 몇 가지 타입으로 나뉩니다. 이미 우리가 사용해본 바 있는 int도 정수 타입의 하나입니다. 다음은 타입별 나타낼 수 있는 숫자의 범위입니다.

데이터 타입	표현 범위	데이터 크기
byte	-128 ~ 127	1 byte
short	-32,768 ~ 32,767	2 byte
int	-2,147,483,648 ~ 2,147,483,647	4 byte
long	-9,223,372,036,854,775,808 ~ 9,223,372,036,854,775,807	8 byte

같은 정수 데이터인데 왜 이렇게 표현할 수 있는 숫자의 범위에 따라 타입을 나누어 놓았을까요? 바로 데이터의 크기 때문입니다. 더 큰 숫자일수록 더 많은 공간을 차지한다는 것은 이해가 되죠?

메모리가 부족하던 과거에는 메모리를 아껴 쓸 필요가 있었습니다. -128 ~ 127 범위 내에서 표현할 수 있는 숫자인 경우에는 byte를 선택하는 등의 메모리를 고려한 선택이 필요했던 것입니다. 예를 들어 강아지 건강 관리 프로그램을 만든다고 할 때 강아지의 나이가 128살을 넘어갈 리는 없으니 강아지의 나이를 표현하기 위해서는 byte 형을 사용하는 것이 메모리가 부족하던 예전에는 합리적이고 효율적인 선택이었던 것이죠.

오늘날에는 메모리가 넉넉해졌기 때문에 대부분의 경우 이런 선택이 큰 의미는 없습니다. 일반적인 용도인 경우 대개 int나 long 타입을 사용합니다. 하지만 여전히 에어컨이나 세탁기 등의 가전제품에 들어가는 소형 컴퓨터 등을 위한 프로그램을 개발할 때에는 이러한 고려가 필요합니다.

기본 정수형들에 대해 각 타입별 변수를 선언하고 출력해보는 간단한 예제를 실습해보겠습니다.

클래스명 : IntegerData01

IntegerData01.java

```
1  public class IntegerData01 {
2      public static void main(String[] args) {
3          byte byteInteger = 10;
4          short shortInteger = 20;
5          int intInteger = 30;
6          long longInteger = 40;
7          System.out.println(byteInteger);
8          System.out.println(shortInteger);
9          System.out.println(intInteger);
10         System.out.println(longInteger);
11     }
12 }
```

출력

```
10
20
30
40
```

그림 5.1 서로 다른 정수형 변수들

정수형 변수끼리는 연산도 가능합니다. 다만 long 타입이 포함된 경우을 제외하면 모든 연산의 결과는 int 타입이 됩니다. 만일 연산에 long 타입이 포함된다면 결과는 long 타입이 됩니다. 다음 예제를 참고하세요.

클래스명 : IntegerData02

IntegerData02.java

```
1  public class IntegerData02 {
2      public static void main(String[] args) {
3          short shortNum = 5;
4          int intNum =10;
5          long longNum = 20;
6
7          int intResult = intNum - shortNum;
8          long longResult = longNum - intNum;
9
10         System.out.println(intResult);
11         System.out.println(longResult);
12     }
13 }
```

Run: IntegerData02

```
5
10
```

그림 5.2 서로 다른 정수형 간의 연산

LESSON 02 실수형

실수형은 소수점 아래까지 표현할 수 있는 자료형으로 정수형과는 다르게 두가지 타입만 존재합니다. 다음 표를 살펴봅시다.

데이터 타입	표현 범위	데이터 크기
float	±(1.40129846432481707e-45 ~ 3.40282346638528860e+38)	4 byte
double	±(4.94065645841246544e-324d ~ 1.79769313486231570e+308d)	8 byte

자바에서 float형을 사용하기 위해서는 숫자 뒤에 F 혹은 f를 붙여주어야 합니다. double의 경우에는 딱히 표현 상의 제약은 없습니다. 다음 예제 코드를 봅시다.

클래스명 : RealNumberData01

RealNumberData01.java

```
public class RealNumberData01 {
    public static void main(String[] args) {
        float floatNumber = 0.1f;
        double doubleNumber = 0.2;
        System.out.println(floatNumber);
        System.out.println(doubleNumber);
    }
}
```

Run: RealNumberData01

```
0.1
0.2
```

그림 5.3 서로 다른 실수형들

실수 자료형을 사용할 때에는 명심해야 할 것이 있습니다. 컴퓨터에서 실수를 표현하는 방법의 한계로 소수점 아래에서 아주 정확한 값을 표현하지는 못한다는 것이죠. 다음 예제 코드를 실행해보면 무슨 이야기인지 이해가 될 겁니다.

클래스명 : RealNumberData02

```
RealNumberData02.java

1  public class RealNumberData02 {
2      public static void main(String[] args) {
3          float floatNumber = 0.001f + 0.001f + 0.0001f;
4          System.out.println(floatNumber);
5      }
6  }

RealNumberData02 › main()

Run: RealNumberData02
0.0021000002
```

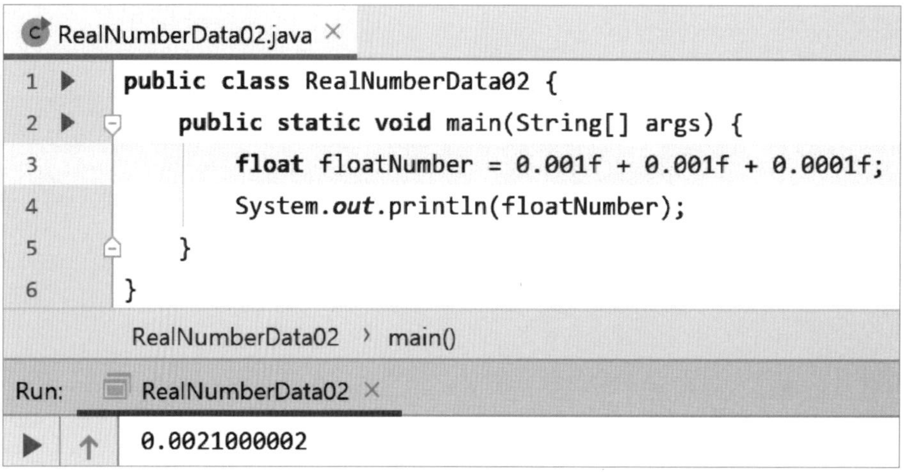

그림 5.4 컴퓨터에서 실수 표현의 한계

0.001 + 0.001 + 0.0001의 결과는 0.0021이어야 하지만 컴퓨터가 계산한 결과는 약간 다릅니다. 아주 세밀하게 정확한 값을 계산하지는 못하는 것이죠. 일반적인 용도로는 문제가 없지만 돈 계산처럼 정확한 계산이 필요한 경우에는 실수형을 사용할 수 없을 겁니다.

LESSON 03

문자형

프로그래밍을 시작하며 우리는 문자와 문자열에 대해 간략하게 배웠습니다. 이번 절에서는 자료형으로서의 문자에 대해 알아보겠습니다.

문자형은 다음과 같은 한 가지 자료형만이 존재합니다.

데이터 타입	데이터 크기
char	2 byte

앞서 사용해봤듯이 문자형은 문자 1개를 저장하는 자료형입니다. 이를 변수로서 어떻게 사용하는지 예제 코드를 봅시다.

클래스명 : Characters01

```
Characters01.java
1  public class Characters01 {
2      public static void main(String[] args) {
3          char character = 'o';
4          System.out.println(character);
5      }
6  }
```

```
Run: Characters01
o
```

그림 5.5 문자형 변수의 사용 예

문자열

문자열은 여러 문자가 합쳐진 것으로 다음과 같은 것들이 바로 문자열입니다.

"Hello."
"치킨은 살 안 쪄요."

자바에서 문자열에 해당하는 자료형은 String입니다. 대문자로 시작하는 것이 여태까지 배웠던 것들과는 약간 다르게 생겼죠? 지금까지 배웠던 int, double, char 등을 원시 자료형이라고 부릅니다. 원시 자료형은 값을 표현하는 것 외에는 별다른 기능들을 가지고 있지는 않습니다. 하지만 String은 문자열을 사용할 수 있도록 char형을 묶어 만들어낸 조금 더 향상된 자료형입니다. 그만큼 추가적인 기능들이 많이 포함되어 있습니다. 그러면 문자열 타입 변수를 정의하고 이를 다루는 몇 가지 예를 살펴보도록 합시다.

참고 왜 문자와 문자열이 구분되어야 하는 걸까요?

문자형은 앞서 정수형을 배울 때 언급되었던 컴퓨터의 메모리가 모자라던 시절 혹은 제한된 메모리만 사용할 수 있는 장치 등에서 필요한 자료형입니다. 오늘날에는 사실상 일반적인 응용 프로그램을 만들 때 문자형이 사용되는 경우는 극히 드뭅니다. 때문에 문자와 문자열을 구분하지 않는 프로그래밍 언어들도 생겨나고 있습니다.
이 책에서는 앞으로 문자형을 다루지 않기 때문에 여러분들은 문자형이라는 게 있다라는 사실 정도만 기억하고 모든 문자를 쌍따옴표로 사용하면 됩니다.

01 문자열 변수 선언

문자열 변수를 선언하는 방법은 다른 변수들과 다를 것이 없습니다. 자료형만 String으로 명시해주면 됩니다.

클래스명 : String01

```
String01.java

1  public class String01 {
2      public static void main(String[] args) {
3          String chicken = "치킨은 살 안 쪄요.";
4          String me = "살은 내가 쪄요.";
5          System.out.println(chicken);
6          System.out.println(me);
7      }
8  }
```

```
Run: String01
치킨은 살 안 쪄요.
살은 내가 쪄요.
```

그림 5.6 문자열 변수의 사용 예

02 문자열 연결하기

문자열은 더하기(+) 연산자를 통해 여러 개의 문자열을 이어 붙이는 것이 가능합니다. 더하기 연산자를 사용해 문자열을 이어 붙이는 기능은 많은 경우에 유용하게 사용될 수 있습니다. 다음 예제 코드들을 살펴봅시다.

클래스명 : String02

String02.java

```
1  public class String02 {
2      public static void main(String[] args) {
3          String chicken = "치킨은 살 안 쪄요.";
4          String me = "살은 내가 쪄요.";
5          String chickenAndMe = chicken + me;
6          System.out.println(chickenAndMe);
7      }
8  }
```

Run: String02

```
치킨은 살 안 쪄요.살은 내가 쪄요.
```

그림 5.7 문자열의 덧셈 연산

클래스명 : String03

String03.java

```
1  public class String03 {
2      public static void main(String[] args) {
3          String suffix = " 살 안 쪄요.";
4          String chicken = "치킨은" + suffix;
5          String me = "나도" + suffix;
6          System.out.println(chicken);
7          System.out.println(me);
8      }
9  }
```

Run: String03

```
치킨은 살 안 쪄요.
나도 살 안 쪄요.
```

그림 5.8 문자열의 덧셈 연산

이렇게 문자열을 이어 붙이는 기능은 다양한 경우에 유용합니다. 가령 로그인을 했을 때 "ㅇㅇㅇ님 반갑습니다."라는 환영 문구를 보여주고 싶을 때 사용자의 이름만 바꿔서 보여줄 수도 있습니다. 주문서에서 "상품명: ㅇㅇㅇ"라고 주문한 상품명을 보여줄 때에도 상품명만 바꿔서 보여줄 수도 있겠죠.

03 문자열의 글자 수 세기

프로그램을 만들다 보면 글자 수를 세어야 하는 경우가 종종 생깁니다. 비밀번호의 길이 제한이나 생년월일과 같이 그 자릿수가 고정되어 있는 데이터를 입력할 때가 그 대표적인 예입니다. 그 외에도 자기소개서의 글자 수를 센다든지 게임에서 내 캐릭터의 이름을 지을 때 그 이름이 열글자보다 짧아야 한다는 규칙 등을 적용할 때에도 사용할 수가 있습니다.

앞서 설명했듯이 String에는 유용한 기능들이 포함되어 있는데 그 중 하나가 문자열의 글자 수를 세어주는 기능입니다. 이 기능의 이름은 length며, 사용법은 다음과 같습니다.

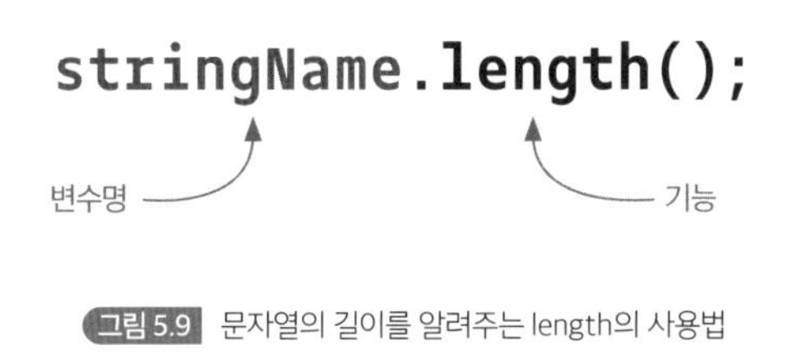

그림 5.9 문자열의 길이를 알려주는 length의 사용법

문자열 변수가 제공하는 기능을 사용할 때에는 문자열 변수 뒤에 ".length()"와 같이 점을 찍고 기능명을 적고 괄호를 열고 닫는 식으로 사용합니다. length는 글자 수를 세어서 되돌려주는데, 이 되돌아오는 글자 수의 자료형은 앞서 배운 int입니다.

게임 캐릭터의 이름을 입력하고 이름의 글자 수를 출력해 주는 다음 예제 코드를 봅시다.

클래스명 : String04

```
1 ▶  public class String04 {
2 ▶      public static void main(String[] args) {
3            String characterName = "해치지마요"; ①
4            int length = characterName.length(); ②
5            System.out.println("글자수: " + length); ③
6        }
7    }
```

```
Run: String04
글자수: 5
```

그림 5.10 length의 사용 예

① 문자열 타입의 characterName 변수를 선언하고 "해치지마요"라는 캐릭터명을 대입해줍니다.

② length 기능을 사용해 characterName 변수의 글자 수를 셉니다. 이 기능이 되돌려주는 값은 5이므로 정수형 변수 length를 선언해 이 값을 대입합니다.

② "글자수"와 length 변수를 덧셈 연산자를 사용해 출력합니다. 문자열과 정수의 덧셈 연산 결과는 문자열이 됩니다. 자동으로 정수가 문자열로 변환되어 문자열에 붙게 되는 것이죠.

04 문자열 일부 바꾸기

프로그램을 만들 때, 문자열을 다루다 보면 자주 사용하게 되는 유용한 기능 중 하나가 문자열의 일부를 바꿔치기 하는 기능입니다. 한글이나 워드로 문서 작성을 해보신 분이라면 찾기/바꾸기 기능을 사용해보셨을 겁니다. 이 때 필요한 것이 이 문자열 일부를 바꿔치기 하는 기능입니다. 이번 절에서는 문자열 일부를 바꾸는 기능을 알아보겠습니다. 다음 문법을 살펴보세요.

```
stringName.replaceAll("바꿀 문자열", "새 문자열");
```

그림 5.11 문자열에서 글자를 바꾸는 기능의 사용법

이 기능의 이름은 replaceAll이며, 기능을 사용하는 방법 자체는 앞서 살펴보았던 length와 같습니다. 하지만 문장의 일부를 교체하기 위해서는 어떤 단어를 어떻게 바꾸겠다는 식의 추가적인 정보가 필요합니다. 이 정보들은 다음과 같이 기능을 사용할 때 열고 닫는 괄호 안쪽에 넣어주게 됩니다.

클래스명 : String05

```
1  public class String05 {
2      public static void main(String[] args) {
3          String fat = "치킨은 살 안 쪄요. 살은 내가 쪄요.";
4          String replaced = fat.replaceAll("내가", "네가");
5          System.out.println(replaced);
6      }
7  }
```

```
Run: String05
치킨은 살 안 쪄요. 살은 네가 쪄요.
```

그림 5.12 replaceAll의 사용 예

앞의 예제 코드에서는 "내가"라는 문자열들을 모두 "네가"라는 문자열로 교체했습니다. 이 기능이 되돌려주는 것은 같은 문자열 타입의 변경된 문자열입니다. 결과를 출력해보면 글자들이 바뀌어 있는 것을 확인할 수 있습니다.

05 문자열 자르기

문자열을 다룰 때에 유용한 기능 중 또다른 하나는 문자열의 일부를 잘라내는 기능입니다. 예를 들어, 회원 정보에 "1970/01/01"과 같이 날짜 형식의 데이터가 있고 이 문자열 중 태어난 년도와 출생일이 필요한 경우 등에 문자열 일부를 자르는 기능을 이용할 수가 있습니다. 다음 예제 코드를 실행해봅시다.

클래스명 : String06

```
1  public class String06 {
2      public static void main(String[] args) {
3          String birthday = "1970/01/01";
4          String year = birthday.substring(0, 4);
5          String day = birthday.substring(8);
6          System.out.println("출생년도: " + year);
7          System.out.println("출생일: " + day);
8      }
9  }
```

```
Run: String06
출생년도: 1970
출생일: 01
```

그림 5.13 문자열 일부를 잘라 사용하는 예

예제 코드에서는 4번째 줄과 5번째 줄에서 각각 문자열 자르기 기능을 사용했습니다. 이 기능은 다음과 같은 두 가지 사용법이 있습니다.

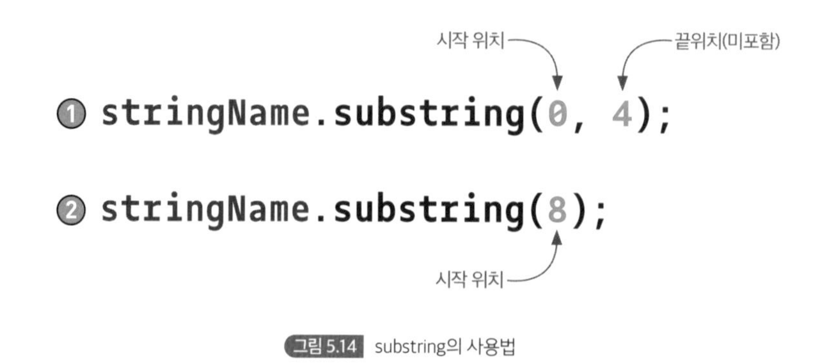

그림 5.14 substring의 사용법

첫 번째 사용법은 시작 위치와 끝 위치를 지정하는 것이며 끝 위치로 지정된 글자는 미포함입니다. 예제 코드에서는 "1970/01/01"에서 0번째 글자부터 4번째 이전까지 잘랐습니다. 0번째부터 자르는 이유는 자바 세계에서 번호를 셀 때에는 0부터 세는 규칙이 있기 때문입니다.

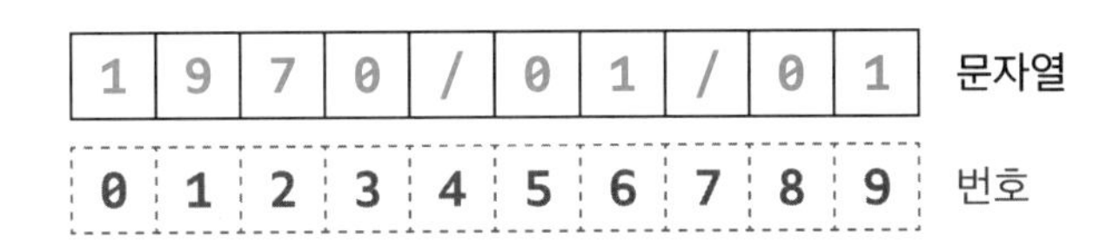

그림 5.15 문자열에서 각 문자의 위치를 나타내는 번호

두 번째 사용법은 시작 위치만을 지정하는 방법입니다. 시작 위치를 지정하면 그 위치부터 문자열의 끝까지 잘라내게 됩니다. 예제 코드에서는 8번째 글자부터, 즉 날짜에 해당하는 글자 "0"의 위치부터 잘라내어 날짜를 얻었습니다.
이 기능은 잘라낸 문자열을 되돌려주는데, 예제에서는 year와 day라는 변수에 이들을 대입해 출력한 것을 확인할 수 있습니다.

LESSON 05 논리형

참 또는 거짓의 값을 가지는 자료형을 논리형이라고 부릅니다. 자바 프로그래밍에서는 boolean이라는 이름을 가지고 있으며, 표현할 수 있는 값은 참 또는 거짓뿐이고 각각 true와 false로 표현합니다. 우리는 이미 논리형을 본 적이 있습니다. 앞서 배웠던 비교 연산자의 결과값이 바로 논리형입니다.

그림 5.16 참과 거짓밖에 모르는 boolean

프로그램을 개발하다 보면 특정 값을 비교해서 참인 경우와 거짓인 경우를 나누어 특정한 명령을 내려야 하는 경우가 많이 있습니다. 달력 프로그램을 예로 들어보자면, 일요일은 날짜를 빨간색으로 표시한다는 요구 사항에서 일요일인지 아닌지 여부가 boolean으로 표현할 수 있는 대표적인 예입니다. 다음 예제 코드를 실행해보며 논리형 변수를 선언하고 출력해봅시다.

클래스명 : Boolean01

```
1  public class Boolean01 {
2      public static void main(String[] args) {
3          boolean alwaysTrue = true;
4          boolean alwaysFalse = false;
5          boolean is5BiggerThan3 = 5 > 3;
6          System.out.println("alwaysTrue: " + alwaysTrue);
7          System.out.println("alwaysFalse: " + alwaysFalse);
8          System.out.println("5 is bigger than 3: " + is5BiggerThan3);
9      }
10 }
```

```
Run: Boolean01
alwaysTrue: true
alwaysFalse: false
5 is bigger than 3: true
```

그림 5.17 논리형의 사용 예

alwaysTrue라는 변수에는 직접 true(참)를 대입했고 alwaysFalse에도 직접 false(거짓)를 대입했습니다. 그리고 is5BiggerThan3이라는 변수에는 비교 연산자를 통해 5가 3보다 큰 값인지 여부를 대입했습니다. 예제를 실행하면 순서대로 true와 false가 출력되고 5가 3보다 큰 값인지 비교한 결과로 참을 뜻하는 true가 출력된 것을 확인할 수 있습니다. 7장에서는 이 논리형 데이터를 프로그래밍에서 어떻게 사용하는지에 대해 살펴보겠습니다.

LESSON 06 래퍼 타입

이번 절에서는 다소 복잡해 보일 수 있는 내용에 대해 설명합니다. 당장 원리나 이유까지는 이해할 필요가 없는 것들이니 이런 것들이 있다 정도만 알고 넘어가 봅시다.

지금까지 배운 자료형들은 문자열을 제외하면 원시(primitive) 자료형이라고 부릅니다. 원시 자료형은 순수하게 상수 형태로 표현할 수 있는 자료형으로 자료의 크기에 대한 제약을 가지고 있으며 추가적인 기능들이 제공되지 않습니다.

우리는 앞서 문자열에서 문자열의 글자 수를 세거나 문자열을 잘라내는 등의 추가적인 기능이 제공되는 것을 확인했었습니다. 자바는 숫자형이나 논리형에도 이런 기능들을 제공하기 위해 래퍼(wrapper) 타입들을 제공합니다. 기본적인 사용법은 원시 자료형과 다를 것이 없습니다. 다음 예제 코드를 살펴봅시다.

클래스명 : WrapperTypes

```
1  public class WrapperTypes {
2
3      public static void main(String[] args) {
4          Integer integerNumber = 3;
5          Long longNumber = 3L;
6          Float floatNumber = 3.0f;
7          Double doubleNumber = 3.0d;
8          Boolean booleanValue = true;
9      }
10 }
```

그림 5.18 원시 타입들의 래퍼 타입들

Integer를 제외한다면 자료형의 첫 글자가 대문자라는 차이점 외에는 차이점이 없어 보입니다. 사실상은 기능에서의 큰 차이도 없습니다. 다음은 정수형 래퍼 타입의 몇몇 기능들을 사용한 코드입니다.

클래스명 : WrapperTypes02

```
1  public class WrapperTypes02 {
2
3      public static void main(String[] args) {
4          Integer integerNumber = 3;
5          float floatNumber = integerNumber.floatValue(); // 3.0f
6          double doubleNumber = integerNumber.doubleValue(); // 3.0d
7          String stringNumber = integerNumber.toString(); // "3"
8      }
9  }
```

그림 5.19 Integer 타입의 몇몇 추가 기능

코드에서 볼 수 있듯이 Integer 타입의 주요 기능은 float, double 등의 실수로 바꿔주거나 문자열로 바꿔주는 것입니다. 크게 유용해 보이는 기능은 없지만 앞으로 배울 내용들에서는 래퍼 타입을 사용하는 일이 생길 수 있기 때문에 이런 타입들이 있다는 것만 기억해두고 넘어가도록 합시다.

이 장에서는 여러 가지 기본 자료형들에 대해 살펴보았습니다. 각각의 자료형을 이용해 다음 요구 사항을 만족하는 프로그램을 작성해봅시다.

1. 이름, 나이, 주소를 변수로 선언해 다음과 같은 문자열들을 출력해보세요.

   - 클래스명: VariableExample

   이름: 홍길동석
   나이: 50세
   사는곳: 서울시

2. 윈터는 올해 3살 된 강아지입니다. 맥스는 올해 7살 된 강아지입니다. 이 사실을 기반으로 강아지들의 나이를 변수들로 선언하고 변수들을 이용해 질문들의 참 또는 거짓 여부를 출력하는 프로그램을 작성해보세요.

   - 클래스명: AgeOfDogs

   윈터의 나이가 맥스의 나이와 같은가?
   윈터의 나이가 맥스의 나이보다 많은가?
   맥스의 나이가 윈터의 나이보다 많은가?

3. "1970/01/23"이라는 날짜 형식의 문자열에서 년, 월, 일을 잘라 "1970년 01월 23일"이라는 문자열을 만들어 출력해보세요.

   - 클래스명: DateConverter

1. VariableExample

```
public class VariableExample {
    public static void main(String[] args) {
        String name = "홍길동석";
        int age = 50;
        String address = "서울시";
        System.out.println("이름: " + name);
        System.out.println("나이: " + age + "세");
        System.out.println("사는곳: " + address);
    }
}
```

```
이름: 홍길동석
나이: 50세
사는곳: 서울시
```

그림 5.20 VariableExample 예제 코드

2. AgeOfDogs

```
1  public class AgeOfDogs {
2      public static void main(String[] args) {
3          int ageOfWinter = 3;
4          int ageOfMax = 7;
5          boolean sameAge = ageOfWinter == ageOfMax;
6          boolean winterIsOlder = ageOfWinter > ageOfMax;
7          boolean maxIsOlder = ageOfMax > ageOfWinter;
8          System.out.println("윈터는 맥스와 동갑: " + sameAge);
9          System.out.println("윈터가 더 늙었다: " + winterIsOlder);
10         System.out.println("맥스가 더 늙었다: " + maxIsOlder);
11     }
12 }

Run: Diary × AgeOfDogs ×
윈터는 맥스와 동갑: false
윈터가 더 늙었다: false
맥스가 더 늙었다: true
```

그림 5.21 비교 연산자를 사용한 예제 코드

3. DateConverter

```
1  public class DateConverter {
2      public static void main(String[] args) {
3          String date = "1970/01/23";
4          String year = date.substring(0, 4);
5          String month = date.substring(5, 7);
6          String day = date.substring(8);
7          System.out.println(year + "년 " + month + "월 " + day + "일");
8      }
9  }

Run: Diary × DateConverter ×
1970년 01월 23일
```

그림 5.22 날짜를 원하는 포맷으로 바꿔주는 예제 코드

PART 06

사용자 입력과 예외 처리

프로그램은 알아서 실행되는 경우도 있지만 많은 경우 사용자와 상호작용을 필요로 합니다. 마우스로 특정 버튼을 눌렀을 때에 어떤 일을 한다든지 또는 키보드를 눌렀을 때에 어떤 일을 한다든지 하는 식이죠. 이번 장에서는 가장 기본적인 입력 방법인 콘솔 입력에 대해 알아보도록 하겠습니다. 콘솔 입력은 키보드로 입력한 문자열을 프로그램으로 전달하는 방법입니다.

목차

학습 목표

- 사용자로부터 키보드 입력을 받아 사용할 수 있습니다.
- 예외 발생 가능성을 이해하고 예외를 처리할 수 있습니다.

주요 용어

- 표준 입력 : 컴퓨터가 표준으로 사용하는 입력 방법(주로 키보드 입력)
- System.in : 자바에서 표준 입력을 의미하는 변수
- 예외 : 프로그램 실행 중 발생 가능한 정상적이지 않은 동작

학습 시간

50분

동영상 강의

https://bit.ly/2VP2WU6

키보드로부터 한 줄 입력받기

자바에서 키보드로 문자열을 입력받기 위해서는 몇가지 방법이 존재합니다. 이번 절에서는 우리가 프로그램을 작성하는 환경에서 실행 가능한 방법들 중 가장 코드가 짧은 방법을 사용할 것입니다. 키보드로 입력을 받는 방법은 여태까지 작성해왔던 코드들과는 약간 다릅니다. 다음 단계를 차례대로 따라하면서 키보드로부터 입력받은 문자열을 출력해봅시다.

먼저 Input01 클래스를 생성하고 코드 영역에 "Scanner"를 입력하면 다음과 같이 팝업이 하나 나타납니다.

```
1 ▶   public class Input01 {
2 ▶       public static void main(String[] args) {
3             Scanner
4           (c) Scanner java.util
5       }   (c) DocTreePathScanner<R, P> com.sun.source.util
6           (c) DocTreeScanner<R, P> com.sun.source.util
            (c) TreePathScanner<R, P> com.sun.source.util
```

그림 6.1 Scanner를 입력했을 때 나타나는 자동완성 팝업

팝업에서 가장 윗줄의 "Scanner java.util"이 선택된 채로 엔터키를 입력하면 첫 번째 줄에 다음과 같이 코드 한 줄이 생겨납니다.

```
1      import java.util.Scanner;
2
3 ▶    public class Input01 {
4 ▶        public static void main(String[] args) {
5              Scanner
6          }
7      }
```

그림 6.2 자동완성을 통해 생성된 코드

import 구문은 어떤 타입을 가져다가 사용하겠다는 구문으로, int, double, String 등을 포함해 일부 타입을 제외하면 모두 이렇게 import 구문을 사용해야 합니다. Scanner처럼 우리가 사용하고 싶은 타입의 이름만 알고 있다면 코드는 인텔리제이가 자동으로 완성해주니 두려워하지 않아도 됩니다.

일단은 이 상태로 다음과 같이 다섯번째 줄을 완성해봅시다.

```
1  import java.util.Scanner;
2
3  public class Input01 {
4      public static void main(String[] args) {
5          Scanner scanner = new Scanner(System.in);
6      }
7  }
```

그림 6.3 Scanner 타입의 변수 생성

조금 생소하게 보일 수도 있지만 잘 생각해보면 이미 우리가 배웠던 문법을 포함하고 있습니다. Scanner 타입의 변수 scanner를 선언하고 여기에 무언가를 대입해주고 있는데, 이것이 바로 숫자나 문자처럼 우리가 직접적으로 표현할 수 없는 타입의 값을 표현하기 위한 문법입니다. 이 문법은 다음과 같은 구조로 되어 있습니다.

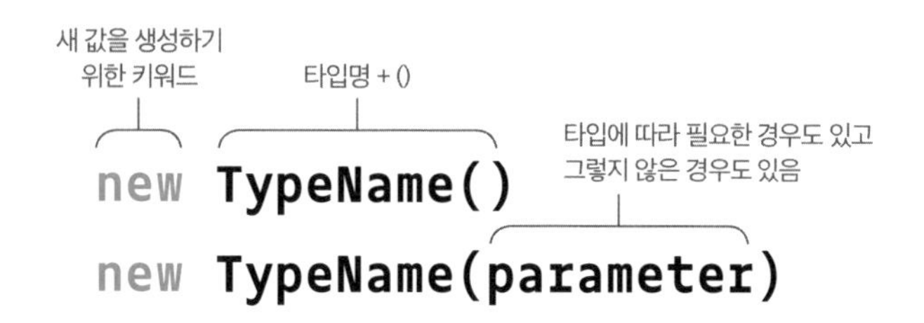

그림 6.4 숫자나 문자처럼 직접적으로 표현할 수 없는 자료형의 값을 생성하기 위한 문법

new는 이러한 타입의 값을 생성하기 위해 꼭 필요한 키워드입니다. 복잡한 의미가 있지만 지금은 그 의미를 알 필요가 없습니다. 그 뒤에는 타입명과 열고 닫는 괄호를 사용합니다. 괄호 안에는 타입에 따라서 무언가 다른 값을 또 넣어줘야 하는 경우도 있고 그렇지 않은 경우도 있습니다.

Scanner 타입은 생성 시 입력 소스로 사용될 다른 값을 필요로 합니다. 예제 코드에서는 System.in을 넣어주었는데 어디선가 많이 봐왔던 것과 비슷하죠? 앞서 표준 출력이라고 불렀던 System.out과 비슷한 걸 보니 뭔가 관계가 있는 것 같습니다. out이 출력이니 in은 아마 입력일 거라고 짐작해볼 수 있겠죠?

System.out이 표준 출력을 의미하듯 System.in은 표준 입력을 의미합니다. 하지만 System.in을 바로 이용하기에는 다소 불편한 방법만을 제공하고 있기 때문에 우리는 Scanner의 도움을 받아 조금 더 편하게 문자를 입력받을 수 있습니다. Scanner를 통해 문자열을 입력받는 코드는 다음과 같습니다.

```
scanner.nextLine();
```

그림 6.5 Scanner를 통해 문자열을 입력받는 코드

이 기능은 문자열을 되돌려주기 때문에 String 타입의 변수에 그대로 대입해줄 수가 있습니다.

이제 예제 코드를 완성시켜 문자열을 입력받아봅시다.

클래스명 : Input01

```
1      import java.util.Scanner;
2
3 ▶    public class Input01 {
4 ▶        public static void main(String[] args) {
5              Scanner scanner = new Scanner(System.in);
6              String input = scanner.nextLine();
7              System.out.println(input);
8          }
9      }
```

```
Run:  Input01 ×
/Library/Java/JavaVirtualMachines/openjdk-14.0.1
```

그림 6.6 문자열을 입력받는 예제 코드 실행

이 예제 코드를 실행하면 아무 일도 일어나지 않는 것처럼 보입니다. 하지만 하단의 박스 영역을 클릭하면 커서가 깜빡이고 있는 것을 볼 수 있습니다. 여기에 아무 문자열이나 입력하고 엔터키를 누르면 우리가 입력한 문자열을 그대로 출력해준 후 프로그램이 종료됩니다.

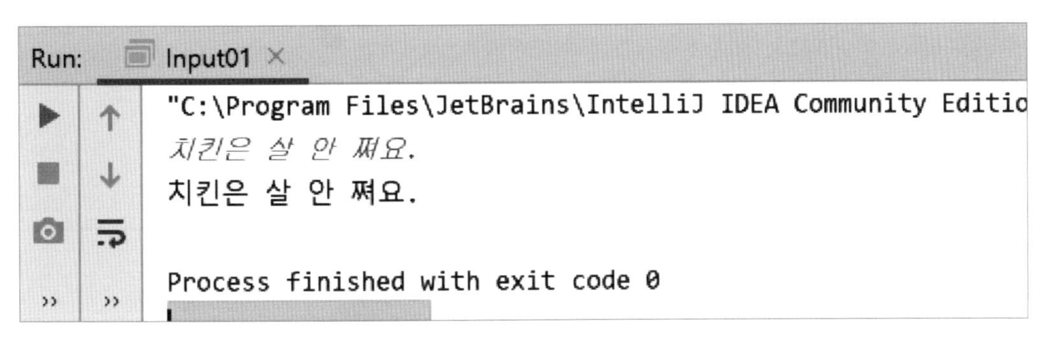

그림 6.7 입력한 문자열을 그대로 출력해주는 프로그램

이것을 조금 응용해서 이름을 입력받고 반갑게 인사를 해주는 프로그램을 만들어봅시다.

```
1   import java.util.Scanner;
2
3   public class Input02 {
4       public static void main(String[] args) {
5           System.out.println("이름을 입력하세요.");
6           Scanner scanner = new Scanner(System.in);
7           String name = scanner.nextLine();
8           System.out.println(name + "님, 반갑습니다!");
9       }
10  }
```

```
Run: Input02
이름을 입력하세요.
치느
치느님, 반갑습니다!
```

그림 6.8 입력받은 문자열과 다른 문자열을 합쳐서 출력해주는 예제 코드

키보드로부터 띄어쓰기 단위로 입력받기

Scanner의 nextLine은 사용자가 입력한 줄을 그대로 문자열 값으로 되돌려주었습니다. next를 이용하면 nextLine과는 조금 다르게 띄어쓰기 단위로 문자를 분할해서 되돌려주는 기능이 있습니다. 다음 예제 코드를 살펴봅시다.

```
1     import java.util.Scanner;
2
3 ▶   public class Input03 {
4 ▶       public static void main(String[] args) {
5             System.out.println("영어 단어와 한글 단어를 하나씩 입력해보세요.");
6             Scanner scanner = new Scanner(System.in);
7
8             String englishWord = scanner.next();
9         ①   String koreanWord = scanner.next();
10
11            System.out.println("입력된 영단어: " + englishWord);
12            System.out.println("입력된 한글 단어: " + koreanWord);
13        }
14    }
```

그림 6.9 Scanner의 next 사용 예

① next를 두 번 사용해 문자열을 두 개 입력받았습니다.

이 프로그램을 실행시키면 다음과 같은 결과를 확인할 수 있습니다.

```
영어 단어와 한글 단어를 하나씩 입력해보세요.
anteater
개미핥기
입력된 영단어: anteater
입력된 한글 단어: 개미핥기
```

그림 6.10 단어를 한 줄에 하나씩 입력했을 때

단어를 한 줄에 하나씩 입력해보았더니 nextLine과 다를 바가 없어 보입니다. 하지만 띄어쓰기를 이용해 한 줄에 두 단어를 입력하면 다음과 같은 결과를 확인할 수 있습니다.

```
영어 단어와 한글 단어를 하나씩 입력해보세요.
anteater 개미핥기
입력된 영단어: anteater
입력된 한글 단어: 개미핥기
```

그림 6.11 띄어쓰기를 이용해 한 줄에 두 단어를 입력했을 때

nextLine과는 조금 다르죠? 예제를 통해 확인했듯이 next는 띄어쓰기 단위로 문자열을 잘라서 되돌려주는 기능입니다. 이런 기능은 단어 쌍을 입력받는 것과 같이 입력된 단어의 수가 정해져 있을 때 유용하게 사용할 수 있는 기능입니다.

LESSON 03 키보드로부터 입력받은 숫자 사용하기

앞 절에서 우리는 표준 입력을 통해 문자열을 입력받아 사용하는 방법에 대해 살펴보았습니다. 하지만 사용자 입력은 항상 문자로만 이루어져 있지는 않습니다. 어떤 때에는 나이를 입력받고 또 어떤 때에는 시간을 입력받을 수도 있습니다. 그러면 키보드로 입력받은 문자열 타입을 숫자로 변환하기 위해서는 어떻게 해야 할까요? 입력한 값에 +1을 해서 출력해주는 예제 코드로 확인해봅시다.

클래스명 : StringToInteger

```
1   import java.util.Scanner;
2
3   public class StringToInteger {
4       public static void main(String[] args) {
5           System.out.println("숫자를 입력하세요.");
6           Scanner scanner = new Scanner(System.in);
7           String intString = scanner.nextLine();
8           int number = Integer.parseInt(intString);
9           number = number + 1;
10          System.out.println("입력한 숫자의 다음 숫자는 " + number + "입니다.");
11      }
12  }
```

```
Run: StringToInteger
숫자를 입력하세요.
500
입력한 숫자의 다음 숫자는 501입니다.
```

그림 6.12 Scanner를 통해 숫자를 입력받는 예시

여덟 번째 줄을 잘 살펴보면 Integer.parseInt(intString)과 같은 코드가 있습니다. Integer.parseInt()의 괄호 안에 문자열 타입을 넣어주면 이를 정수로 바꿔줍니다.

한 가지 재미있는 사실이 있습니다. 아홉 번째 줄을 보면 입력을 정수로 바꾼 값에 1을 더해주고 있습니다. 하지만 더하기 연산자의 위치를 다음과 같이 변경한다면 어떻게 될까요?

```java
int number = Integer.parseInt(intString);
System.out.println("다음 숫자는 " + number + 1 + "입니다.");
```

그림 6.13 문자열 사이에 숫자끼리의 덧셈 연산

다음 숫자로는 501이 아닌 5001이 출력될 것입니다. 앞에서 언급했듯이 문자열과 숫자 타입의 더하기 연산자는 자동으로 숫자를 문자열 타입으로 변경한 뒤 연산을 하게 됩니다. 그렇기 때문에 결과적으로 예시 코드는 다음과 동일한 것입니다.

```java
System.out.println("다음 숫자는 " + "500" + "1" + "입니다.");
```

그림 6.14 결국 문자끼리의 연산과 동일한 숫자의 덧셈 연산

때문에 자바 프로그래밍을 할 때에는 항상 문자열과 숫자처럼 서로 다른 타입의 연산에 대해 유의할 필요가 있습니다.

이어서 문자열 타입을 실수로 변경하는 예제 코드도 살펴봅시다. 다음은 달러 환율과 순대국 가격을 입력받고 순대국 가격을 달러로 환산해 주는 프로그램입니다.

클래스명 : StringToDouble

```
import java.util.Scanner;

public class StringToDouble {
    public static void main(String[] args) {
        Scanner scanner = new Scanner(System.in);
        System.out.println("달러 환율을 입력하세요.");
        String exchangeString = scanner.nextLine();
        System.out.println("순대국값을 입력하세요.");
        String priceOfSoupString = scanner.nextLine();
        double exchange = Double.parseDouble(exchangeString);
        double priceOfSoup = Double.parseDouble(priceOfSoupString);
        System.out.println("순대국은 " + priceOfSoup / exchange + "달러입니다.");
    }
}
```

```
Run: StringToDouble
달러 환율을 입력하세요.
1211.80
순대국값을 입력하세요.
8500
순대국은 7.014358805083347달러입니다.
```

그림 6.15 순대국 가격을 달러로 환산해주는 프로그램

코드가 다소 복잡해 보이지만 차근차근 읽어보면 여태까지 해왔던 것들일 뿐입니다. 이 중 문자열을 실수로 변환하는 코드는 열 번째와 열한 번째 줄에 사용된 Double.parseDouble()입니다. 정수로 변환하는 것과 크게 다를 바가 없죠? 하지만 사용자가 항상 숫자만을 입력하리라는 법은 없습니다. 앞의 예제 프로그램을 실행시켜 숫자 대신 엉뚱한 값을 입력해보면 다음과 같은 오류 메시지가 출력되며 프로그램이 종료됩니다.

```
달러 환율을 입력하세요.
사딸라
순대국값을 입력하세요.
사딸라
Exception in thread "main" java.lang.NumberFormatException:
 For input string: "사딸라" <2 internal calls>
    at java.base/java.lang.Double.parseDouble(Double.java:543)
    at StringToDouble.main(StringToDouble.java:10)

Process finished with exit code 1
```

그림 6.16 엉뚱한 문자열을 숫자로 변환 시 발생하는 오류

Exception으로 시작하는 오류 메시지를 잘 살펴보면 다음과 같은 메시지임을 확인할 수 있습니다.

```
Exception in thread "main" java.lang.NumberFormatException: For input
string: "사딸라"
```

"사딸라"라는 문자열을 숫자 타입으로 변경하려다가 예외가 발생했다는 의미입니다. 다음 절에서는 이러한 예외를 처리하는 방법에 대해 알아보도록 하겠습니다.

참고 자주 만나게 되는 예외 발생 케이스

1. NumberFormatException : Integer.parseInt("1일")과 같이 숫자만으로 이루어지지 않은 문자열을 숫자로 변환하려 시도할 때 발생

2. NullPointerException : String name = null;과 같이 널값을 할당한 채로 name.length() 등과 같이 변수에 접근하려 할 때 발생

3. ArrayOutOfBoundsException : 나중에 배열에서 배우게 될 배열의 인덱스를 잘못 지정했을 때 발생

LESSON 04 예외

앞서 발생시켜 보았던 "사딸라" 사태와 같이 예외는 발생할 수 있습니다. 때문에 프로그래밍을 할 때에, 특히 사용자와 상호작용하는 프로그램이라면 예외에 대응하는 것이 무척이나 중요합니다. 이번 절에서는 문자열을 숫자로 변경하는 과정에서 발생 가능한 예외에 대응하는 예제 코드를 통해 자바에서 어떻게 예외를 처리하는지에 대해 살펴보도록 하겠습니다.

클래스명 : Exception01

```
1  import java.util.Scanner;
2
3  public class Exception01 {
4      public static void main(String[] args) {
5          Scanner scanner = new Scanner(System.in);
6          System.out.println("숫자를 입력하세요.");
7          String numberInput = scanner.nextLine();
8          try {
9              int number = Integer.parseInt(numberInput);
10             number = number + 1;
11             System.out.println("다음 숫자는 " + number + "입니다.");
12         } catch (Exception e) {
13             System.out.println("순순히 숫자를 입력한다면");
14             System.out.println("유혈사태는 일어나지 않을 겁니다.");
15             System.out.println("입력값 = " + numberInput);
16         }
17     }
18 }
```

그림 6.17 예외 처리가 포함된 예제 코드

이 예제 코드를 실행해 숫자 대신 엉뚱한 값을 입력하면 다음과 같은 메시지가 출력됩니다.

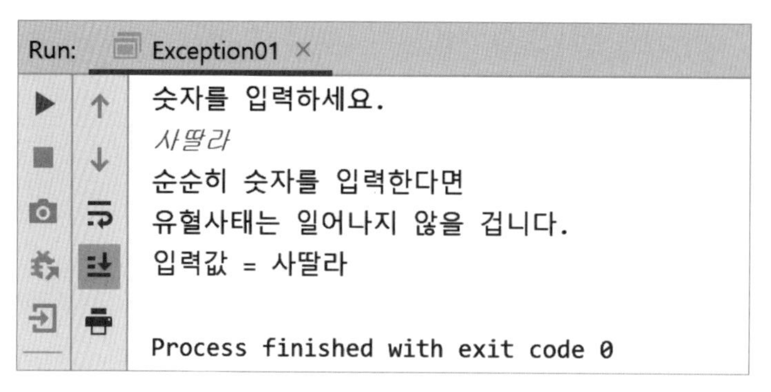

그림 6.18 예외가 발생했을 때 동작한 코드의 결과

코드에 나타나있듯이 자바에서 예외 처리는 try-catch 구문을 사용합니다. try-catch의 문법은 다음과 같습니다.

```
try {
        예외 발생 가능성이 있는 코드
} catch (Exception e) {
        예외가 발생했을 때 실행될 코드
}
```

그림 6.19 예외 처리를 위한 try-catch 구문의 문법

예외 케이스에 대한 처리를 할 때에는 try 뒤의 중괄호로 묶은 부분 안쪽에 예외 발생 가능성이 있는 코드를 작성하고 catch 뒤 중괄호로 묶은 부분 안쪽에는 예외가 발생했을 때 실행될 코드를 작성하면 됩니다.

우리는 앞 절의 예제를 통해 사용자가 입력한 문자열을 숫자로 변환하는 과정에서 예외가 발생할 수 있다는 것을 확인했기 때문에 try의 중괄호 블록 안에 문자열을 숫자로 변환하는 코드를 위치시켜야 합니다.

catch 바로 뒤에 있는 괄호 안에 들어가는 "Exception e"라는 것은 예외가 발생했을 때 그 예외가 어떤 예외인지를 나타내는 변수로, 예외 발생 시 자동으로 대입되는 값입니다. 앞에서 보았던 오류메시지(Exception in... For input string: "사딸라")가 바로 그것의 구체적인 예시이지만 지금은 신경 쓰지 않아도 되는 값입니다.

조금 귀찮기는 해도 예외 처리는 프로그래밍에서 아주 중요한 부분입니다. 특히 사용자 입력을 받는 경우는 사용자가 어떤 값을 입력할지 예측할 수 없기 때문에 이러한 처리들이 더욱 중요합니다. 예외 발생 시 프로그램이 종료되어버리기보다는 예외 처리를 잘 해서 사용자에게 무엇이 잘못되었는지를 알려주는 것이 더 좋은 프로그램이라고 볼 수 있을 것입니다.

이번 장에서는 사용자로부터 입력을 받고 그 입력값들을 사용하는 예제들을 통해 우리가 만든 프로그램이 사용자와 상호작용하도록 하는 방법 중 가장 기초적인 부분을 배웠습니다. 프로그램이 항상 우리가 의도한대로 돌아가지는 않는다는 사실도 함께 배웠죠. 다음 요구 사항을 만족하는 프로그램을 작성해보며 배웠던 내용들을 조금 더 탄탄히 다져봅시다.

1. 두 정수를 입력받아 더한 결과를 출력해주는 프로그램을 작성해보세요.

   - 클래스명: Adder

2. 강아지 사료를 판매하는 아무개 씨는 사료 봉지에 강아지의 몸무게에 따른 사료의 권장 급여량을 기재하려고 합니다. 아무개 씨가 판매하는 사료는 하루에 강아지의 몸무게 1kg당 10g의 사료를 급여하도록 권장하고 있습니다. 게으른 아무개 씨는 권장량을 계산하기 귀찮아서 여러분들에게 권장 사료량을 계산하는 프로그램을 개발해달라고 의뢰했습니다. 강아지의 몸무게를 입력받아 1일 권장 사료 급여량을 계산하고 출력해 주는 프로그램을 만들어보세요.

   - 클래스명: DogFood

1. Adder

```
1   import java.util.Scanner;
2
3   public class Adder {
4       public static void main(String[] args) {
5           Scanner scanner = new Scanner(System.in);
6           System.out.println("첫 번째 수를 입력하세요.");
7           String numberString1 = scanner.nextLine();
8           System.out.println("두 번째 수를 입력하세요.");
9           String numberString2 = scanner.nextLine();
10          try {
11              int number1 = Integer.parseInt(numberString1);
12              int number2 = Integer.parseInt(numberString2);
13              int sum = number1 + number2;
14              System.out.println("두 수를 더한 값은 " + sum + "입니다.");
15          } catch (Exception e) {
16              System.out.println("숫자를 변환하는 동안 오류가 발생했습니다.");
17          }
18      }
19  }
```

```
Run: Diary × Adder ×
첫 번째 수를 입력하세요.
10
두 번째 수를 입력하세요.
20
두 수를 더한 값은 30입니다.
```

그림 6.20 두 수를 입력받아 더한 결과를 출력해주는 프로그램

2. DogFood

```
1  import java.util.Scanner;
2
3  public class DogFood {
4      public static void main(String[] args) {
5          Scanner scanner = new Scanner(System.in);
6          System.out.println("강아지의 몸무게를 입력하세요.");
7          String weightInString = scanner.nextLine();
8          try {
9              double weight = Double.parseDouble(weightInString);
10             double amount = weight * 10;
11             System.out.println("권장 급여량은 " + amount + "g입니다.");
12         } catch (Exception e) {
13             System.out.println("숫자를 변환하는 동안 오류가 발생했습니다.");
14         }
15     }
16 }
```

```
Run: Diary × DogFood ×
강아지의 몸무게를 입력하세요.
25.5
권장 급여량은 255.0g입니다.
```

그림 6.21 강아지의 몸무게에 따른 사료 급여량을 계산해주는 프로그램

PART 07

조건문을 이용해 다르게 동작하기

프로그램을 개발할 때에는 특정한 조건에 따라서 다른 처리를 해야 하는 경우가 필히 생기기 마련입니다. 사용자가 입력한 로그인 정보가 올바른 경우와 올바르지 않은 경우에 대한 처리, SNS에서 좋아요 버튼을 눌렀을 때와 누르지 않았을 때 하트의 색깔 등 프로그램은 이러한 무수히 많은 조건들의 집합이라 해도 과언이 아닐 것입니다. 그만큼 조건문은 프로그래밍에서 핵심적인 역할을 담당하는 매우 중요한 부분입니다. 이 장에서는 조건문을 통한 조건부 처리를 실습하며 본격적인 프로그래밍의 세계에 접어들게 될 것입니다.

목차

학습 목표

- 다양한 조건문을 사용할 수 있습니다.
- 코드 블록에 익숙해집니다.
- 조건문에 사용되는 비교 연산자와 논리형에 대해 익숙해집니다.
- 사용자 입력에 따라 다른 동작을 실행시킬 수 있습니다.

주요 용어

- 조건문 : 특정한 조건을 검사해 프로그램의 실행 분기를 결정하는 특수한 제어문
- 논리곱 : 좌측과 우측의 논리값이 모두 참일 때 참을 반환하는 특수한 연산자
- 논리합 : 좌측과 우측의 논리값 중 하나 이상이 참일 때 참을 반환하는 특수한 연산자

학습 시간

80분

https://bit.ly/2VP2WU6

LESSON 01 if

if문은 "만일 ㅇㅇㅇ라면 ㅁㅁㅁ해라"와 같이 특정 조건이 참일 경우 어떤 명령을 실행할 수 있는 구조의 문장입니다. 다음 문장을 생각해봅시다.

"만일 돈이 8,000원 이상 있다면 순대국을 먹는다."

앞의 문장에서 돈이 8,000원 이상 있는지 없는지는 상황에 따라 달라질 것입니다. 참일 수도 있고 거짓일 수도 있다는 것이죠.

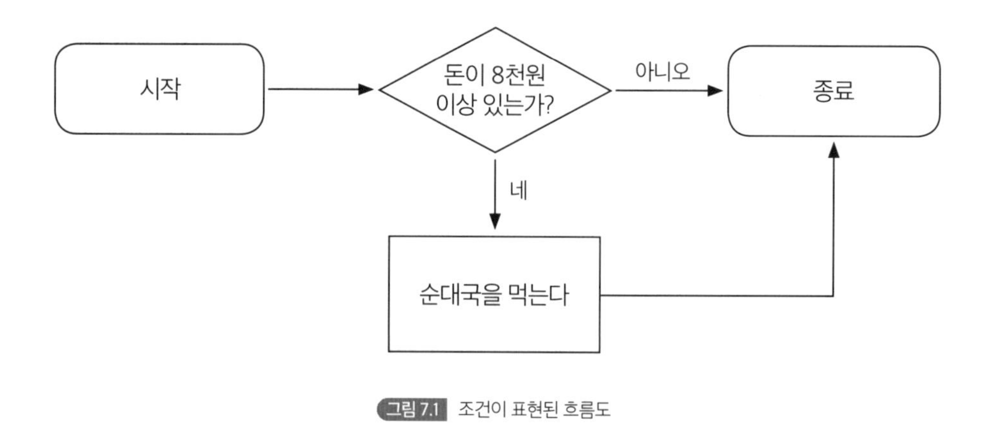

그림 7.1 조건이 표현된 흐름도

이를 자바의 조건문 구조에 맞춰 고쳐보면 다음과 같은 구조가 됩니다.

```
만일 (돈이 8,000원 이상 있다면) {
        순대국을 먹는다
}
```

그림 7.2 자바 조건문 구조에 맞춘 우리의 언어

이를 일반화시키면 다음과 같이 바꿀 수 있습니다.

```
만일 (조건이 참이라면) {
    명령을 실행한다
}
```

그림 7.3 조건문 구조에 맞춰 일반화

그리고 한글로 쓴 이 문장을 영어로 바꾸면 다음과 비슷하게 될 겁니다.

```
if (condition is true) {
    do something
}
```

그림 7.4 조건문 구조에 맞춘 영어

이제 자바와 아주 비슷해졌습니다. 자바에서 if문은 다음과 같은 규칙을 가집니다.

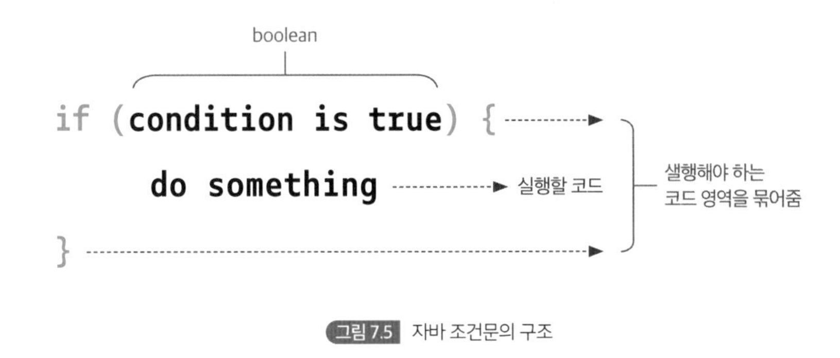

그림 7.5 자바 조건문의 구조

if문에는 괄호 안에 참/거짓을 나타내는 boolean 값이 들어가게 되고 괄호 안의 조건이 참(true)인 경우 뒤따르는 중괄호 안의 명령을 실행하게 됩니다.

이것들이 실제 코드에서는 어떻게 사용되는지 예제 코드를 통해 살펴보겠습니다.

클래스명 : If01

```
public class If01 {
    public static void main(String[] args) {
        if (false) {
            System.out.println("치킨은 살 안 쪄요.");
        }
        if (true) {
            System.out.println("살은 내가 쪄요.");
        }
    }
}
```

```
Run:  If01
살은 내가 쪄요.
```

그림 7.6 조건문을 통한 조건부 처리 예시

앞의 예제를 실행시켜보면 if문의 조건이 false인 "치킨은 살 안 쪄요."라는 문자열은 출력되지 않았습니다. 반면에 조건이 true인 "살은 내가 쪄요."라는 문자열은 출력된 것을 확인할 수 있습니다.

이제 이것을 앞에서 예로 들었던 "돈이 8,000원 이상 있다면 순대국을 먹는다"에 적용해봅시다.

클래스명 : If02

```
public class If02 {
    public static void main(String[] args) {
        int money = 500;
        if(money >= 8000) {
            System.out.println("냠냠냠. 순대국 마이쩡.");
        }
    }
}
```

그림 7.7 조건문을 통한 조건부 처리 예시

If02를 실행해보면 아무 것도 출력되지 않습니다. 서럽게도 돈이 500원밖에 없어서 순대국을 먹지 못한 것입니다. 이제 8000원 이상 소유하고 있다면 순대국을 먹을 수 있는지 확인해보겠습니다.

클래스명 : If03

```
public class If03 {
    public static void main(String[] args) {
        int money = 9000;
        if(money >= 8000) {
            System.out.println("냠냠냠. 순대국 마이쩡.");
        }
    }
}
```

```
Run: If03
냠냠냠. 순대국 마이쩡.
```

그림 7.8 조건문을 통한 조건부 처리 예시

돈을 9천원으로 만들어줬더니 우리가 의도했던대로 순대국을 먹을 수 있었습니다. 다음에는 조건문이 참일 때와 그렇지 않을 때 둘로 나누어 처리할 수 있는 방법에 대해 알아보도록 하겠습니다. 이 때 이용할 수 있는 것이 else문입니다.

LESSON 02

else

앞서 if문을 통한 예제에서는 돈이 충분히 있을 경우 순대국을 먹는 시나리오를 만들어보았습니다. 이번에는 돈이 충분히 있다면 순대국을 먹고 그렇지 않은 경우에는 다른 명령을 실행할 수 있는 시나리오를 구현해보겠습니다. 이 때에는 else문을 사용할 수 있으며 else문은 반드시 if문과 함께 사용해야 합니다. else문의 구조는 다음과 같습니다.

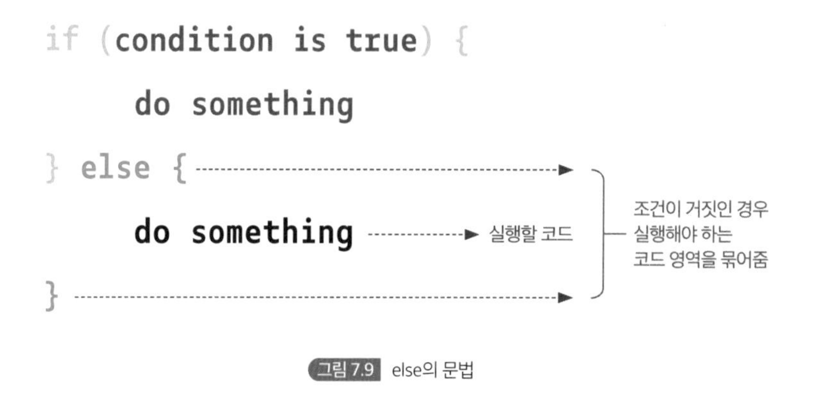

그림 7.9 else의 문법

if 블록 뒤에 위치한 else 블록은 if문의 조건이 거짓인 경우 실행되게 됩니다. 바로 예제 코드를 만들어보도록 하겠습니다.

클래스명 : Else01

```
public class Else01 {
    public static void main(String[] args) {
        int money = 500;
        if(money >= 8000) {
            System.out.println("냠냠냠. 순대국 마이쪙.");
        } else {
            System.out.println("흑흑흑. 배고프다.");
        }
    }
}
```

```
Run: Else01
흑흑흑. 배고프다.
```

그림 7.10 돈이 없어서 배가 고픈 경우

예제 코드를 실행한 결과 else 구문의 중활호 부분이 실행된 것을 확인할 수 있었습니다. 돈을 500원만 주었더니 "money >= 8000"의 결과는 거짓(false)이 되었기 때문입니다. 만일 else 구문이 없었다면 이 프로그램은 아무 것도 출력하지 않고 종료되었을 겁니다.

8000원이 없다고 무조건 굶는 것은 조금 불쌍하게 느껴지니 이 프로그램을 금액에 따라 조금 더 싼 음식이라도 먹을 수 있도록 처리해보도록 합시다.

LESSON 03 else if

if-else 구문은 참과 거짓 두 가지 경우만 판단할 수 있다는 불편함이 있습니다. 하지만 우리의 프로그램은 조금 더 복잡한 일도 처리할 수 있어야 합니다. if-else 구문 사이에 else if를 끼워 넣으면 더 많은 조건을 처리할 수가 있습니다.

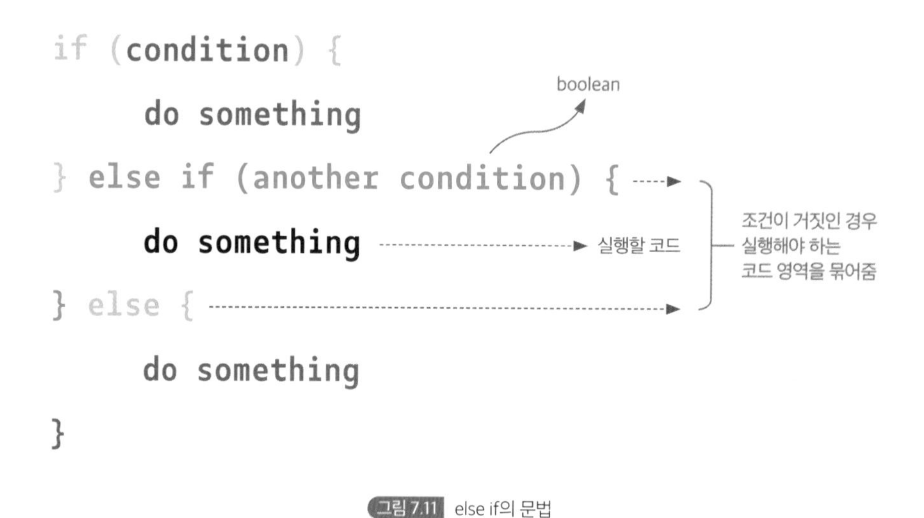

그림 7.11 else if의 문법

이제 예제 코드를 통해 다양한 경우의 수를 처리하는 프로그램을 작성해봅시다. 앞서 돈을 8000원 이상 소지 시 순대국을 먹고 그렇지 않으면 굶는 시나리오를 출력해주는 프로그램을 작성했습니다. 이번에는 else if 구문을 이용해 8천 원보다는 적지만 5천 원 정도가 있을 때 다른 음식을 사 먹는 시나리오를 프로그램으로 작성해보도록 하겠습니다.

클래스명 : IfElse01

```
1  public class IfElse01 {
2      public static void main(String[] args) {
3          int money = 6000;
4          if (money >= 8000) {
5              System.out.println("냠냠냠. 순대국 마이쩡.");
6          } else if (money >= 5000) {
7              System.out.println("냠냠냠. 한우 스테이크 마이쩡.");
8          } else {
9              System.out.println("흑흑흑. 배고프다.");
10         }
11     }
12 }
```

```
Run: IfElse01
냠냠냠. 한우 스테이크 마이쩡.
```

그림 7.12 else-if의 사용 예

예제 프로그램은 조건을 하나 더 추가해 8천원 이상 가지고 있을 때 순대국을 먹고 8천 원보다는 적지만 5천 원 이상 가지고 있을 때 한우 스테이크를 먹으며 그보다 더 적은 돈을 가지고 있다면 굶는 시나리오입니다.

코드를 보면 알 수 있듯이 else if의 사용법은 if나 else 구문과 크게 다를 것은 없습니다. 다만 한 가지 주의할 점은 else if 블록이 if 다음에 위치해야 하며 else보다는 이전에 위치해야 한다는 것입니다. if와 else 사이에 넣는다면 else-if를 여러 개 사용하는 것도 가능합니다.

두 조건을 동시에 만족할 때 실행하기

종종 우리는 두 가지 이상의 조건을 모두 만족할 때에서야 어떤 일을 수행해야 하는 요구 사항에 맞닥뜨리게 됩니다. 예를 들면 설문 조사의 통계를 낼 때 조사에 응한 사람이 10대이고 남성일 경우 등에 대한 판단이 이에 해당합니다. 이번 절에서는 여러 조건을 검사하는 방법들에 대해 알아보도록 하겠습니다.

if문은 중첩을 허용하기 때문에 if문 안에 if문을 또 삽입할 수 있습니다. 이렇게 중첩된 if문을 연령대가 10대인지 아닌지를 판단해 출력해주는 다음 예제를 보세요.

클래스명 : NestedIf

```
1  public class NestedIf {
2      public static void main(String[] args) {
3          int age = 15;
4          if (age >= 10) {
5              if (age < 20) {
6                  System.out.println("10대");
7              } else {
8                  System.out.println("10대 아님");
9              }
10         } else {
11             System.out.println("10대 아님");
12         }
13     }
14 }
```

Run: NestedIf

```
10대
```

그림 7.13 중첩 if문의 사용 예

예제 코드에서 if문의 중괄호 영역 안에 또 다른 if문이 들어가 있는 것을 볼 수 있습니다. 이렇게 먼저 10살 이상인지를 확인하고 그것이 참일 경우 20살 미만인지를 또다시 확인하는 방법으로 두 가지 조건을 모두 만족시킬 때 실행할 코드를 작성할 수가 있습니다. 하지만 이는 중복된 else 구문을 필요로 하기 때문에 코드가 다소 복잡해 보이는 단점이 있습니다. 논리 연산자를 활용하면 이것을 조금 더 단순하게 작성할 수 있습니다. 예제 코드로 확인해봅시다.

클래스명 : AndOperator

```
1  public class AndOperator {
2      public static void main(String[] args) {
3          int age = 15;
4          if(age >= 10 && age < 20) {
5              System.out.println("10대");
6          } else {
7              System.out.println("10대 아님");
8          }
9      }
10 }
```

```
Run: AndOperator
10대
```

그림 7.14 논리 연산자를 통해 하나의 if문 안에 여러 조건을 명시하는 방법

앞의 예제 코드는 10살 이상이고 20살 미만인 경우 "10대"라는 문자열을 출력하는 코드입니다. 4번째 줄을 살펴보면 두 가지 조건 사이에 "&&"라는 문자가 있는 것을 확인할 수 있습니다. "&&"는 논리곱을 의미하는 연산자로 양쪽의 두 조건이 모두 true일 경우 true를 되돌려주고 둘 중 하나라도 거짓이라면 false를 되돌려줍니다. 다음 예제 코드를 보고 논리합 연산자가 만들어 낼 수 있는 경우의 수를 확인해보세요.

클래스명 : AndCases

```
1  public class AndCases {
2      public static void main(String[] args) {
3          System.out.println(false && false);
4          System.out.println(false && true);
5          System.out.println(true && false);
6          System.out.println(true && true);
7      }
8  }
```

```
Run: AndCases
false
false
false
true
```

그림 7.15 두 boolean 값에 대한 논리곱의 경우의 수

예제 코드를 실행해보면 양쪽 조건이 모두 true인 경우에만 true가 출력되는 것을 확인할 수 있습니다. 다음은 여러 조건 중 하나만 만족해도 참을 반환하는 논리합 연산자에 대해 알아보도록 하겠습니다.

두 조건 중 일부만 만족해도 실행하기

두 조건 중 하나만 만족해도 true를 되돌려주는 논리합 연산자는 "||"와 같이 표현합니다. 이 문자는 대부분의 경우 평소에 사용할 일이 적어 키보드에서 못 찾는 경우가 있는데 쉬프트 키를 누른 채로 백스페이스 아래쪽에 있는 백슬래시("\") 버튼을 누르면 입력할 수 있습니다.

논리합 연산자는 양쪽 모두가 false인 경우에만 false를 되돌려주고 나머지 경우에는 모두 true를 되돌려줍니다. 그러면 논리곱 연산자를 사용했던 앞의 예제 코드를 논리합 연산자를 사용한 코드로 변경해보겠습니다.

클래스명 : OrOperator

```
1  public class OrOperator {
2      public static void main(String[] args) {
3          int age = 15;
4          if(age < 10 || age >= 20) {
5              System.out.println("10대 아님");
6          } else {
7              System.out.println("10대");
8          }
9      }
10 }
```

```
Run: OrOperator
10대
```

그림 7.16 논리연산자를 사용해 둘 중 하나의 조건만 만족해도 처리하는 방법

조건이 약간 바뀌어서 10살 미만이거나 20살 이상인 경우 "10대 아님"이라는 문자열을 출력해주고 그렇지 않은 경우 "10대"라는 문자열을 출력해주도록 했습니다.

논리합 연산자가 만들어낼 수 있는 경우의 수는 다음과 같습니다.

클래스명 : OrCases

```
1  public class OrCases {
2      public static void main(String[] args) {
3          System.out.println(false || false);
4          System.out.println(false || true);
5          System.out.println(true || false);
6          System.out.println(true || true);
7      }
8  }
```

```
false
true
true
true
```

그림 7.17 두 boolean 값에 대한 논리합의 경우의 수

이렇게 논리합과 논리곱중 어느 것을 이용하더라도 조건을 살짝만 바꾸게 되면 동일한 프로그램을 만들 수 있습니다.

LESSON 06 switch-case

조건문의 대표적인 문법은 if문이지만 자바에는 또다른 조건문을 제공하고 있습니다. switch-case문을 사용하면 다양한 조건들을 조금더 명확하고 깔끔하게 표현할 수도 있습니다. switch-case 구문의 문법은 다음과 같습니다.

```
switch (value) {
      case 값1:
            value의 값이 값1일 경우 실행될 코드
            break;
      default:
            일치하는 값이 없을 때 실행될 코드
}
```

그림 7.18 switch-case 구문의 문법

그러면 1월부터 4월까지를 영어로 표현해주는 다음 예제 프로그램을 살펴봅시다.

클래스명 : SwitchCase

```
public class SwitchCase {
    public static void main(String[] args) {
        ① int month = 3;
        ② switch (month) {
            ③ case 1:
                System.out.println("January");
                break;
            case 2:
                System.out.println("February");
                break;
            case 3:
                System.out.println("March");
                break;
            case 4:
                System.out.println("April");
                break;
            ④ default:
                System.out.println("번역할 수 없음");
        }
    }
}
```

그림 7.19 두 boolean 값에 대한 논리합의 경우의 수

① 정수형 변수 month를 선언하고 3을 대입해 주었습니다. 이 값을 변경해가면서 프로그램이 어떤 결과를 출력해 주는지 테스트해볼 수 있습니다.

② switch문의 조건으로 변수 month를 입력했습니다. 이제 switch문 안쪽에서는 case 구문을 통해 month의 값에 따라 다른 코드를 실행시킬 수 있습니다.

③ case 구문을 통해 month의 값이 각각 1~4일 때 실행할 코드를 지정해 주었습니다.

④ month의 값이 1~4 중 어디에도 해당하지 않는 경우 실행되는 코드입니다. if / else if / else에서는 else에 해당하는 코드입니다.

각 case 실행 영역 마지막 줄에는 "break;"와 같은 코드가 필요합니다. 이 코드는 switch 구문을 종료한다는 표시로, 이것이 없을 경우에는 처음으로 일치하는 case 구문 아래로 break를 만나기 전까지의 모든 코드들이 실행되게 됩니다. 앞의 예제 코드에서 break가 하나도 없다면 month가 1일 경우 1월부터 4월에 해당하는 영단어와 "번역할 수 없음"이라는 문자열까지 모두 출력되는 것입니다.

switch-case문은 간단하게 if문으로 대체가 가능하기 때문에 일반적으로는 그 용도가 크지 않습니다. 프로그래밍을 조금 더 깊게 배우게 된다면 switch-case 구문의 새로운 용도를 발견할 수도 있을테지만 아직은 생각할 필요가 없는 부분이기도 합니다.

참고 switch-case와 if-else 중 무엇을 사용해야 할까요?

구현만 할 수 있다면 어느 것을 사용하든 관계 없습니다.
다만 switch-case 의 경우 그 용법이 제한적이기 때문에 항상 switch-case 구문을 사용하기는 어렵습니다. 그리고 어느 것을 사용하든 break 등의 제어문을 적절히 사용해야 함을 꼭 명심해야 합니다.

LESSON 07 문자열 비교하기

지금까지는 숫자만 가지고 조건문을 다루어보았습니다. 하지만 적지 않은 경우에 문자열을 비교해야 하는 상황을 마주하게 됩니다. 이번 절에서는 문자열을 비교하는 방법과 문자열을 비교할 때 저지르기 쉬운 실수에 대해 살펴보도록 하겠습니다.

일반적으로 문자열을 비교한다고 하면 다음과 같은 코드를 상상하기가 쉽습니다.

클래스명 : StringCompare01

```
1 public class StringCompare01 {
2     public static void main(String[] args) {
3         String a = "치킨";
4         String b = "치킨";
5         System.out.println(a == b);
6     }
7 }
```

```
Run: StringCompare01
true
```

그림 7.20 문자열이 같은지 비교할 때 대부분이 떠올리는 방법

이 코드의 출력은 두 문자열이 같다고 말하고 있지만 경우에 따라 같은 문자열로 보여도 두 문자열이 같지 않다고 할 때가 있습니다. 다음 코드를 봅시다.

클래스명 : StringCompare02

```
1  import java.util.Scanner;
2
3  public class StringCompare02 {
4      public static void main(String[] args) {
5          Scanner scanner = new Scanner(System.in);
6          String input = scanner.nextLine();
7          String chicken = "치킨";
8          System.out.println(input == chicken);
9      }
10 }
```

```
Run: StringCompare02
치킨
false
```

그림 7.21 같은 문자열로 생각되지만 다른 문자열이라고 말하는 자바

표준 입력을 통해 "치킨"이라는 문자열을 입력받고 소스코드 상에서 "치킨"이라는 문자열과 비교했지만 두 문자열이 같은지를 비교했을 때에는 false가 출력되는 것을 확인할 수 있습니다. 이는 우리가 문자열을 비교하려고 사용했던 비교 연산자가 자바에서는 단순하게 문자열이 같은지를 판단하는 것이 아니기 때문입니다.

그러면 문자열을 비교하려면 어떻게 해야 할까요? 인텔리제이가 힌트를 주고 있습니다. 앞의 예제 코드에서는 비교 연산자 부분이 배경색으로 강조되어 있습니다. 그 위치에 마우스 커서를 올려보면 힌트가 나타납니다.

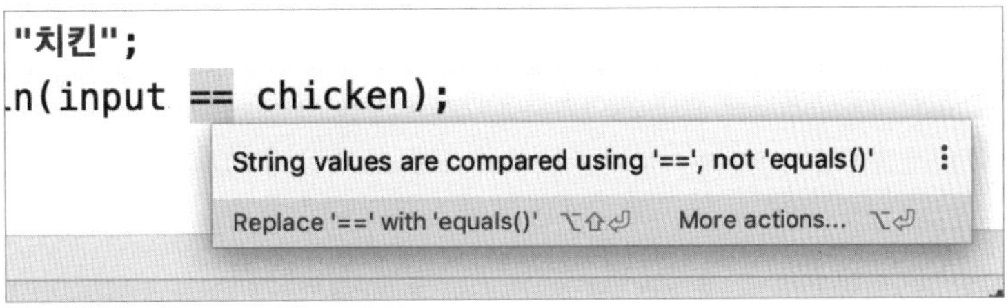

```
"치킨";
.n(input == chicken);
```

String values are compared using '==', not 'equals()'
Replace '==' with 'equals()' ⌥⇧⏎   More actions... ⌥⏎

그림 7.22 인텔리제이가 주는 힌트

인텔리제이가 주는 힌트는 "String values are compared using '==', not 'equals()'"라는 메시지입니다. equals()를 사용하면 될 것 같아 보입니다. 예제 코드를 수정해봅시다.

클래스명 : StringCompare02 (수정 후)

```
1   import java.util.Scanner;
2
3   public class StringCompare02 {
4       public static void main(String[] args) {
5           Scanner scanner = new Scanner(System.in);
6           String input = scanner.nextLine();
7           String chicken = "치킨";
8           System.out.println(input.equals(chicken));
9       }
10  }
```

```
Run: StringCompare02
치킨
true
```

그림 7.23 문자열을 비교할 때에는 equals를 사용

equals()로 비교하자 정상적인 결과를 반환하는 것을 확인할 수 있습니다.

자바에서는 문자열과 같은 타입에 비교 연산자를 사용할 때에 그 값을 직접 비교하는 것이 아니라 메모리 상에서 그 값이 저장되어 있는 위치, 즉 메모리의 주소값을 비교하게 됩니다. 우리가 소스코드에 "치킨"이라고 적어놓은 값과 표준 입력을 통해 입력받은 "치킨"이라는 문자열은 서로 다른 주소를 가지고 있기 때문에 비교 연산자를 사용했을 때 서로 다른 값으로 인식하게 되는 것입니다.

이런 사실들을 처음 접하는 사람들이라면 다소 어렵게 느껴질 수 있는 내용이지만 문자열을 비교해야 하는 경우가 자주 발생할 수 있으니 꼭 기억해두시기 바랍니다. 아직은 원리를 이해할 필요는 없습니다. 그저 문자열을 비교할 때에는 equals를 사용한다라는 것만 기억하면 됩니다.

LESSON 08 사용자와 상호작용하기

이번 장에서 조건문을 배우고 사용해보기는 했지만 예제 코드에서는 전부 값을 미리 정해놓고 조건을 비교했기 때문에 큰 의미가 없어 보일 수 있습니다. 이번 절에서는 사용자가 입력한 값을 기반으로 조건을 검사하고 상호작용하는 예제 코드를 실습해보도록 하겠습니다. 먼저 앞서 작성했던 1월부터 4월까지를 영단어로 바꿔주는 프로그램에서 월에 해당하는 숫자를 사용자 입력으로 변경해보겠습니다.

클래스명 : MonthToEnglish

```
import java.util.Scanner;

public class MonthToEnglish {
    public static void main(String[] args) {
        System.out.println("월을 입력하세요.");
      ① Scanner scanner = new Scanner(System.in);
        int month;

      ② try {
            String input = scanner.nextLine();
            month = Integer.parseInt(input);
        } catch (Exception e) {
            month = -1;
        }

      ③ if (month == 1) {
            System.out.println("January");
        } else if (month == 2) {
            System.out.println("February");
        } else if (month == 3) {
            System.out.println("March");
        } else if (month == 4) {
            System.out.println("April");
        } else {
            System.out.println("1부터 4까지만 입력할 수 있습니다.");
        }
    }
}
```

그림 7.24 사용자 입력을 통해 상호작용하기

① 메시지를 출력해주고 Scanner를 하나 생성한 뒤 월을 입력받기 위해 정수 타입의 month라는 변수를 선언했습니다.

② Scanner를 통해 문자열을 입력받아 정수로 변환합니다. 이때 발생하는 예외를 처리하기 위해서 try-catch 구문으로 감싸고 catch 블록에서는 예외가 발생하는 경우 1부터 4까지만 입력할 수 있다는 메시지를 표시해주기 위해서 month의 값을 -1로 설정하도록 했습니다.

③ switch-case를 사용했던 것을 if문으로 변경했습니다. 1부터 4까지의 값을 비교해 각각에 맞는 영단어를 출력해주고 만일 month 값이 1부터 4까지의 범위 바깥에 있는 숫자라면 "1부터 4까지만 입력할 수 있습니다"라는 메시지를 출력하도록 만들었습니다.

프로그램을 실행해보면 다음과 같이 사용자 입력 값에 따라 다른 결과를 출력하는 것을 확인할 수 있습니다. 이렇게 되니 조금 더 프로그램다워졌다고 느껴지지 않나요?

```
월을 입력하세요.
2
February
```

그림 7.25 우리의 프로그램이 처리할 수 있는 값을 입력했을 때

```
월을 입력하세요.
a
1부터 4까지만 입력할 수 있습니다.
```

그림 7.26 우리의 프로그램이 처리할 수 없는 입력했을 때

메뉴를 제시하고 각 메뉴가 얼마인지를 출력해주는 간단한 프로그램 예시를 하나 더 만들어보겠습니다.

클래스명 : PriceOfFood01

```
1       import java.util.Scanner;
2
3 ▶     public class PriceOfFood01 {
4 ▶         public static void main(String[] args) {
5               System.out.println("음식 이름을 입력해보세요.");
6           ①   Scanner scanner = new Scanner(System.in);
7               String name = scanner.nextLine();
8
9           ②   switch (name) {
10                  case "치킨":
11                      System.out.println("치킨은 5백원입니다.");
12                      break;
13                  case "순대국":
14                      System.out.println("순대국은 8천원입니다.");
15                      break;
16                  case "한우 스테이크":
17                      System.out.println("한우 스테이크는 5천원입니다.");
18                      break;
19                  default:
20                      System.out.println("판매하지 않는 메뉴입니다.");
21                      break;
22              }
23          }
24      }
```

그림 7.27 메뉴의 가격을 출력해주는 프로그램

① "음식 이름을 입력해보세요."라는 문자열을 출력하고 Scanner를 하나 생성한 뒤 String 타입의 name 변수에 사용자로부터 문자열 입력을 받습니다.

② 이번에는 다시 switch-case 문을 사용했습니다. switch문에서는 사용자가 입력한 name 값이 우리가 설정한 몇가지 메뉴 중 하나인 경우 각 메뉴의 가격을 친절하게 출력해줍니다.

이제 예제를 실행시켜 이런 저런 문자열들을 입력해보고 우리가 원하는대로 프로그램이 동작하는지 확인해보겠습니다.

```
음식 이름을 입력해보세요.
한우 스테이크
한우 스테이크는 5천원입니다.
```

```
음식 이름을 입력해보세요.
고양이 사료
판매하지 않는 메뉴입니다.
```

하지만 프로그램을 이렇게 만든다면 사용자가 어떤 메뉴가 존재하는지를 모르기 때문에 메뉴를 고르기가 어려울 것입니다. 이런 경우 다음과 같이 먼저 메뉴를 제시해주는 것이 좋겠지요. 추가적으로 오타가 생길 수 있으니 입력은 숫자로 받도록 해봅시다.

클래스명 : PriceOfFood02

```
1   import java.util.Scanner;
2
3   public class PriceOfFood02 {
4       public static void main(String[] args) {
5           System.out.println("메뉴 번호를 입력해주세요.");
6           System.out.println("1. 치킨");
7  ①       System.out.println("2. 순대국");
8           System.out.println("3. 한우 스테이크");
9
10          Scanner scanner = new Scanner(System.in);
11 ②       int menuNumber;
12
13 ③       try {
14              menuNumber = scanner.nextInt();
15          } catch (Exception e) {
16              menuNumber = -1;
17          }
18
19 ④       switch (menuNumber) {
20              case 1:
21                  System.out.println("치킨은 5백원입니다.");
22                  break;
23              case 2:
24                  System.out.println("순대국은 8천원입니다.");
25                  break;
26              case 3:
27                  System.out.println("한우 스테이크는 5천원입니다.");
28                  break;
29              default:
30                  System.out.println("올바른 메뉴 번호를 입력해주세요.");
31                  break;
32          }
33      }
34  }
```

그림 7.28 메뉴의 가격을 출력해주는 프로그램

① 프로그램을 시작하면 가장 먼저 문자열 출력을 통해 사용자에게 메뉴 목록을 알려주면서 숫자를 입력하도록 유도합니다.

② 메뉴 번호를 입력받기 위해 Scanner를 생성하고 정수 변수를 하나 선언합니다.

③ scanner.nextInt()를 사용해 숫자를 입력받습니다. 예외 발생을 고려해서 try-catch 구문으로 묶어주고 예외 발생 시에는 메뉴 번호를 -1로 설정합니다.

④ 입력을 비교하는 부분은 이전 코드와 다를 것이 없습니다. 다만 숫자를 비교해 그에 해당하는 메뉴의 가격을 출력해주고 있습니다.

이제 조금 더 사용자 경험이 좋은 프로그램이 된 것 같은 느낌이 듭니다. 다음 출력 결과를 보세요.

```
메뉴 번호를 입력해주세요.
1. 치킨
2. 순대국
3. 한우 스테이크
1
치킨은 5백원입니다.
```

그림 7.29 메뉴에 있는 번호를 입력했을 때

```
메뉴 번호를 입력해주세요.
1. 치킨
2. 순대국
3. 한우 스테이크
5
올바른 메뉴 번호를 입력해주세요.
```

그림 7.30 메뉴에 없는 번호를 입력했을 때

사용자와 상호 작용을 함으로써 이제는 우리가 만든 프로그램이 약간은 더 그럴듯해 보이지 않나요? 지금까지 배운 것들만으로도 꽤 재미있는 프로그램들을 많이 만들어볼 수 있을 것입니다. 다음 장에서는 반복 작업을 조금 더 쉽게 할 수 있는 여러 요소들에 대해서 배워보도록 하겠습니다.

이번 장에서는 여러 가지 조건부 처리와 문자열 비교에 대해 배웠고 사용자 입력을 기반으로 출력이 달라지는 프로그램들을 만들 수 있게 되었습니다. 이제 여러 가지 조건문을 혼자서 실습해보며 이를 통해서 어떤 프로그램들을 만들어갈 수 있을지 생각해봅시다.

1. 양계장에서 여러분에게 닭이 낳은 달걀의 수에 따라 포장에 필요한 계란판의 수를 계산하는 프로그램을 의뢰했습니다. 달걀 30개당 하나의 계란판이 필요하다고 할 때 계란판이 필요하지 않은 경우에는 "계란판이 필요하지 않습니다."라는 문구를 출력하고 필요한 경우에는 "총 x개의 계란판이 필요합니다."라는 문구를 출력해주는 프로그램을 만들어보세요.

   - 클래스명: EggCartonCounter

2. 비만 계산 방법은 신체질량지수인 BMI(Body Mass Index)에 근거한 방식으로 BMI지수 = 몸무게(kg) ÷ (신장(m) × 신장(m))입니다. BMI를 계산해 저체중인지 과체중인지 정상 체중인지를 출력해주는 프로그램을 만들어보세요. BMI가 18.5 미만이면 저체중, 23 이상이면 과체중입니다.

   - 클래스명: BMICalculator

1. EggCartonCounter

```
import java.util.Scanner;

public class EggCartonCounter {

    public static void main(String[] args) {
        // 사용자로부터 총 달걀의 수를 입력받기 위한 Scanner를 생성합니다.
        Scanner scanner = new Scanner(System.in);

        System.out.println("총 달걀의 수를 입력하세요.");

        int eggCartonSize = 30; // 계란판 하나당 포장되는 달걀 수입니다.
        int totalEggs = 0; // 총 달걀 수를 입력받기 위해 0으로 초기화합니다.

        // 사용자로부터 문자열을 입력받습니다.
        String input = scanner.nextLine();

        try {
            // 사용자가 입력한 문자열을 정수로 변환합니다.
            // 예외가 발생할 수 있으므로 try 영역 안에 작성합니다.
            totalEggs = Integer.parseInt(input);

            if (totalEggs < 30) {
                // 사용자가 입력한 달걀의 수가 30개 미만인 경우 메시지를 출력합니다.
                System.out.println("계란판이 필요하지 않습니다.");
            } else {
                // 사용자가 입력한 달걀의 수가 30개 이상인 경우
                // 포장에 필요한 계란판 수를 계산합니다.
                int totalEggCartons = totalEggs / eggCartonSize;
```

```
                System.out.println(
                    "총" + totalEggCartons + "개의 계란판이 필요합니다."
                );
            }
        } catch (NumberFormatException e) {
            // 사용자가 입력한 문자열을 정수로 변환하는 데 실패한 경우
            // 잘못된 입력이라는 메시지를 출력합니다.
            System.out.println("잘못된 입력입니다.");
        }
    }
}
```

2. BMICalculator

```
public class BMICalculator {

    public static void main(String[] args) {
        double height = 1.73; // 신장(m)
        double weight = 25.0; // 몸무게(kg)

        // 공식에 따라 BMI를 계산합니다.
        double bmi = weight / (height * height);

        if (bmi < 18.5) {
            // BMI가 18.5 미만인 경우 저체중입니다.
            System.out.println("저체중입니다.");
        } else if (bmi >= 23) {
            // BMI가 23 이상인 경우 과체중입니다.
            System.out.println("과체중입니다.");
        } else {
            // BMI가 18.5 이상 23 미만인 경우 정상체중입니다.
            System.out.println("정상체중입니다.");
        }
    }
}
```

PART 08 배열과 반복문

세상에는 반복되는 작업들이 아주 많이 존재합니다. 이는 컴퓨터로 해결해야 하는 일들에 있어서도 마찬가지입니다. 어떤 프로그램을 만든다면 그 안에는 반복 작업이 빠놓지 않고 들어가게 됩니다. 이는 어느 프로그램이든 마찬가지이죠. 요즘은 모든 회원에게 푸시 알림을 보내는 경우가 대표적인 예일 것 같습니다. 이번 장에서는 이러한 반복작업들을 어떻게 구현하는지에 대해 알아보도록 하겠습니다.

목차

학습 목표

- for문, while문 등의 반복문을 자유롭게 사용합니다.
- 중첩 for문을 사용할 수 있습니다.
- break, continue를 통해 반복문의 실행을 제어할 수 있습니다.
- 배열의 개념을 이해하고 사용할 수 있습니다.
- 반복문을 통해 배열을 순회할 수 있습니다.
- 난수를 생성하고 사용할 수 있습니다.

주요 용어

- 반복문 : 조건에 따라 특정 코드 블록을 반복하는 특수한 제어문
- while : 특정한 조건을 만족하는 동안 반복하는 제어문
- for : 정해진 횟수만큼 반복하는 제어문
- 중첩 for문 : for문의 코드 블록 안에서 사용되는 for 문
- continue : 반복문의 코드 블록 처음으로 돌아가는 명령어
- break : 반복문을 중지하는 명령어
- 배열 : 한 자료형의 값이 여러개 들어갈 수 있는 나열식 자료형
- 난수 : 예측할 수 없게 생성된 임의의 수

학습 시간

100분

https://bit.ly/2VP2WU6

LESSON 01 반복문이 필요한 이유

단순한 예부터 시작해봅시다. 만일 우리가 1부터 100까지 출력해야 한다면? 혹은 1부터 100까지의 값을 더해야 한다면 어떨까요? 우리가 배웠던 것들을 가지고 이 문제들을 해결하려면 다음과 같은 코드를 작성해야 할 것입니다.

```
System.out.println( “ 1 ” );
System.out.println( “ 2 ” );
System.out.println( “ 3 ” );
...

int sum = 1 + 2 + 3 + 4 + 5 + … + 100;
System.out.println(sum);
```

이런 식이라면 인내심이 강한 사람만이 프로그램을 만들 수 있을 것입니다. 반복문이란 이러한 종류의 반복되는 코드들을 특정 규칙에 의해 자동으로 반복시킬 수 있도록 만들어줍니다..

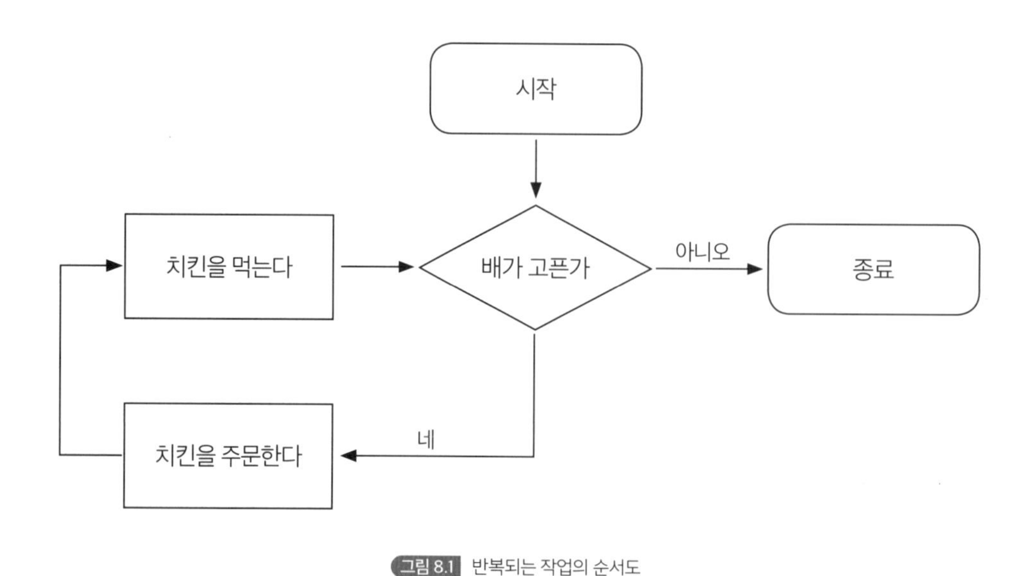

그림 8.1 반복되는 작업의 순서도

다른 예를 들어볼까요? 앞서 우리가 배웠던 조건문과 사용자 입력 등을 활용한 프로그램들은 대부분 한 번의 입력과 한 번의 출력이 실행된 후 종료되었습니다. 그런데 일반적인 프로그램이라면 계속해서 입력을 받고 사용자가 프로그램을 종료시키기 전까지는 입력에 대응하는 코드가 동작해야 합니다. 하지만 우리가 작성했던 프로그램들은 매번 프로그램을 실행시키고 원하는 값을 입력하고 결과를 보는 과정을 반복해야 했습니다. 반복문은 바로 이 과정을 해결해주는 중요한 열쇠입니다.

프로그래밍 언어에서 제공하는 반복문들은 대부분 특정 횟수를 반복하거나 특정 조건을 만족할 때까지 반복하는 두 가지 컨셉을 지원합니다. 자바에서도 이 두 가지 컨셉을 지원하며 각각 for와 while문으로 불립니다.

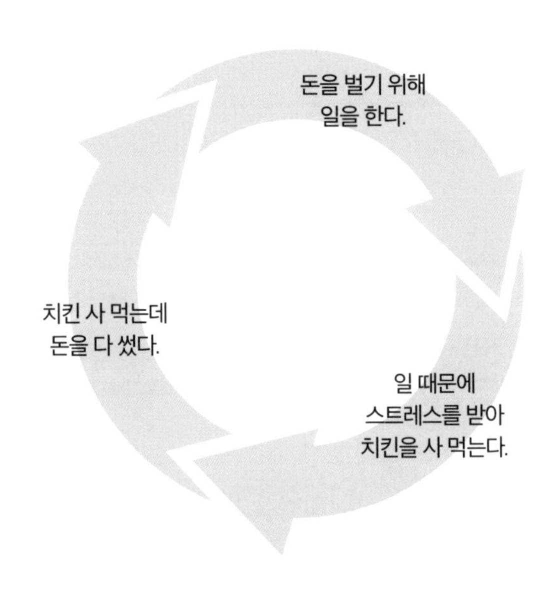

그림 8.2 반복문을 사용할 때에는 무한히 반복되는 상황을 조심해야 한다.

for

for문은 일반적으로 특정 횟수나 특정 요소들의 개수만큼 어떤 작업을 반복하는 방법으로 사용됩니다. 이번 절에서는 for문의 기본적인 구조를 살펴보고 이를 사용한 간단한 예제를 살펴보도록 하겠습니다.
자바에서의 for문은 다음과 같은 문법을 가지고 있습니다.

```
for (초기값; 종료조건; 증가) {
        실행할 코드
}
```

그림 8.3 for문의 문법

문법이 조금 지저분해 보이더라도 꼭 필요한 문법이니 잘 익혀봅시다. 이 장에서 배울 배열과 나중에 나올 장에서 배울 리스트를 사용한다면 조금은 더 세련된 문법을 사용할 수가 있습니다.

사람이 인지하는 반복 횟수는 정수의 형태로 볼 때 가장 편하기 때문에 초기값에는 보통 정수형 변수를 선언하고 시작하는 경우가 많습니다. 일반적으로 다음과 같이 사용하죠.

```
for (int i = 0; 종료조건; 증가) {
        실행할 코드
}
```

그림 8.4 for문의 초기값

for문의 괄호 안에서 사용된 i라는 변수는 index의 첫 글자를 딴 것으로 프로그래밍 세계에서는 일반적으로 사용되는 약자입니다. for문에서 이런 식으로 사용될 때에는 몇 회 반복했는지를 나타내는 변수이며 시작은 0회라는 의미가 됩니다.

종료 조건은 몇 회 반복할 것인지의 의미로서 자주 사용됩니다. 결과적으로는 boolean 값이 들어가게 되며 다음과 같이 "'언제까지' 실행해라"라는 식의 표현이 많이 사용됩니다.

```
for (int i = 0; i < 10; 증가) {
    실행할 코드
}
```

그림 8.5 for문의 종료조건

"i < 10"이란 것은 결국 true나 false를 돌려주는 비교 연산이고 결국은 i가 10보다 작다면 계속해서 반복, 즉 "i가 10보다 작다면 계속 실행해라"라는 표현이 됩니다.

증가 항은 반복문이 1회 반복했을 때 실행되는 코드로 대부분의 경우 i의 값을 1씩 더해주는 코드를 사용합니다.

```
for (int i = 0; i < 10; i = i + 1) {
    실행할 코드
}
```

그림 8.6 for문의 증가부

각 부분의 의미를 알았으니 종합해볼까요?

- i라는 변수가 0일때부터
- 10보다 작을 때까지
- 매 사이클에 중괄호 블록 안쪽의 코드를 한 번씩 실행시킨다.
- i에 1씩 더한다.

백문이 불여일견이니 예제 코드를 통해 실습해보도록 합시다.

클래스명 : For01

```
1  public class For01 {
2      public static void main(String[] args) {
3          for(int i = 0; i < 10; i = i + 1) {
4              System.out.println("현재 반복 횟수: " + i);
5          }
6      }
7  }
```

```
Run: For01
현재 반복 횟수: 0
현재 반복 횟수: 1
현재 반복 횟수: 2
현재 반복 횟수: 3
현재 반복 횟수: 4
현재 반복 횟수: 5
현재 반복 횟수: 6
현재 반복 횟수: 7
현재 반복 횟수: 8
현재 반복 횟수: 9
```

그림 8.7 for문을 이용한 반복

원하는 대로 10회가 반복되었네요. 유념할 점은 10회 반복을 위해 관례에 따라 i가 0에서부터 10보다 작을 때까지, 즉 9까지 증가시키면서 반복했다는 것입니다. 앞서 문자열을 자르는 substring 기능에서 한번 언급했듯이 자바에서는 번호를 0부터 세기 시작하기 때문에 이렇게 0부터 넣어주는 것이 관례적으로도 코드 작성에 있어서도 편리합니다. 이번 절에서 배열을 배우고 나면 조금 더 확실하게 이해할 수 있을 것입니다.

중첩 for문

이번 절에서는 for문의 중괄호 안에 또 for문을 사용하는 중첩 for문에 대해 알아보겠습니다. 앞서 if문에서도 잠시 실습해봤던 것과 마찬가지로 for문도 중첩을 허용합니다. 10회 반복하는 for문 안에 5회 반복하는 for문이 들어가면 총 50회를 반복하게 되는 것이죠.

중첩 for문을 설명할 때에 대표적인 예로 들어볼 수 있는 것이 구구단을 출력하는 코드 작성입니다. for문을 중첩하지 않고 구구단을 작성한다면 다음과 같이 코드를 작성해야 합니다.

```
for (int i = 1; i < 10; i=i+1) {
    int result = 2 * i;
    System.out.println("2 X " + i + " = " + result);
}

for (int i = 1; i < 10; i=i+1) {
    int result = 3 * i;
    System.out.println("3 X " + i + " = " + result);
}

... 4단~9단 반복 ···
```

하지만 중첩 for문을 이용한다면 이를 다음과 같이 짧은 코드로 바꿀 수가 있습니다.

클래스명 : GuguClass

```
public class GuguClass {
    public static void main(String[] args) {
        for (int i = 2; i < 10; i = i + 1) {
            for(int j = 1; j < 10; j = j + 1) {
                int result = i * j;
                System.out.println(i + " X " + j + " = " + result);
            }
        }
    }
}
```

그림 8.8 중첩 for문을 이용한 구구단 출력 프로그램

이 코드를 실행하면 다음과 같이 구구단이 출력됩니다.

```
2 X 1 = 2
2 X 2 = 4
...
9 X 9 = 81
```

코드가 조금 복잡해 보이더라도 차근차근 읽어본다면 바깥의 for문은 2부터 9까지, 현재 몇단인지의 기준에서 반복하는 영역이며 안쪽의 for문은 현재 단의 수에 1부터 9까지를 곱해 출력해주는 코드라는 것을 금새 이해할 수 있을 겁니다.

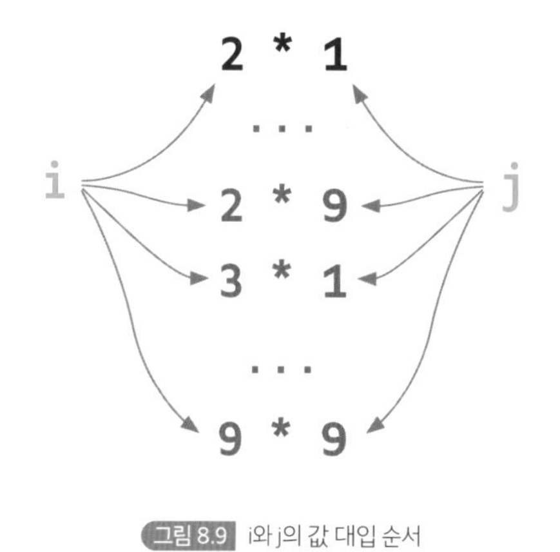

그림 8.9 i와 j의 값 대입 순서

이처럼 반복문을 이용하면 반복 작업에 필요한 코드들을 짧게 작성할 수가 있습니다. 다소 난해한 문법에 어렵게 느껴질 수도 있지만 아주 유용한 기능이며 필수적인 기능이기 때문에 꼭 기억하시길 바랍니다.

while

while문은 특정 조건을 만족할 때까지 반복하는 용도로 사용됩니다. 이번 절에서는 while문의 구조와 그 쓰임새를 예제를 통해 알아보도록 합시다.

while문은 다음과 같은 문법 구조를 가지고 있습니다.

```
while (조건) {
        실행할 코드
}
```

그림 8.10 while문의 문법

for문에 비해 쉬워 보이는 문법을 가지고 있죠? while로 시작하며 그 뒤에는 괄호 안에 조건이 들어갑니다. 조건은 for문과 마찬가지로 boolean 값으로 표현되며 이 값이 true이면 중괄호 블록의 코드를 실행하게 됩니다. 문법은 for문보다 쉽지만 종료 조건을 잘 다루지 못한다면 원하지 않게 무한히 반복되는 코드를 작성하게 되는 것이 while문이므로 사용 시 각별히 주의가 필요합니다. while문을 사용하는 다음 예제 코드를 봅시다.

클래스명 : While01

```
1  public class While01 {
2      public static void main(String[] args) {
3          int i = 0;
4          while(i < 10) {
5              System.out.println("현재 반복 횟수: " + i);
6              i = i + 1;
7          }
8      }
9  }
```

```
Run: While01
현재 반복 횟수: 0
현재 반복 횟수: 1
현재 반복 횟수: 2
현재 반복 횟수: 3
현재 반복 횟수: 4
현재 반복 횟수: 5
현재 반복 횟수: 6
현재 반복 횟수: 7
현재 반복 횟수: 8
현재 반복 횟수: 9
```

그림 8.11 while문을 통해 0부터 9까지 반복하는 예

예제 코드에서는 바깥에서 i라는 변수를 선언해 주었고 while문의 반복 조건으로는 "i < 10"을 사용했습니다. 그리고 중요한 포인트는 while문의 중괄호 블록 안에서 마지막에 i의 값을 1 증가시켜줬다는 것입니다. 만일 이 코드 한 줄이 없으면 "현재 반복 횟수: 0"을 무한히 출력하며 프로그램이 종료되지 않을 것입니다.

유의할 점을 숙지했다면 이제 while문을 사용해 올바른 비밀번호가 입력될 때까지 계속해서 비밀번호를 묻는 예제 프로그램을 작성해봅시다.

클래스명 : PasswordInput01

```
1      import java.util.Scanner;
2
3 ▶    public class PasswordInput01 {
4 ▶        public static void main(String[] args) {
5              String password = "abc123";
6              Scanner scanner = new Scanner(System.in);
7
8              System.out.println("비밀번호를 입력해주세요.");
9              String input = scanner.nextLine();
10
11             while (input.equals(password) != true) {
12                 System.out.println("비밀번호를 입력해주세요.");
13                 input = scanner.nextLine();
14             }
15
16             System.out.println("올바른 비밀번호를 입력했습니다.");
17         }
18     }
```

그림 8.12 올바른 비밀번호를 입력할 때까지 반복해서 비밀번호를 묻는 프로그램

① 미리 비밀번호를 설정해놓고 Scanner를 하나 선언합니다.

② "비밀번호를 입력해주세요."라는 문구를 출력한 후 사용자로부터 입력을 받습니다.

③ whie문의 조건으로 사용자가 입력한 문자열이 비밀번호와 일치하는지를 비교하고 있습니다. 이 결과값이 true가 아니라면 비밀번호가 일치하지 않는 것이므로 while문 중괄호 안의 코드가 실행되며 여기에서는 또 다시 "비밀번호를 입력해주세요."라는 문구를 출력한 후 사용자로부터 입력을 받습니다. 사용자로부터 입력을 받게 되면 또다시 while문의 조건 비교로 돌아갑니다.

④ 올바른 비밀번호를 입력해 "input.equals(password)의 값이 true가 되고 while문을 탈출하게 되면 "올바른 비밀번호를 입력했습니다."라는 메시지를 출력해준 후 프로그램이 종료됩니다.

프로그램을 실행해보면 다음과 같이 올바른 비밀번호를 입력할 때까지 반복적으로 비밀번호를 입력해달라는 메시지만 출력되는 것을 확인할 수 있습니다.

```
비밀번호를 입력해주세요.
123
비밀번호를 입력해주세요.
abc
비밀번호를 입력해주세요.
123abc
비밀번호를 입력해주세요.
abc123
올바른 비밀번호를 입력했습니다.
```

그림 8.13 PasswordInput01 실행

그런데 코드를 보면 중복되는 부분들이 있습니다. 잘 살펴본다면 "비밀번호를 입력해주세요."라는 출력과 Scanner로부터 입력을 받는 코드가 각각 두 번씩 들어가 있는 것을 발견할 수 있습니다. 다음 절에서는 이 중복 코드를 제거할 수 있는 특별한 문법을 알아보겠습니다.

do-while

do-while문도 while문과 동일하게 특정 조건을 만족하는 경우 계속해서 블록 안의 코드를 실행하는 반복문입니다. 하지만 그 문법과 실행 순서는 while문과는 약간 다릅니다. 그러면 먼저 do-while문의 문법부터 살펴보도록 하겠습니다.

```
do {
        실행할 코드
} while (조건);
```

그림 8.14 do-while문의 문법

do-while은 do로 시작하며 그 뒤에 중괄호 블록이 있습니다. 중괄호 블록 안에는 실행되어야 할 코드가 들어가고 그 뒤에는 while문과 괄호 안에 조건이 들어가게 됩니다. 코드의 마지막에는 세미콜론이 붙는다는 것에 유의하여야 합니다.
앞서 언급했듯이 이 문장의 실행 순서는 while문과는 조금 다릅니다. 우선적으로 조건이 참이어야만 중괄호 안의 코드를 실행했던 while문과는 다르게 do-while문은 일단 중괄호 안의 코드를 한 번은 먼저 실행한 후 그제서야 조건이 참인지를 비교합니다. 그리고 조건이 참인 경우 중괄호 블록을 또 반복해서 실행하게 되는 것이죠.
이제 앞 절에서 while문을 이용해 작성했던 PasswordInput 프로그램을 do-while문을 이용해 중복 코드를 제거한 예제 코드를 살펴봅시다.

클래스명 : PasswordInput02

```
1	import java.util.Scanner;
2
3	public class PasswordInput02 {
4	    public static void main(String[] args) {
5	        String password = "abc123";
6	①      Scanner scanner = new Scanner(System.in);
7	        String input;
8
9	②      do {
10	            System.out.println("비밀번호를 입력해주세요.");
11	            input = scanner.nextLine();
12	③      } while (input.equals(password) != true);
13
14	④      System.out.println("올바른 비밀번호를 입력했습니다.");
15	    }
16	}
```

그림 8.15 do-while문을 사용해 비밀번호 검증 프로그램을 수정

① 앞의 예제와 마찬가지로 비밀번호를 셋팅해놓고 Scanner를 하나 생성한 뒤 String 타입의 input이라는 변수를 미리 선언해두었습니다.

② 먼저 반복문 안의 코드를 한번 실행하기 위해 do 블록을 열어줍니다. 그리고 반복문 안에서는 "비밀번호를 입력해주세요."라는 메시지와 함께 사용자 입력을 받습니다.

③ 변수 input에 사용자 입력을 받고 나면 do-while의 조건절에서 이 값을 password의 값과 비교해 해당 반복문을 다시 실행할지를 결정합니다.

중복된 코드가 사라지니 훨씬 깔끔해 보입니다. 예제 프로그램을 실행해 이 프로그램이 우리가 원하는대로 동작하는지 확인해보겠습니다.

```
비밀번호를 입력해주세요.
123
비밀번호를 입력해주세요.
abc
비밀번호를 입력해주세요.
123abc
비밀번호를 입력해주세요.
abc123
올바른 비밀번호를 입력했습니다.
```

그림 8.16 PasswordInput02 실행

이런저런 값들을 입력해보니 우리가 원했던 대로 while문을 사용했을 때와 동일하게 동작하는 것을 확인할 수 있습니다. 다음 절에서부터는 while문의 흐름을 우리가 원하는 대로 제어할 수 있는 몇 가지 방법들에 대해 살펴보도록 하겠습니다.

LESSON 06

break

반복문을 실행하다 보면 반복문 탈출 조건을 여러 개 사용하거나 강제로 반복문을 중단시키고 싶을 때가 있습니다. 다음과 같이 조건을 여러 개 사용하는 코드를 상상해봅시다.

```
while (stock > 0 && money > 0) {
    ...
}
```

괄호 안의 조건이 두 개로 늘어나니 조건절이 복잡해 보이는 불편함이 있습니다. 두 개까지는 괜찮아 보이지만 이런 조건들이 세 개, 네 개가 되다 보면 코드를 읽으면서 조건을 확인해보기가 매우 까다로워질 것입니다. 이 경우 흔히 사용하는 패턴은 특정 조건을 만족하면 탈출하는 break 코드를 사용하는 것입니다. 이 때에는 반복문의 조건을 true로 주어 무한히 반복되는 구조를 만들게 됩니다. 우선 break를 통해 반복문을 탈출하는 간단한 예시 코드를 확인해봅시다.

클래스명 : WhileBreak01

```
1  public class WhileBreak01 {
2      public static void main(String[] args) {
3          int i = 0;
4          while (true) {
5              System.out.println("반복문 진입");
6              if(i == 2) {
7                  break;
8              }
9              i = i + 1;
10             System.out.println("반복문 끝");
11         }
12     }
13 }
```

그림 8.17 break를 이용해 무한반복을 탈출하는 예시

이 예제 코드는 "반복문 진입"과 "반복문 끝"이라는 문자열을 계속해서 출력하는 프로그램입니다. while문의 조건으로 true를 넣었기 때문에 while문의 조건 검색에 의하면 무한히 반복하는 프로그램이어야 하죠. 하지만 여섯 번째 줄을 보면 i의 값이 2인 경우 "break;"라는 코드를 수행하도록 되어 있습니다. 이 프로그램의 실행 결과는 다음과 같습니다.

```
반복문 진입
반복문 끝
반복문 진입
반복문 끝
반복문 진입
```

그림 8.18 중간에 while문을 탈출한 프로그램

반복문이 세 번째 실행될 때, 즉 i의 값이 2가 될 때 "반복문 끝"이라는 문자열 출력 없이 프로그램이 종료되는 것을 확인할 수 있습니다. 이렇게 break문은 while문의 중간에 탈출할 수 있는 기능을 제공합니다.

그런데 앞서 우리는 break문을 본 적이 있습니다. 바로 switch문에서 탈출하기 위해 사용했었죠. 이렇게 break문은 while문에서만 사용할 수 있는 것은 아니고 for문과 switch문 안에서 탈출하기 위해서 사용할 수가 있습니다. 그러면 for문에서 break를 사용하는 예제 코드를 봅시다.

클래스명 : ForBreak01

```
1  public class ForBreak01 {
2      public static void main(String[] args) {
3          for (int i = 0; i < 10; i = i + 1) {
4              System.out.println("반복 " + i + " 시작");
5              if(i == 3) {
6                  break;
7              }
8              System.out.println("반복 " + i + " 끝");
9          }
10     }
11 }
```

그림 8.19 break를 이용해 for문을 탈출

사용법은 while문에서와 같습니다. 이번에는 i의 값이 3일 때 탈출하도록 만들어서 출력은 다음과 같습니다.

```
반복 0 시작
반복 0 끝
반복 1 시작
반복 1 끝
반복 2 시작
반복 2 끝
반복 3 시작
```

그림 8.20 3까지 반복하다가 중지된 프로그램

break 구문의 사용 예를 조금 더 명확하게 익히기 위해 앞에서 작성했던 비밀번호를 묻는 프로그램을 조금 수정해보겠습니다. 반복문을 무한히 수행하면서 비밀번호가 일치하는 경우 break 문을 통해 반복문을 탈출할 수 있도록 작성하겠습니다.

클래스명 : WhileBreak02

```
1   import java.util.Scanner;
2
3   public class WhileBreak02 {
4       public static void main(String[] args) {
5           String password = "chicken1004";
6           Scanner scanner = new Scanner(System.in);
7
8        ①  while (true) {
9               System.out.println("비밀번호를 입력해주세요.");
10       ②      String input = scanner.nextLine();
11
12       ③      if (input.equals(password)) {
13                  System.out.println("비밀번호가 일치합니다.");
14                  break;
15              }
16
17       ④      System.out.println("비밀번호가 틀렸습니다.");
18          }
19      }
20  }
```

그림 8.21 올바른 비밀번호를 입력한 경우 break를 이용해 반복문을 탈출하는 프로그램

① while문의 조건을 true로 입력해 무한히 반복되는 프로그램을 만듭니다.

② "비밀번호를 입력해주세요."라는 문장을 출력하고 사용자 입력을 기다립니다.

③ 만일 사용자가 입력한 값이 미리 설정된 비밀번호와 일치한다면 "비밀번호가 일치합니다."라는 문장을 출력한 후 break문을 이용해 반복문을 탈출합니다. 이때 if문에서 사용된 문자열 비교 기능 "equals"는 결과값으로 boolean을 되돌려주기 때문에 비교 연산자를 통해 true인지 검사하지 않아도 조건으로 사용될 수 있습니다.

④ if문의 조건에 해당하지 않는 경우, 즉 사용자가 입력한 비밀번호가 미리 설정된 비밀번호와 일치하지 않는 경우 프로그램이 여기까지 진입해 "비밀번호가 틀렸습니다."라는 문장을 출력하고 다시 while문의 최상단으로 돌아갑니다.

이제 이 소스코드가 잘 동작하는지 한 번 실행해보도록 합시다.

```
비밀번호를 입력해주세요.
pizza1004
비밀번호가 틀렸습니다.
비밀번호를 입력해주세요.
chicken1004
비밀번호가 일치합니다.
```

그림 8.22 WhileBreak02 실행

의도했던 대로, 이 프로그램은 일치하지 않는 비밀번호를 입력했더니 "비밀번호가 틀렸습니다." 라는 문장이 출력된 후 다시 비밀번호 입력을 기다립니다. 그리고 일치하는 비밀번호를 입력하니 "비밀번호가 일치합니다."라는 문장을 출력하고 프로그램이 종료되었습니다.

이번에 작성한 소스코드는 예전부터 많은 프로그램에서 기본적으로 사용되는 패턴으로 텍스트 기반으로 동작하는 프로그램을 작성할 때에 아주 유용하고 중요한 방법입니다. 다양한 기능을 하는 프로그램을 만들 때에는 while문 안에 훨씬 더 많은 코드가 들어가겠지만 이 단순한 예제를 통해서도 어떻게 무한한 반복문을 만들어내고 탈출시킬 수 있는지를 배우기에는 충분합니다.

continue

반복문에는 break 말고도 특별한 일을 하는 키워드가 있습니다. continue를 사용하면 코드를 더 이상 진행시키지 않고 바로 반복문의 처음으로 되돌아가 다음 반복을 실행하도록 만들 수 있습니다. 바로 예제 코드를 통해 continue문의 용도를 살펴보도록 합시다.

클래스명 : Continue01

```
public class Continue01 {
    public static void main(String[] args) {
        for (int i = 0; i < 10; i = i + 1) {
            if (i % 2 == 0) {
                continue;
            }
            System.out.println(i);
        }
    }
}
```

그림 8.23 continue의 사용 예

```
1
3
5
7
9

Process finished with exit code 0
```

그림 8.24 Continue01의 실행 결과

이 예제 프로그램은 1부터 9까지의 수 중에서 홀수만 출력하는 프로그램입니다. 4번째 줄의 if문에서 "i % 2"의 값, 즉 i를 2로 나눈 나머지가 0인 경우 continue 키워드를 사용했습니다. 어떤 정수를 2로 나눈 나머지가 0이라는 말은 그 수가 짝수라는 의미이고 짝수인 경우에는 continue를 통해 다시 반복문의 시작 부분으로 되돌아가는 것입니다.

앞의 예제 코드는 for문 안에서 continue를 사용한 예제이지만 while문 안에서도 continue를 사용할 수가 있습니다. continue가 하는 일은 for문 안에서든 while문 안에서든 동일합니다.

클래스명 : Continue02

```
1   public class Continue02 {
2       public static void main(String[] args) {
3           int i = 0;
4
5           while(i < 10) {
6               if (i % 2 == 0) {
7                   i = i + 1;      ①
8                   continue;
9               }
10              System.out.println(i);
11              i = i + 1;
12          }
13      }
14  }
```

그림 8.25 while문에서 continue 사용

for문에서의 예제와 동일하게 0부터 9까지의 숫자 중 홀수를 출력하는 프로그램입니다. ①번 블록을 잘 보시면 continue를 사용하기 전 i의 값을 1 증가시키고 있습니다. 만일 이렇게 i의 값을 증가시키지 않았다면 어떤 일이 일어날까요? 우리가 의도한 것은 0부터 9까지 반복하는 것이지만 i의 값이 변하지 않고 다시 반복문을 시작하므로 영원히 끝나지 않는 프로그램이 됩니다. 이처럼 while문과 함께 continue를 사용할 때에는 무한 반복에 빠지지 않도록 주의를 기울이는 것이 필요합니다.

LESSON 08

배열

지금까지 우리는 단일 값을 가진 자료형만을 다루어왔습니다. 정수와 문자열 등이 그 대표적인 예입니다. 하지만 항상 이런 값들만 사용해 프로그램을 만들 수는 없습니다. 이번 절에서는 여러 개의 값을 표현할 수 있는 배열에 대해 알아보도록 하겠습니다.

01 배열의 선언

문자열 타입으로 월요일부터 일요일까지를 변수로 표현하려면 다음과 같은 코드가 되어야 할 것입니다.

```
String mon = "월";
String tue = "화";
...
String sun = "일";
```

이 변수들을 하나하나 선언하고 사용한다는 것은 참 귀찮은 일입니다. 이런 불편함을 해소하기 위해 자바에서는 배열(Array)을 제공합니다. 배열이란 같은 자료형들이 모인 목록과 비슷한 개념입니다. 배열을 사용하면 한 변수에 월요일부터 일요일까지를 모두 담는 것이 가능해집니다. 그리고 반복문과의 조합도 아주 훌륭하지요. 배열을 선언하는 문법은 다음과 같습니다.

```
type[] array = {value1, value2, ..., valueN};
```

그림 8.26 배열을 선언하는 문법

type은 우리가 지금까지 배워왔던 자료형입니다. 그 뒤의 대괄호는 이 변수가 배열이라는 것을 알려주는 역할을 합니다. 배열의 값을 표현하기 위해서는 중괄호로 묶어 쉼표로 구분된 값들을 넣어주게 됩니다. 이 문법에 따라서 앞에서 예로 들었던 요일을 담은 문자열 배열을 선언하려면 다음과 같은 코드가 만들어질 것입니다.

```
String[] days = {"월", "화", "수", "목", "금", "토", "일"};
```

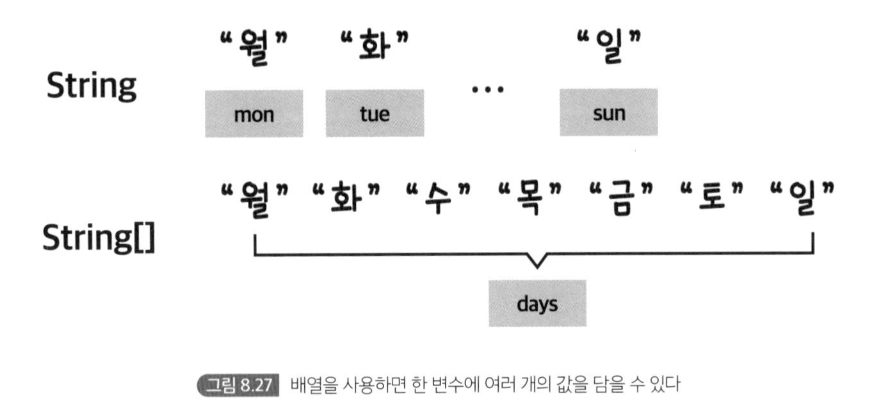

그림 8.27 배열을 사용하면 한 변수에 여러 개의 값을 담을 수 있다

배열을 선언하는 방법을 알았으니 이제부터 이 배열을 어떻게 사용하는지에 대해 알아보도록 합시다.

02 배열의 요소에 접근하기

앞에서와 같이 배열을 선언했을 때 그 안의 값을 가져다가 사용하기 위해서는 어떻게 해야 할까요? 배열은 요소에 접근할 수 있도록 인덱스라는 개념을 제공합니다. 앞서 선언한 요일을 나타내는 배열은 "월"부터 "일"까지 일곱개의 요소를 가지고 있습니다. 이 값들을 하나씩 가져다가 사용하기 위해서는 각 요소에 부여된 번호를 알아야 합니다. 그리고 이 번호를 인덱스라고 부릅니다. 다음 그림을 보세요.

그림 8.28 월~일까지 나타낸 배열의 인덱스

앞의 그림에서 요일의 아래쪽에 나타난 숫자가 인덱스입니다. "월"은 0번째 요소이고 "일"은 6번째 요소입니다. 숫자를 0부터 세는 규칙에 의해 가장 처음에 있는 "월"이 0번째가 되는 것이죠. 그렇다면 이 인덱스를 어떻게 사용하는 것일까요? 배열의 특정 위치의 요소를 가져오기 위해서는 다음과 같이 대괄호를 사용합니다.

클래스명 : ArrayGet

```
1  public class ArrayGet {
2
3      public static void main(String[] args) {
4          String[] days = {"월", "화", "수", "목", "금", "토", "일"};
5          System.out.println(days[0]);
6          System.out.println(days[6]);
7      }
8  }
```

```
Run:  HuntTheWumpus ×   ArrayGet ×
월
일
```

그림 8.29 대괄호를 사용해 배열의 요소에 접근하기

앞의 코드에서처럼 days라는 배열을 선언했을 때에 days[0]과 같이 대괄호 안에 인덱스를 넣으면 days의 0번째 요소를 가져올 수가 있습니다. days[0]은 "월"이고 days[6]은 "일"인 것이죠.

03 배열의 길이 알아내기

배열에는 항상 길이를 나타내는 특별한 값이 함께 붙어 다닙니다. 다음 코드를 살펴봅시다.

```
1  public class ArrayLength {
2
3      public static void main(String[] args) {
4          String[] days = {"월", "화", "수", "목", "금", "토", "일"};
5          int lengthOfDays = days.length;
6          System.out.println(lengthOfDays);
7      }
8  }
```

```
Run: HuntTheWumpus × ArrayLength ×
7
```

그림 8.30 배열의 길이

앞의 예제 코드의 다섯번째 줄을 보세요. 배열 뒤에 ".length"를 붙이면 배열의 길이를 정수 형태로 반환합니다. 요일을 나타낸 배열에는 총 7개의 값이 있으므로 예제 코드를 실행시키면 배열의 길이가 7이 출력되는 것을 확인할 수 있습니다.

04 배열을 반복문에 사용하기

그렇다면 이 배열을 어떻게 유용하게 사용할까요? 첫 번째로, 배열은 반복문에 사용하기가 아주 편합니다. 기존에 배웠던 for문의 문법을 그대로 사용할 수도 있지만 배열을 사용한다면 조금 더 세련된 문법까지도 사용할 수가 있습니다. 먼저 기존 for문의 문법을 그대로 사용해 월요일부터 일요일까지를 출력해보도록 하겠습니다.

클래스명 : Array01

```
1 ▶  public class Array01 {
2 ▶      public static void main(String[] args) {
3          ① String[] days = {"월", "화", "수", "목", "금", "토", "일"};
4
5          ② for (int i = 0; i < days.length; i = i + 1) {
6                 System.out.println(days[i] + "요일");
7             }
8         }
9     }
```

그림 8.31 배열의 사용 예

① String 타입의 배열을 선언하고 값에는 요일들을 넣어 주었습니다.

② for문으로 반복해서 요일을 출력해 줍니다. 이때 반복 횟수는 배열의 길이와 동일한 days.length만큼입니다. 반복문 안에서는 증가값 i를 배열의 인덱스로 사용해 0부터 6번째까지의 요소들을 출력해 줍니다.

앞의 예제를 실행시키면 다음과 같이 월요일부터 일요일까지 출력되는 것을 확인할 수 있습니다.

```
월요일
화요일
수요일
목요일
금요일
토요일
일요일

Process finished with exit code 0
```

그림 8.32 월요일부터 일요일까지 출력

05 배열의 특정 요소 바꾸기

배열의 특정 요소의 값을 바꾸는 것도 가능합니다. 다음 코드를 살펴보세요.

클래스명 : Array02

```
1  public class Array02 {
2      public static void main(String[] args) {
3          String[] days = {"월", "화", "수", "목", "금", "토", "일"};
4
5       ① days[0] = "일";
6
7          for (int i = 0; i < days.length; i = i + 1) {
8              System.out.println(days[i] + "요일");
9          }
10     }
11 }
```

그림 8.33 배열의 특정 요소 값을 변경

① days[0]과 같이 특정 요소에 접근해 어떤 값을 대입해 주면 값을 변경하는 것이 가능합니다.

일요일 후에 월요일이 없어지고 다시 일요일이었으면 좋겠다는 간절한 소망을 담아 배열의 0번째 값을 "일"로 변경했습니다. 프로그램을 실행하면 다음과 같이 월요일이 일요일로 바뀌어 있는 것을 확인할 수 있습니다.

```
일요일
화요일
수요일
목요일
금요일
토요일
일요일

Process finished with exit code 0
```

그림 8.34 월요병은 더이상 없다

06 세련된 반복문 for-each

이번에는 배열을 통해 기존의 반복문보다 더 세련된 문법으로 반복문을 사용하는 예제 코드를 살펴보도록 하겠습니다.

클래스명 : Array03

```
1  public class Array03 {
2      public static void main(String[] args) {
3          String[] days = {"월", "화", "수", "목", "금", "토", "일"};
4
5       ① for (String day : days) {
6              System.out.println(day + "요일"); ②
7          }
8      }
9  }
```

그림 8.35 세련된 for-each문

① 배열에 대해 반복문을 적용하는 조금 더 세련된 for문입니다. 많은 사람들이 for-each라고도 부릅니다. 이 문법은 다음과 같습니다.

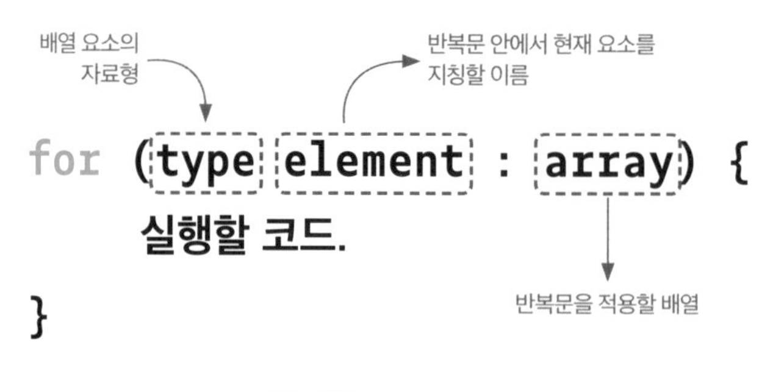

그림 8.36 for-each문의 문법

예시 코드에서 세 번째 줄에 선언된 days는 문자열 타입의 배열이기 때문에 for-each의 괄호 안에서 "String day"로 현재 요소를 나타낼 변수를 선언했습니다. 이렇게 선언한 변수는 매 반복 시에 현재 반복 중인 요소의 값을 담고 있습니다. day라는 변수명은 여러분이 임의로 정할 수 있지만 days라는 배열의 요소 중 하나라는 의미로 day와 같이 배열명을 단수형으로 바꿔 쓰는 것이 일반적입니다.

② 반복문 안에서 "day"라는 변수를 직접 사용해 출력했습니다. "days[0]"와 같이 불편하게 접근할 필요가 없이 코드를 깔끔하게 작성할 수 있습니다.

Array03 코드를 실행하면 앞선 예시와 마찬가지로 월요일부터 일요일까지가 출력됩니다. 코드의 줄 수는 동일하지만 훨씬 더 읽기 좋고 깔끔한 코드가 되었죠?

07 배열의 한계

배열은 이처럼 특정한 상황에서 우리에게 편리함을 주지만 여기에서도 주의할 점은 있습니다. 다음 예제 코드를 실행해봅시다.

클래스명 : Array04

```
1  public class Array04 {
2      public static void main(String[] args) {
3          String[] days = {"월", "화", "수", "목", "금", "토", "일"};
4          System.out.println(days[7]);
5      }
6  }
```

그림 8.37 배열의 마지막 요소는 6번이지만 7번을 출력하려 한다면

이 코드의 실행 결과는 다음과 같은 예외를 발생시키게 됩니다.

```
Exception in thread "main" java.lang.ArrayIndexOutOfBoundsException:
  Index 7 out of bounds for length 7
   at Array03.main(Array03.java:4)
```

그림 8.38 배열의 마지막 요소의 인덱스보다 뒤의 번호로 접근하면 발생하는 오류

배열의 길이가 7인데 7번째를 사용하려 했기 때문에 발생한 오류입니다. 배열의 인덱스 0부터 시작하므로 7개짜리 배열이라면 6번째가 마지막이기 때문이죠.

다음 코드 또한 동일한 예외를 발생시키게 됩니다.

클래스명 : Array05

```
1 ▶ public class Array05 {
2 ▶     public static void main(String[] args) {
3           String[] days = {"월", "화", "수", "목", "금", "토", "일"};
4           days[7] = "일";
5       }
6   }
```

그림 8.39 배열에 값을 추가하고 싶으면?

배열의 7번째 요소로 일요일을 하나 더 추가하려고 했을 뿐인데 왜 오류가 발생했을까요? 이처럼 배열은 편리하긴 하지만 한계 또한 분명히 존재합니다. 배열의 크기는 만들어내는 동시에 정해지는 것입니다. 이후에는 배열의 길이를 변경할 수가 없습니다.

08 배열에 값 추가하기

배열에 값을 추가하고 싶다면 다음과 같이 내용을 내용을 복제한 새 배열을 만드는 변칙적인 방법을 사용해야 합니다.

클래스명 : Array06

```
1      import java.util.Arrays; ①
2
3 ▶    public class Array06 {
4 ▶        public static void main(String[] args) {
5              String[] days = {"월", "화", "수", "목", "금", "토", "일"};
6            ② String[] days2 = Arrays.copyOf(days, 8);
7
8            ③ days2[7] = "일";
9
10           ④ for (String s : days2) {
11                 System.out.println(s);
12             }
13         }
14     }
```

그림 8.40 배열을 복제해 더 큰 배열을 만드는 방법

① java.util.Arrays를 가져다가 사용할 수 있도록 import 구문이 추가된 것에 유의합니다. Scanner를 처음 사용했을 때와 마찬가지로 해당 구문은 2번과 같이 코드 영역에서 Arrays까지만 쳐도 자동완성이 가능하도록 팝업이 나타남을 참고하세요.

② days2라는 이름으로 새로운 문자열 타입의 배열을 선언하고 Arrays.copyOf라는 기능을 이용해 days를 복사해줍니다. Arrays.copyOf()는 괄호 안에 첫 번째 입력값으로 들어간 배열을 복사해서 되돌려줍니다. 이때 두 번째 입력값으로는 새로 만들 배열의 길이를 입력하게 되는데 우리는 일요일 뒤에 일요일을 하나 더 추가하고 싶으므로 기존의 7개(days)보다 하나 더 긴 8을 입력했습니다.

③ days2의 마지막 요소의 값으로 "일"을 추가해줍니다.

④ 원하는 배열이 만들어졌는지 확인하기 위해 days2를 출력합니다.

그림을 통해 Arrays.copyOf에 대해 조금 더 자세히 이해해봅시다.

그림 8.41 Arrays.copyOf

그림과 같이 Arrays.copyOf를 사용하면 두 번째 입력값으로 입력한 크기(8)의 새 배열을 생성해줍니다. 배열의 내용은 첫 번째 배열에서 복사해오며, 새 배열이 더 큰 경우 나머지 영역에는 빈 값이 들어가고 반대로 새 배열이 더 작은 경우에는 원래의 배열에서 새 배열의 크기만큼만 값이 복사됩니다. Arrays.copyOf(days, 3)과 같이 사용했다면 {월, 화, 수}와 같이 세 개의 요소를 가진 새 배열이 생기는 것이죠.

이 프로그램을 실행하면 "월", "화", "수", "목", "금", "토", "일", "일" 순으로 배열의 요소가 출력됩니다. 그다지 효율적인 방법은 아니지만 배열의 한계 때문에 어쩔 수가 없습니다. 후반에 등장할 컬렉션을 이용하면 훨씬 더 간단하게 코드를 작성할 수 있으니 천천히 배워보도록 합시다.

09 배열을 통으로 출력하기

지금까지는 배열의 모든 요소를 출력하기 위해 반복문을 사용했었습니다. 하지만 모든 요소를 출력할 때에는 조금 더 간단한 방법이 있습니다. 다음과 같이 Arrays.toString이라는 기능을 사용하면 모든 요소를 한 번에 출력할 수가 있습니다.

클래스명 : ArrayToString

```
1  import java.util.Arrays;
2
3  public class ArrayToString {
4
5      public static void main(String[] args) {
6          String[] days = {"월", "화", "수", "목", "금", "토", "일"};
7
8          System.out.println(days);
9          System.out.println(Arrays.toString(days));
10     }
11 }
```

```
Run: ArrayToString
[Ljava.lang.String;@77459877
[월, 화, 수, 목, 금, 토, 일]
```

그림 8.42 Arrays.toString을 통한 출력 비교

days라는 변수를 그냥 출력했을 때에는 "[Ljava.lang.String;@3cb5cdba"와 같은 이상한 값이 출력됩니다. 하지만 Arrays.toString(days)와 같이 출력했을 때에는 정상적으로 우리가 알아볼 수 있는 배열의 값들을 출력해주는 것을 확인할 수 있습니다.

10 2차원 배열

지금까지 예시로 사용했던 요일을 표현한 배열은 1차원 배열이라고 부릅니다. 같은 자료형의 값을 여러 개 표현할 수 있는 자료형이었죠. 2차원 배열은 1차원 배열을 여러 개 표현한 배열입니다. 같은 자료형의 값을 여러 개 표현한 자료형을 여러 개 표현한 것이죠. 말로는 어려우니 그림으로 살펴보도록 합시다.

월	화	수	목	금	토	일

1차원 배열

월	화	수	목	금	토	일
일	화	수	목	금	토	일
일	화	수	목	금	금	금

2차원 배열

그림 8.43 1차원 배열과 2차원 배열

그림에 나타나있듯 1차원 배열은 한 줄만을 표현할 수 있지만 2차원 배열은 여러 줄을 표현할 수 있습니다. 이 2차원 배열을 코드로 나타내는 방법은 다음과 같습니다.

클래스명 : TwoDimensionalArray

```
1      import java.util.Arrays;
2
3 ▶    public class TwoDimensionalArray {
4
5 ▶        public static void main(String[] args) {
6           ① String[][] days = {
7                  {"월", "화", "수", "목", "금", "토", "일"},
8                  {"일", "화", "수", "목", "금", "토", "일"},
9                  {"월", "화", "수", "목", "금", "금", "금"},
10             };
11
12             System.out.println(Arrays.toString(days[0])); ②
13             System.out.println(Arrays.toString(days[1]));
14             System.out.println(Arrays.toString(days[2]));
15
16             System.out.println(days[2][6]); ③
17         }
18     }
```

그림 8.44 2차원 배열의 선언과 인덱스 사용

① 2차원 배열의 타입은 String[][]처럼 대괄호 두 쌍을 사용해 표현합니다. 이 때 앞의 대괄호는 줄 번호(0부터 2까지)를 의미하고 뒤의 대괄호는 요일의 번호(0부터 6까지)를 의미합니다.

② 처럼 2차원 배열인 days의 0번째 요소(days[0])는 배열 안의 첫번째 배열입니다. 곧 days[0]의 내용물은 1에서 선언한 2차원 배열에서 첫 번째 줄의 정상적인 일주일을 의미합니다. 마찬가지로 days[1]은 우리가 간절히 바라는 월요일이 사라진 두 번째 줄의 일주일이고 days[2]는 세 번째 줄의 절망적인 일주일입니다.

③ days[2][6]과 같이 사용하면 2차원 배열 내부의 세 번째 일주일에서 여섯 번째 요소, 즉 "금"을 의미하게 됩니다.

이 코드를 실행하면 다음과 같은 출력을 확인할 수 있습니다.

```
[월, 화, 수, 목, 금, 토, 일]
[일, 화, 수, 목, 금, 토, 일]
[월, 화, 수, 목, 금, 금, 금]
금
```

그림 8.45 TwoDimensionalArray 코드 실행 결과

2차원 배열은 다소 수학적인 접근이 필요하기 때문에 처음에는 이해하기에 조금 어려울 수도 있습니다. 하지만 앞의 대괄호는 한줄 한줄에 대한 줄 번호를, 뒤의 대괄호는 한 줄 안에서 요소의 인덱스를 나타낸다는 것을 기억하면 금방 익숙해질 수 있을 것입니다.

LESSON 09 숫자 맞추기 게임 만들기

이번 절에서는 지금까지 배운 것들을 종합해 숫자 맞추기 게임을 만들어보도록 하겠습니다. 프로그램이 임의의 수를 결정하면 플레이어는 그 숫자를 추측해서 입력하고 프로그램은 플레이어가 입력한 숫자가 더 큰지 작은지 혹은 일치하는지 여부를 출력해주게 됩니다. 임의의 숫자의 범위는 0부터 255까지이고 기회는 총 8번이라고 정하도록 하겠습니다.

그림 8.46 숫자 맞추기 게임

01 난수 생성

게임을 진행하기 위해서는 임의의 숫자가 필요합니다. 프로그램이 이 임의의 숫자를 정하게 만들려면 난수를 생성하는 방법이 필요합니다. 자바에서는 다음과 같이 단 두 줄 만으로 임의의 숫자를 생성하도록 만들 수가 있습니다.

```
Random random = new Random();
int randomNumber = random.nextInt(256);
```

임의의 숫자 범위 ↓ (256)

그림 8.47 임의의 숫자를 생성하는 방법

임의의 숫자를 뽑기 위해서는 Scanner처럼 특별한 기능을 제공하는 Random이라는 타입의 변수를 먼저 생성해야 합니다. Random 이 제공하는 nextInt라는 기능을 이용하면 랜덤한 숫자를 되돌려줍니다.

nextInt(256)의 의미는 0부터 256 미만까지, 즉 0부터 255까지의 숫자 중 하나를 랜덤하게 뽑는다는 것을 의미합니다. 이해를 돕기 위해 이 코드를 실제 예제 프로그램으로 만들어 실행해봅시다.

클래스명 : RandomInteger

```
1  import java.util.Random;
2
3  public class RandomInteger {
4
5      public static void main(String[] args) {
6          Random random = new Random();
7          int randomNumber = random.nextInt(256);
8          System.out.println(randomNumber);
9      }
10 }
```

그림 8.48 임의의 숫자를 출력하는 코드

예제 프로그램을 실행시켜보면 실행시마다 0부터 255까지 중 임의의 숫자가 출력되는 것을 확인할 수 있습니다.

02 지연 시간 추가하기

게임을 만든다면 플레이어와 게임 시스템 간의 상호작용 사이에 약간의 지연 시간을 추가하는 것이 조금 더 그럴듯한 느낌을 주는 데에 도움이 될 수 있습니다. 이번에는 인공지능 같은 느낌으로 잠시 생각하는 듯한 지연 시간을 추가해보도록 하겠습니다. 지연 시간을 추가하는 코드는 다음과 같습니다.

그림 8.49 지연 시간을 추가하는 코드

Thread.sleep 메소드를 사용하면 프로그램 실행 중간에 지연 시간을 추가할 수 있습니다. 매개변수로 사용되는 숫자는 1/1000초 단위의 시간을 의미합니다. 1000을 입력하면 1초를 쉬게 되는 것이죠. 다음 코드를 실행시켜봅시다.

클래스명 : ThreadSleep

```
1  public class ThreadSleep {
2
3      public static void main(String[] args) {
4          System.out.println("지금 무슨 생각을 하고있는지 맞춰볼게요.");
5
6          try {
7  ①          Thread.sleep(3000);
8          } catch (InterruptedException e) {
9              System.out.println("Thread.sleep 실패.");
10         }
11
12         System.out.println("치킨!");
13     }
14 }
```

그림 8.50 문자열을 출력하는 중간에 잠시 침묵을 추가

① 3초간의 정적을 추가했습니다. Thread.sleep 메소드를 호출할 때에는 try-catch 구문으로 예외 처리를 해 주어야 합니다.

이 코드를 실행하면 무슨 생각을 하는지 맞춰보겠다는 문장을 출력한 뒤 3초 후에 "치킨!"이라는 문자열을 출력하게 됩니다. 이러한 기법들은 사용자와 상호작용을 할 때에 시스템이 무언가를 처리하고 있다는 느낌을 주는 데에 유용합니다. 앞의 예제 같은 경우는 사용자의 생각을 짐작해보기 위해 프로그램이 잠시 생각하는 느낌을 주는 것이 되겠죠.

03 숫자 맞추기 게임

이제 난수를 생성하는 방법을 알게 되었으니 게임을 만들어봅시다. 게임의 룰은 아주 간단합니다. 앞에서 설명한 게임 룰을 순차적으로 나열하면 다음과 같이 표현할 수 있습니다.

- 임의의 숫자를 생성한다.
- 다음 과정을 8회 반복한다.
  - 플레이어로부터 숫자를 입력받는다.
  - 입력받은 숫자가 임의의 숫자와 일치한다면 축하 메시지를 출력하고 반복문을 탈출한다.
  - 입력받은 숫자가 임의의 숫자보다 작다면 작다는 메시지를 출력해준다.
  - 입력받은 숫자가 임의의 숫자보다 크다면 크다는 메시지를 출력해준다.
- 숫자를 맞추거나 반복문이 끝난 후에는 게임을 종료한다는 메시지와 함께 프로그램이 종료된다.

어때요? 참 쉽죠? 그러면 이를 그대로 자바 코드로 옮겨봅시다. 다음은 주석이 포함된 소스코드입니다.

클래스명 : UpAndDownGame

```
import java.util.Random;
import java.util.Scanner;

public class UpAndDownGame {

    public static void main(String[] args) {
        System.out.println("지금부터 0-255 사이에서 숫자를 하나 뽑겠습니다.");
        System.out.println("여러분은 제가 뽑은 숫자를 맞춰야합니다.");

        // 0~256 사이의 숫자 중 임의의 숫자 하나를 선택합니다.
        Random random = new Random();
        int randomNumber = random.nextInt(256);

        // 플레이어로부터 숫자 입력을 받기 위한 Scanner를 생성합니다.
        Scanner scanner = new Scanner(System.in);

        // 중괄호 블록 안의 코드를 8회 반복합니다.
        for (int i = 0; i < 8; i = i + 1) {
            // 플레이어에게 알려주기 위해 현재 남은 시도 횟수를 출력합니다.
            // i는 0부터 7까지 증가하기 때문에 8 - i로
            // 현재 남은 횟수를 알아낼 수 있습니다.
            System.out.println(8 - i + "번의 기회가 있습니다.");

            // 플레이어로부터 숫자를 입력받습니다.
            // 코드를 단순하게 만들어 이해를 돕기 위해 예외 처리는 하지 않았습니다.
            System.out.println("추측한 숫자를 입력하세요.");
            String input = scanner.nextLine();
            int guess = Integer.parseInt(input);

            if (randomNumber == guess) {
                // 만일 임의의 숫자와 플레이어가 입력한 숫자가 일치한다면
                // 축하 메시지를 출력한 후 반복문을 탈출합니다.

```

```
                System.out.println("짝짝짝. 정답입니다.");
                break;
            }

            else if (randomNumber < guess) {
                // 만일 임의의 숫자가 플레이어가 입력한 숫자보다 작다면
                // 작다는 메시지를 출력합니다.
                System.out.println("제가 생각한 숫자가 더 작습니다.");
            } else {
                // 만일 임의의 숫자가 플레이어가 입력한 숫자보다 크다면
                // 크다는 메시지를 출력합니다.
                System.out.println("제가 생각한 숫자가 더 큽니다.");
            }

            // i가 7까지 왔다면 더이상 기회가 없으므로 게임에서 지게 됩니다.
            if (i == 7) {
                System.out.println("더이상 기회가 남지 않았습니다.");
            }
        }

        // 게임 종료 메시지를 출력합니다.
        System.out.println("게임을 종료합니다.");
    }
}
```

주석때문에 소스코드가 길어보이지만 차근차근 읽어본다면 앞에서 순서대로 나열했던 내용을 그대로 옮겼다는 것을 알 수가 있습니다. 다음은 직접 플레이해본 게임 내용입니다.

```
지금부터 0-255 사이에서 숫자를 하나 뽑겠습니다.
여러분은 제가 뽑은 숫자를 맞춰야합니다.
8번의 기회가 있습니다.
추측한 숫자를 입력하세요.
127
제가 생각한 숫자가 더 큽니다.
7번의 기회가 있습니다.
추측한 숫자를 입력하세요.
191
제가 생각한 숫자가 더 작습니다.
6번의 기회가 있습니다.
추측한 숫자를 입력하세요.
159
제가 생각한 숫자가 더 큽니다.
5번의 기회가 있습니다.
추측한 숫자를 입력하세요.
175
제가 생각한 숫자가 더 큽니다.
4번의 기회가 있습니다.
추측한 숫자를 입력하세요.
183
제가 생각한 숫자가 더 큽니다.
3번의 기회가 있습니다.
추측한 숫자를 입력하세요.
187
짝짝짝. 정답입니다.
게임을 종료합니다.
```

그림 8.51 숫자 맞추기 게임 플레이

1. 배열 {10, 20, 30, 40, 50}을 선언하고 이 배열에 담긴 모든 수를 더한 값을 출력하는 프로그램을 만들어보세요.

   - 클래스명: ArraySum

2. 다음 표를 기준으로 과목과 점수를 배열로 선언하고 과목명을 입력받아 해당 과목의 점수를 출력해주는 프로그램을 만들어보세요.

   - 클래스명: Scores

국어	영어	수학	과학
90	75	30	40

그림 8.52 점수표

1. ArraySum

```
1  public class ArraySum {
2
3      public static void main(String[] args) {
4          int[] arr = {10, 20, 30, 40, 50};
5          int sum = 0;
6
7          for (int i : arr) {
8              sum = sum + i;
9          }
10
11         System.out.println("배열의 총 합: " + sum);
12     }
13 }
```

```
배열의 총 합: 150
```

그림 8.53 배열의 총 합을 출력해주는 프로그램 예시

2. Scores

```
1  import java.util.Scanner;
2
3  public class Scores {
4
5      public static void main(String[] args) {
6          String[] subjects = {"국어", "영어", "수학", "과학"};
7          int[] scores = {90, 75, 30, 40};
8
9          Scanner scanner = new Scanner(System.in);
10         System.out.println("점수를 알고싶은 과목명을 입력하세요.");
11
12         String inputSubject = scanner.nextLine();
13
14         for (int i = 0; i < subjects.length; i = i + 1) {
15             String subject = subjects[i];
16
17             if (subject.equals(inputSubject)) {
18                 System.out.println(
19                     inputSubject + " 점수는 " + scores[i] + "점입니다."
20                 );
21             }
22         }
23     }
24 }
```

```
점수를 알고싶은 과목명을 입력하세요.
수학
수학 점수는 30점입니다.
```

그림 8.54 특정 과목을 입력받아 해당 과목의 점수를 출력해주는 프로그램

PART 09

파일 읽고 쓰기

우리는 지금까지 사용자가 키보드로부터 입력을 하도록 프로그램을 작성했었고 출력 또한 모니터 화면에 문자열을 출력하도록 프로그램을 작성해왔습니다. 하지만 이들은 입력과 출력 방법의 하나일 뿐이고 자바에는 다양한 입출력 방법이 존재합니다. 이번 장에서는 이들 중 표준 입출력을 제외하고 가장 기본이 되는 파일 입출력에 대해 알아보도록 하겠습니다.

목차

학습 목표

- 텍스트 파일을 읽어 내용을 출력할 수 있습니다.
- 텍스트 파일로 문자열을 저장할 수 있습니다.
- 사용자가 입력한 내용을 파일로 저장할 수 있습니다.
- 초간단 메모장 프로그램을 만들 수 있습니다.

주요 용어

- 텍스트 파일 : 메모장 등을 통해 생성할 수 있는 문자열이 저장된 파일
- FileInputStream : 파일의 내용을 읽을 때 사용되는 읽기 도구
- FileWriter : 파일에 쉽게 값을 저장하기 위해 사용되는 쓰기 도구
- System.exit() : 프로그램을 강제로 종료하기 위한 명령

학습 시간

120분

https://bit.ly/2VP2WU6

텍스트 파일의 내용 출력하기

여러분들 대부분은 한글이나 워드와 같은 문서 작성 프로그램을 사용해 문서를 작성하고 저장한 경험이 있을 것입니다. 이렇게 저장된 파일은 다시 열어서 편집하거나 볼 수가 있죠. 혹은 저장된 파일만 복사한다면 다른 컴퓨터에서도 내가 작성한 문서를 열어볼 수가 있습니다. 이 때 필요한 기능이 파일을 읽어 내용을 보여주는 기능입니다.

텍스트 파일이란 우리가 읽을 수 있는 문자들로 저장된 파일을 의미합니다. 앞서 언급했던 한글이나 워드 등의 문서 작성 프로그램들은 그냥 텍스트파일보다는 더 복잡한 형식을 가진 파일을 저장하고 읽어들입니다. 우리가 흔히 접할 수 있는 메모장의 경우가 텍스트파일을 저장하고 읽는 대표적인 문서 작성 프로그램이죠. 여기에서는 메모장과 비슷하게 텍스트 파일을 읽어서 출력해줄 수 있는 프로그램을 작성해보도록 하겠습니다.

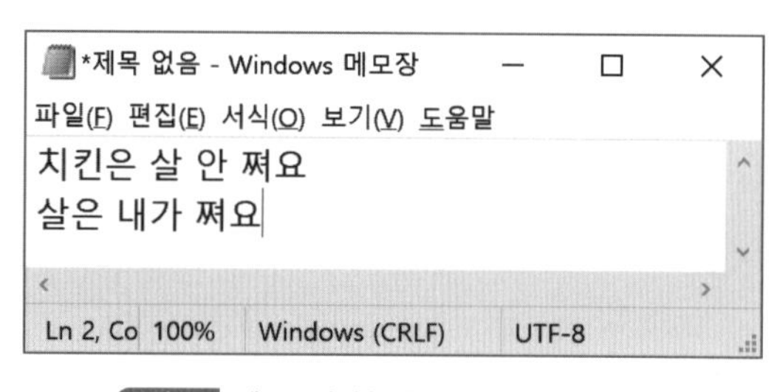

그림 9.1 텍스트 파일을 읽고 쓰는 메모장 프로그램

텍스트 파일을 읽기 위해서는 당연히 먼저 텍스트 파일을 하나 생성해야 합니다. 다음 절차를 따라 텍스트 파일을 생성해봅시다.

먼저 프로젝트 윈도우에서 src 폴더에 마우스 오른쪽 버튼을 클릭하고 New 〉 File 순으로 클릭합니다.

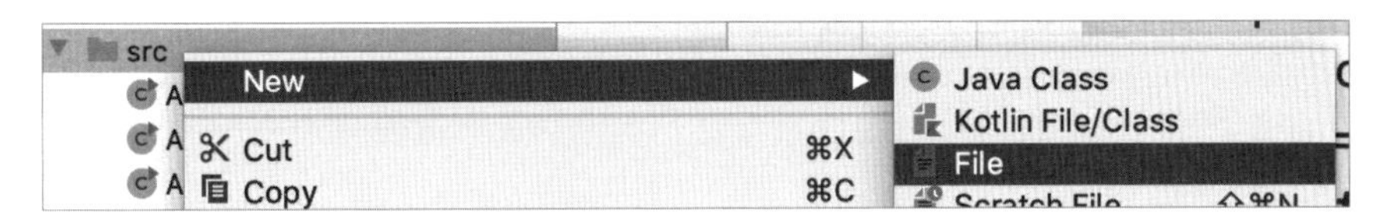

그림 9.2 src 폴더에 새 파일 생성

"New File"이라는 제목의 팝업이 나타나면 파일 이름을 "chicken.txt"로 입력하고 엔터키를 누릅니다.

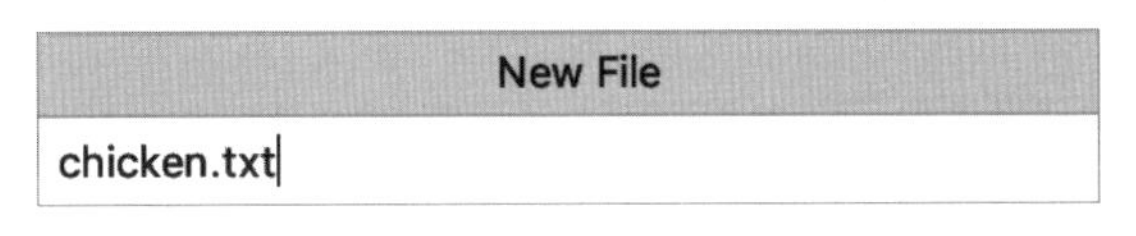

그림 9.3 새 파일명에 chicken.txt 입력 후 엔터

이제 프로젝트 윈도우에 생성된 파일이 나타나고 오른쪽 에디터에는 chicken.txt 파일이 열려 편집할 준비가 되어 있습니다.

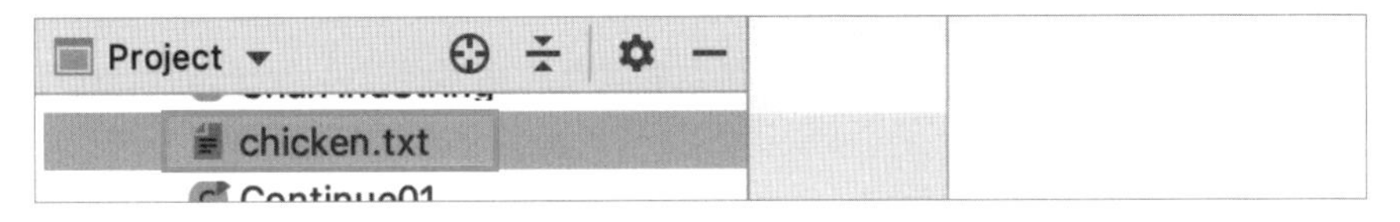

그림 9.4 새 텍스트 파일을 생성한 후 모습

이제 에디터 영역으로 이동해 다음과 같이 문장을 한 줄 입력합니다.

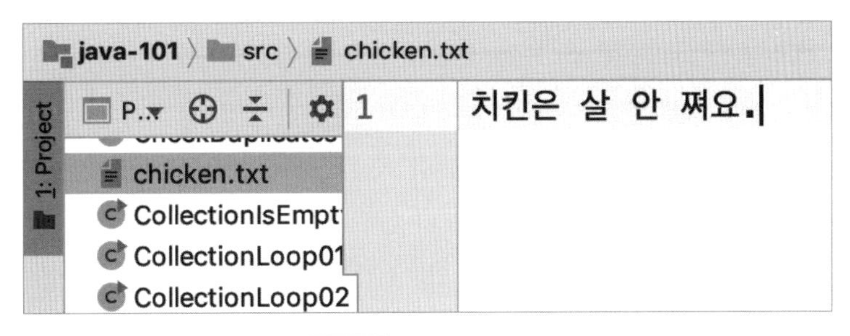

그림 9.5 진리의 문장을 입력

이제 이 파일을 읽어들여 출력해주는 코드를 작성해봅시다. 파일을 읽는 방법에도 여러가지가 있지만 우리는 FileInputStream과 앞서 배웠던 Scanner를 사용해 파일의 내용을 읽어들일 것입니다. 다음 절차를 천천히 따라해보세요.

먼저 FileInput01 클래스를 생성합니다. 여기에서는 파일을 읽어들이기 위해 FileInputStream 타입의 변수를 사용할 것입니다. 코드 영역에 FileInputStream을 입력하면 다음과 같이 코드 자동 완성을 위한 추천 팝업이 나타나는 것을 확인할 수 있습니다.

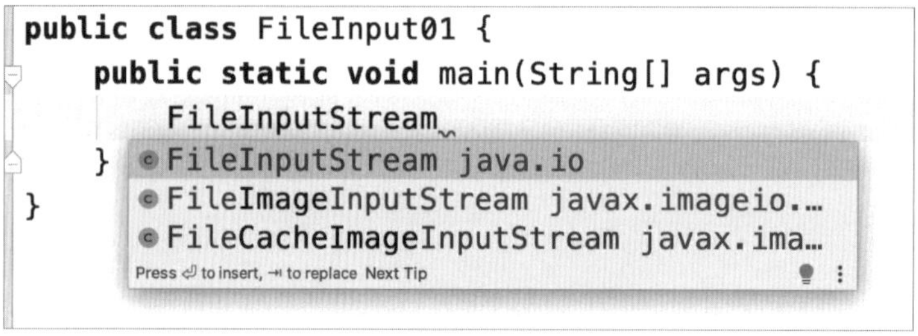

```
public class FileInput01 {
    public static void main(String[] args) {
        FileInputStream
    }  FileInputStream java.io
}      FileImageInputStream javax.imageio....
       FileCacheImageInputStream javax.ima...
       Press ⏎ to insert, ⇥ to replace Next Tip
```

그림 9.6 FileInputStream을 입력하면 나타나는 자동 완성 팝업

가장 위에 있는 FileInputStream이 선택된 채로 엔터키를 입력하거나 이를 더블클릭하면 다음과 같이 FileInputStream의 import 구문을 포함한 일부 코드가 완성됩니다.

```
1  import java.io.FileInputStream;
2
3  public class FileInput01 {
4      public static void main(String[] args) {
5          FileInputStream
6      }
7  }
```

그림 9.7 자동완성을 통해 FileInputStream이 import된 모습

FileInputStream 타입을 사용할 준비가 되었으니 파일을 여는 코드를 작성해봅시다. 먼저 FileInputStream 타입의 inputStream 변수를 선언하고 새 FileInputStream 타입의 값을 만들어 대입해줍니다. FileInputStream 타입의 값을 생성할 때에는 경로를 포함한 파일명을 입력

하면 해당하는 파일을 읽어들이게 됩니다. chicken.txt 파일은 src 폴더 아래에 만들었으므로 "src/chicken.txt"를 입력해줍니다.

```
1       import java.io.FileInputStream;
2
3 ▶     public class FileInput01 {
4 ▶         public static void main(String[] args) {
5               FileInputStream inputStream = new FileInputStream("src/chicken.txt");
6           }
7       }
```

그림 9.8 FileInputStream 타입의 변수 생성시 나타나는 빨간 밑줄

그런데 이렇게 변수를 만들고 나면 그림 9.8에서처럼 빨간 밑줄이 하나 생기는 것을 확인할 수가 있습니다. 빨간 밑줄이 간 코드 위에 마우스 커서를 가져다 대면 잠시 후 다음과 같은 안내 팝업이 나타납니다.

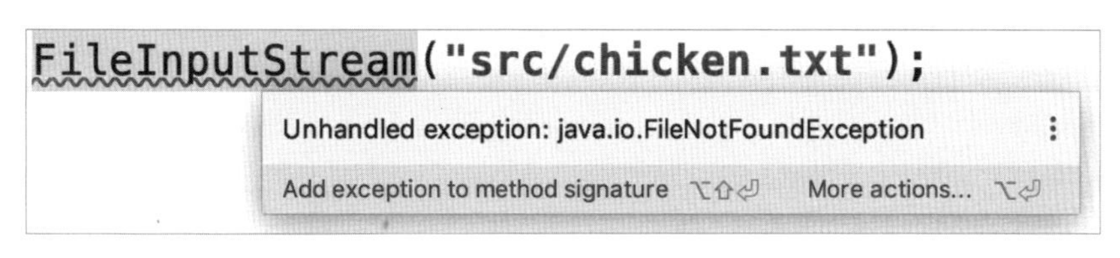

그림 9.9 인텔리제이에서 코드 상의 오류를 알려주는 팝업

팝업이 우리에게 말하고 있는 것은 FileNotFoundException이라는 예외를 처리하지 않아서 발생하는 경고 메시지입니다. 기존에는 예외가 발생할 수 있는 코드에서도 이런 현상이 나타나지 않았는데 왜 이러는 걸까요?

자바에서는 예외를 발생시키는 코드에 크게 두가지 종류가 있습니다. 자바에 의해 예외 처리가 강요되는 예외와 그렇지 않은 예외입니다. FileInputStream 타입의 값을 생성할 때에 발생하는 예외는 예외 처리가 강요되는 종류의 것입니다. src라는 폴더에 chicken.txt라는 파일이 존재하지 않을 가능성이 있으니 이에 대응할 수 있도록 명시적으로 알려주는 것이죠.

이제 예외 처리를 해야 한다는 것을 알았으니 이를 위해 다음과 같이 변수 선언과 값을 대입하는 코드를 분리해 try-catch문으로 예외 처리를 해봅시다.

```
1      import java.io.FileInputStream;
2      import java.io.FileNotFoundException;
3      import java.util.Scanner;
4
5 ▶    public class FileInput01 {
6 ▶        public static void main(String[] args) {
7            ① FileInputStream inputStream = null;
8              try {
9                ② inputStream = new FileInputStream("src/chicken.txt");
10           ③ } catch (FileNotFoundException e) {
11                 System.out.println("파일이 존재하지 않습니다."); ④
12                 System.exit(10); ⑤
13             }
14
15           ⑥ Scanner scanner = new Scanner(inputStream);
16           ⑦ String line = scanner.nextLine();
17           ⑧ System.out.println(line);
18             String line2 = scanner.nextLine();
19         }
20     }
```

그림 9.10 FileInputStream 타입의 값을 사용하는 경우 예외 처리

① FileInputStream 타입의 변수를 선언하고 null을 대입하고 있습니다. null은 아무 값도 없음을 뜻하는 것입니다.

② try 블록 안에서 FileInputStream 타입의 값을 생성해 1에서 선언한 inputStream 변수에 대입해줍니다.

③ FileInputStream을 생성할 때 발생하는 예외는 FileNotFoundException이었으므로 catch문의 괄호 안에 FileNotFoundException 타입의 예외를 선언해줍니다. FileNotFoundException을 입력했을 때 팝업으로 표시되는 자동완성 기능을 이용해 2번째 줄의 import 구문까지 편하게 작성할 수 있습니다.

④ 파일이 없을 때에는 "파일이 존재하지 않습니다."라는 오류 메시지를 출력합니다.

⑤ System.exit(10)은 프로그램을 종료시키는 코드인데 괄호 안의 숫자는 우리가 정의하는 오류 번호입니다. 오류 번호의 의미를 미리 정의해두면 우리는 10번으로 종료가 되었을 때에 파일이 없다는 것을 인지할 수 있습니다.

⑥ Scanner를 생성하면서 입력 소스로는 앞에서 만든 FileInputStream 타입의 변수 inputStream을 입력합니다.

⑦ 이제 Scanner의 nextLine을 이용해 파일의 내용을 한 줄씩 읽어올 수 있습니다.

⑧ 파일로부터 읽어온 문자열 한 줄을 출력합니다.

다음은 이 프로그램을 실행한 결과입니다.

```
치킨은 살 안 쪄요.

Process finished with exit code 0
```

그림 9.11 FileInput01 클래스의 실행 결과

파일명을 이리저리 바꿔가며 프로그램을 실행시켜보면 파일이 없는 경우 다음과 같이 오류 메시지를 출력하고 10번 코드로 종료되는 것을 확인할 수가 있습니다.

```
파일이 존재하지 않습니다.

Process finished with exit code 10
```

그림 9.12 파일이 존재하지 않을 경우 출력과 종료 코드

이제 우리는 텍스트 파일을 읽어 내용을 출력하는 방법을 알게 되었습니다. 그런데 우리가 만들었던 chicken.txt 파일은 내용이 한 줄뿐이었습니다. 이렇게 내용이 한 줄뿐인 파일을 열어 Scanner의 nextLine()을 두 번 이상 호출하게 되면 오류가 발생하게 됩니다.

```
Exception in thread "main" java.util.NoSuchElementException:
 No line found
    at java.base/java.util.Scanner.nextLine(Scanner.java:1651)
    at FileInput01.main(FileInput01.java:18)
치킨은 살 안 쪄요.

Process finished with exit code 1
```

그림 9.13 내용이 한줄뿐인 파일에 nextLine을 두번 이상 호출한 경우

오류메시지를 잘 살펴보면 "No line found"라는 문구가 보입니다. 그러면 여러 줄을 출력할 때 어떻게 하면 파일의 끝을 판단해 읽기 및 출력을 종료하는 코드를 작성할 수 있을까요? 다음 절에서는 여러 줄의 내용을 출력할 때 필요한 처리에 대해 살펴보도록 하겠습니다.

LESSON 02 여러 줄로 된 텍스트 파일의 내용 출력하기

앞 절에서는 FileInputStream을 통해 파일을 열고 이를 Scanner의 입력 소스로 사용하면 파일의 내용을 읽어올 수 있다는 것을 알았습니다. 이번 절에서는 여러 줄의 내용으로 이루어진 파일의 내용을 그 끝까지 읽어서 출력하는 방법과 이 때 발생할 수 있는 오류를 방지하는 방법에 대해 알아보도록 하겠습니다. 먼저 여러 줄로 이루어진 텍스트파일을 하나 생성합니다. 여기에서는 acronym.txt라는 파일명으로 3행시를 적어보도록 하겠습니다.

파일명 : acronym.txt

```
1  소: 소방차가 불난 집 불을 끈다.
2  나: 나는 신나게 구경을 했다.
3  기: 기절했다. 우리 집이었다.
```

그림 9.14 삼행시(acronym.txt)

이제 배웠던 것들을 기반으로 이 세 줄을 출력하는 프로그램을 작성해봅시다.

클래스명 : FileInput02

```
import java.io.FileInputStream;
import java.io.FileNotFoundException;
import java.util.Scanner;

public class FileInput02 {
    public static void main(String[] args) {
        FileInputStream inputStream = null;
        try {
            inputStream = new FileInputStream("src/acronym.txt");
        } catch (FileNotFoundException e) {
            System.out.println("파일이 존재하지 않습니다.");
            System.exit(10);
        }

        Scanner scanner = new Scanner(inputStream);
        String line = scanner.nextLine();
        System.out.println(line);
        line = scanner.nextLine();
        System.out.println(line);
        line = scanner.nextLine();
        System.out.println(line);
    }
}
```

그림 9.15 파일의 내용을 세 줄 읽어서 출력하는 프로그램

앞 절에서 작성했던 예제 코드와 거의 동일하지만 16줄부터 nextLine()을 세 번 반복해서 사용해 총 세 줄을 읽어 표준 출력을 통해 출력한 것을 확인했습니다. 이제 이 코드를 실행해 결과를 확인해봅시다. 출력은 다음과 같습니다.

```
소: 소방차가 불난 집 불을 끈다.
나: 나는 신나게 구경을 했다.
기: 기절했다. 우리 집이었다.

Process finished with exit code 0
```

그림 9.16 FileInput02의 실행 결과

이 프로그램은 우리가 원하던 결과를 출력하는 것처럼 보이지만 큰 결점이 존재합니다. 만일 3행시가 아니라 다음과 같은 5행시를 담고 있는 파일이라면 어떻게 될까요?

파일명 : acronym5.txt

```
1  크: 크림을 올린 치즈 케이크
2  리: 리조또와 그라탕
3  스: 스테이크와 스파게티
4  마: 마늘간장소스에 버무린 치킨
5  스: 스리슬쩍 다 먹으면 살 쪄
```

그림 9.17 5행시(acronym5.txt)

이 내용을 전부 출력하려면 nextLine()을 다섯번 적어야 할 겁니다. 하지만 우리가 배웠던 반복문을 이용하면 코드를 줄일 수 있을 것입니다. 그런데 파일이 언제 끝나는지는 어떻게 알 수 있을까요? 다음 예제 코드를 통해 파일의 끝까지 출력하는 방법을 알아봅시다.

클래스명 : FileInput03

```
1   import java.io.FileInputStream;
2   import java.io.FileNotFoundException;
3   import java.util.Scanner;
4
5   public class FileInput03 {
6       public static void main(String[] args) {
7           FileInputStream inputStream = null;
8           try {
9               inputStream = new FileInputStream("src/acronym5.txt");
10          } catch (FileNotFoundException e) {
11              System.out.println("파일이 존재하지 않습니다.");
12              System.exit(10);
13          }
14
15          Scanner scanner = new Scanner(inputStream);
16        ① while (scanner.hasNextLine()) {
17              String line = scanner.nextLine();
18            ② System.out.println(line);
19          }
20      }
21  }
```

그림 9.18 텍스트 파일의 끝까지 읽어서 출력하는 프로그램

① while문의 반복 조건으로 Scanner의 hasNextLine을 사용합니다. hasNextLine은 입력 소스에 다음 줄이 존재한다면 true를 되돌려주는 기능입니다. 그리고 while문은 조건이 true인 동안에 뒤따르는 중괄호 안의 코드를 반복해서 실행해주죠.

② while문의 내용으로, Scanner의 nextLine()을 이용해 파일의 내용을 한 줄씩 읽어 표준 출력으로 내보내주는 코드입니다.

예제 코드처럼, 파일의 끝까지 출력하려면 while문의 조건으로 Scanner의 hasNextLine을 사용해 반복 작업을 줄일 수 있습니다. 이 프로그램을 실행하면 앞서 의도했던 대로 5행시 파일을 읽어 파일의 내용을 끝까지 출력하는 것을 확인할 수 있습니다.

```
크: 크림을 올린 치즈 케이크
리: 리조또와 그라탕
스: 스테이크와 스파게티
마: 마늘간장소스에 버무린 치킨
스: 스리슬쩍 다 먹으면 살 쪄

Process finished with exit code 0
```

그림 9.19 5행시 파일(acronym5.txt)을 읽어 출력한 결과

지금까지 텍스트 파일의 내용을 출력하는 방법에 대해 알아보았습니다. 다음 절부터는 문자열을 파일로 저장하는 방법에 대해 알아보도록 하겠습니다.

LESSON 03 텍스트 파일로 저장하기

앞 절에서 우리는 메모장과 같은 프로그램으로 작성한 텍스트 파일을 읽어서 그 내용을 출력해 주는 프로그램을 작성해보았습니다. 이번에는 메모장과 비슷한 기능을 수행하기 위해 원하는 문자열을 파일로 저장하는 방법에 대해 알아보도록 하겠습니다. 먼저 내용이 없는 새로운 파일을 생성하는 다음 코드를 살펴보도록 합시다.

클래스명 : FileOutput01

```
1       import java.io.FileWriter;
2       import java.io.IOException;
3
4 ▶     public class FileOutput01 {
5 ▶         public static void main(String[] args) {
6               try {
7               ① FileWriter writer = new FileWriter("src/output01.txt");
8               ② writer.close();
9               } catch (IOException e) {
10                  System.out.println("파일 생성에 실패했습니다.");
11                  System.exit(11);
12              }
13          }
14      }
```

그림 9.20 특정 파일명으로 빈 파일을 생성하는 프로그램

① 파일을 쓰는 데에도 여러 방법이 존재하지만 여기에서는 FileWriter라는 타입을 선언하고 이 타입의 값을 만들어 대입했습니다. FileWriter를 생성할 때에는 괄호 안에 경로를 포함한 파일명을 입력할 수 있습니다. FileWriter를 생성하는 데에도 예외 처리가 강제되기 때문에 try-catch로 감싸고 catch 구문에는 처리를 원하는 예외 타입인 IOException 타입을 선언했습니다.

② FileWriter에는 close()라는 기능이 있는데 이 기능은 쓰기 위해 열어두었던 파일을 닫는 역할을 합니다. 자바에서는 파일을 열고 다 사용한 후에는 꼭 닫아주어야 예상하지 못한 오류를 방지할 수 있습니다.

이 예제 프로그램을 실행하면 아무 일도 일어나지 않는 것처럼 보이지만 src 폴더 안에 output01.txt 파일이 생성된 것을 확인할 수 있습니다.

다음은 이 파일에 문자열을 한줄 적어 저장해보도록 하겠습니다.

클래스명 : FileOutput02

```
1    import java.io.FileWriter;
2    import java.io.IOException;
3
4    public class FileOutput02 {
5        public static void main(String[] args) {
6            try {
7                FileWriter writer = new FileWriter("src/output01.txt");
8              ① writer.write("치킨은 살 안 쪄요.");
9                writer.close();
10           } catch (IOException e) {
11               System.out.println("파일 생성에 실패했습니다.");
12               System.exit(11);
13           }
14       }
15   }
```

그림 9.21 텍스트 파일에 문자열을 쓰는 프로그램

① FileWriter의 write()라는 기능을 사용해 src 폴더 안의 output01.txt 파일에 한 줄을 썼습니다. FileWrite의 write()를 사용할 때에는 괄호 안에 쓰고 싶은 문장을 입력하면 됩니다.

이 프로그램을 실행시키면 src 폴더 안에 생성된 output01.txt 파일이 생성되고 파일 안에는다음과 같이 "치킨은 살 안 쪄요."라는 문장이 저장된 것을 확인할 수 있습니다.

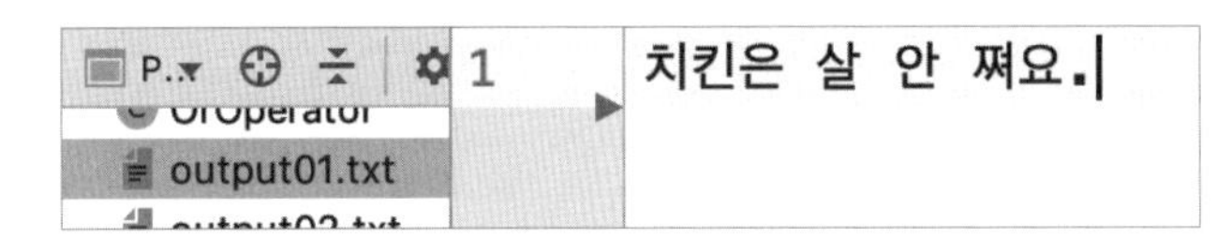

그림 9.22 프로그램 FileOutput02을 실행시켜 생성된 파일의 내용

앞의 예제에서는 문장을 한 줄만 썼지만 대부분의 경우 여러 줄을 쓰고 싶을 겁니다. 이제 생성했던 output01.txt 파일에 두 줄을 더 쓰기 위해 write()를 두 번 호출해봅시다.

클래스명 : FileOutput03

```
1       import java.io.FileWriter;
2       import java.io.IOException;
3
4 ▶     public class FileOutput03 {
5 ▶         public static void main(String[] args) {
6               try {
7                   FileWriter writer = new FileWriter("src/output01.txt");
8                   writer.write("치킨은 살 안 쪄요.");
9            ①      writer.write("살은 내가 쪄요.");
10                  writer.close();
11              } catch (IOException e) {
12                  System.out.println("파일 생성에 실패했습니다.");
13                  System.exit(11);
14              }
15          }
16      }
```

그림 9.23 FileOutput03 클래스

① output01.txt 파일에 두 줄을 쓰기 위해 FileWriter의 writer()를 두 번 호출했습니다.

이제 이 프로그램을 실행한 후 output01.txt 파일을 열어보면 다음과 같은 문자열이 저장된 것을 확인할 수 있습니다.

```
1    치킨은 살 안 쪄요.살은 내가 쪄요.
```

그림 9.24 한줄에 전부 출력된 문자열

우리의 기대와는 다르게 문자열이 한 줄로 써져 있습니다. FileWriter의 write() 기능은 줄바꿈을 위해서 앞에서 배웠던 줄바꿈 문자(\n)가 필요합니다. FileOutput03을 수정해 첫 번째 문장 뒤에 줄바꿈 문자를 넣어 두 줄로 출력되도록 바꿔봅시다.

클래스명 : FileOutput03 (수정 후)

```
1   import java.io.FileWriter;
2   import java.io.IOException;
3
4   public class FileOutput03 {
5       public static void main(String[] args) {
6           try {
7               FileWriter writer = new FileWriter("src/output01.txt");
8               writer.write("치킨은 살 안 쪄요.\n");
9               writer.write("살은 내가 쪄요.");
10              writer.close();
11          } catch (IOException e) {
12              System.out.println("파일 생성에 실패했습니다.");
13              System.exit(11);
14          }
15      }
16  }
```

그림 9.25 완성된 FileOutput03

프로그램을 실행해서 의도한데로 파일이 생성되었는지 확인해봅시다.

파일명 : output01.txt

```
1  치킨은 살 안 쪄요.
2  살은 내가 쪄요.
```

그림 9.26 최종적으로 FileOutput03의 실행 결과 생성된 파일의 내용

벌써 눈치를 챘을지도 모르지만 여기에는 눈여겨볼 점이 하나 있습니다. 프로그램을 실행할 때마다 파일이 새로 써진다는 사실입니다. 기본적으로 FileWriter를 사용해 파일에 내용을 쓸 때에는 매번 파일을 새 파일로 덮어 쓰는 것입니다. 우리는 이를 위해 FileWriter를 생성할 때 두 번째 인자로 파일의 끝에 내용을 추가할지 덮어쓸지를 결정하는 boolean 값을 입력할 수 있습니다.

클래스명 : FileOutput04

```
1      import java.io.FileWriter;
2      import java.io.IOException;
3
4 ▶    public class FileOutput04 {
5 ▶        public static void main(String[] args) {
6              try {
7                  FileWriter writer =
8                      new FileWriter("src/output02.txt", true); ①
9                  writer.write("치킨은 살 안 쪄요.\n");
10                 writer.close();
11             } catch (IOException e) {
12                 System.out.println("파일 생성에 실패했습니다.");
13                 System.exit(11);
14             }
15         }
16     }
```

그림 9.27 파일의 끝에 내용을 추가하기 위한 FileWriter의 사용 예

① FileWriter를 생성할 때에 파일명 뒤에 두 번째 인자로 내용을 추가적으로 쓰겠다는 의미의 true를 입력해 줍니다.

이제 이 프로그램을 여러번 실행하면 "치킨은 살 안 쪄요."라는 문장이 실행한 횟수만큼 여러 줄에 걸쳐 쓰여진 것을 확인할 수 있습니다. 다음은 프로그램을 세 번 실행한 후 저장된 output02.txt 파일의 내용입니다.

파일명 : output02.txt

```
1    치킨은 살 안 쪄요.
2    치킨은 살 안 쪄요.
3    치킨은 살 안 쪄요.
4
```

그림 9.28 FileOutput04 프로그램을 세 번 실행해 저장된 파일(output02.txt)

이제 파일을 읽고 쓸 수 있습니다. 지금까지 배운 것들을 응용하면 메모장과 같은 기능을 하는 프로그램을 작성할 수 있을 것입니다. 다음 절에서는 표준 입력으로부터 입력받은 내용을 파일에 쓰는 방법에 대해 알아보도록 하겠습니다.

키보드 입력을 텍스트파일로 저장하기

콘솔과 키보드를 통한 표준 입출력을 통해 문자열을 입력받고 표준 출력을 통해 출력하는 방법을 이미 알고 있습니다. 지금까지 배운 방법들을 조합하면 키보드 입력을 텍스트 파일로 저장하는 것은 스스로도 할 수 있습니다. 그렇기 때문에 호기심이 많다면 이번 절을 따라 하기 전에 스스로 프로그램을 작성해보는 것도 좋은 방법이 될 것입니다.

앞서 배웠던 FileWriter를 사용해 연 파일에 문자열을 쓰는 방법은 다음과 같이 write()라는 기능을 사용하는 것이었습니다.

```
FileWriter writer = new FileWriter("경로 포함한 파일명");
writer.write("쓰고싶은 문자열");
```

그림 9.29 FileWriter를 사용해 문자열을 쓰는 코드 예시

괄호 안에 따옴표로 감싼 문자열을 넣는다는 것은 곧 String 타입의 변수를 넣는 것과 동일합니다. 이 점에 착안하면 Scanner를 이용해 표준 입출력을 통해 입력받은 문자열을 파일에 쓸 수 있습니다. 다음 예제 코드를 읽고 실행해봅시다.

클래스명 : FileOutput05

```
1      import java.io.FileWriter;
2      import java.io.IOException;
3      import java.util.Scanner;
4
5 ▶    public class FileOutput05 {
6 ▶        public static void main(String[] args) {
7            ① Scanner scanner = new Scanner(System.in);
8              System.out.println("저장할 문자열을 입력하세요.");
9
10             try {
11                 FileWriter writer =
12                     new FileWriter("src/output03.txt");
13             ② String input = scanner.nextLine();
14             ③ writer.write(input);
15                 writer.close();
16             } catch (IOException e) {
17                 System.out.println("파일 생성에 실패했습니다.");
18                 System.exit(11);
19             }
20         }
21     }
```

그림 9.30 사용자가 입력한 문자열을 파일로 저장하는 프로그램

① Scanner를 생성하고 저장할 문자열을 입력하라는 문자열을 출력합니다.

② 앞서 생성한 Scanner로부터 문자열을 입력받아 input이라는 변수에 대입합니다.

③ FileWriter의 write() 기능을 통해 파일에 문자열을 쓸 때 입력값으로 input 변수를 사용했습니다.

이 프로그램을 실행한 결과는 다음과 같습니다.

```
저장할 문자열을 입력하세요.
오늘 저녁은 제육볶음이야.

Process finished with exit code 0
```

그림 9.31 FileOutput05를 실행하고 문자열을 입력한 화면

프로그램이 종료된 후 src 폴더 안에 output03.txt 파일을 열어보면 다음과 같이 문자열이 저장되어 있는 것을 확인할 수 있습니다.

그림 9.32 FileOutput05를 실행한 후 생성된 output03.txt

이 절의 마지막으로 반복문을 이용해 여러 줄의 문자열을 입력받아 저장할 수 있는 프로그램을 만들어봅시다. 계속해서 문자열을 입력받고 입력받은 문자열이 비어 있다면 프로그램을 종료하는 겁니다. 다음 예제 코드를 보기 전에 한 번 스스로 만들어보면 크게 도움이 될 것입니다.

클래스명 : FileOutput06

```
1      import java.io.FileWriter;
2      import java.io.IOException;
3      import java.util.Scanner;
4
5  ▶   public class FileOutput06 {
6  ▶       public static void main(String[] args) {
7              Scanner scanner = new Scanner(System.in);
8              FileWriter writer = null;
9
10             try {
11                 writer = new FileWriter("src/output04.txt");
12             } catch (IOException e) {
13                 System.out.println("파일 생성에 실패했습니다.");
14                 System.exit(11);
15             }
16
17             System.out.println("저장할 문자열을 입력하세요.(종료: 입력 없이 엔터)");
18
19         ① while (true) {
20                 String input = scanner.nextLine();
21
22             ② if (input.equals("")) {
23                     break;
24                 }
25
26                 try {
27                     writer.write(input);
28                 ③  writer.write("\n");
29                 } catch (IOException e) {
30                     System.out.println("파일에 문자열을 쓰지 못했습니다.");
31                     System.exit(12);
32                 }
33             }
34
35             try {
36                 writer.close(); ④
37             } catch (IOException e) {
38                 System.out.println("파일을 닫는 데 실패했습니다.");
39                 System.exit(13);
40             }
41         }
42     }
```

그림 9.33 빈 줄을 입력할때까지 여러 줄을 파일에 저장하는 프로그램

① while문의 조건을 true로 주어 무한히 반복할 수 있도록 합니다.

② 사용자로부터 입력받은 문자열이 빈 문자열("")인 경우 반복문을 탈출합니다.

③ 사용자가 입력한 문자열이 빈 문자열이 아닌 경우에는 해당 문자열을 파일에 쓴 후 줄바꿈 문자를 추가로 써줍니다.

④ 반복문을 빠져나왔다면 입력이 종료된 것이므로 파일을 닫아줍니다.

지금까지 작성한 코드 중 가장 복잡한만큼 꽤 그럴싸한 프로그램이 만들어졌을 것으로 기대가 됩니다. 이제 이 프로그램을 실행하고 여러 줄에 걸쳐 문장들을 입력한 후 마지막에 빈 줄을 입력해 파일을 저장해봅시다.

```
저장할 문자열을 입력하세요.(종료: 입력 없이 엔터)
오징어로 삼행시를 지어보겠습니다.
오: 오징어는 징그러워
징: 징그러워
어: 어우 징그러워

Process finished with exit code 0
```

그림 9.34 FileOutput06을 실행하고 여러 줄 입력 후 빈 문자열을 입력해 종료

파일명 : output04.txt

```
1 오징어로 삼행시를 지어보겠습니다.
2 오: 오징어는 징그러워
3 징: 징그러워
4 어: 어우 징그러워
5
```

그림 9.35 FileOutput06을 실행해 저장된 텍스트파일의 내용

의도했던대로 여러 줄에 걸쳐 문장들이 저장된 것을 확인할 수 있습니다. 텍스트 파일의 내용을 출력하고 입력한 내용을 텍스트 파일로 저장하는 방법까지 배웠으니 이제 간단한 메모장 역할을 하는 프로그램도 만들 수 있을 것입니다. 다음 절에서는 파일명을 입력해 원하는 파일의 내용을 출력하고 입력한 내용을 원하는 파일명으로 저장하는 간단한 메모장 프로그램을 작성해보겠습니다.

간단 메모장 만들어보기

이번 절에서는 이제껏 배웠던 것들을 토대로 간단 메모장 프로그램을 만들어볼 것입니다. 여기에서 다룰 것들은 모두 앞에서 배웠던 내용들이므로 지금부터는 소스코드와 주석을 통한 설명을 위주로 진행하도록 하겠습니다.

클래스명 : Notepad

```
import java.io.FileInputStream;
import java.io.FileNotFoundException;
import java.io.FileWriter;
import java.io.IOException;
import java.util.Scanner;

public class Notepad {

    public static void main(String[] args) {

        // 사용자로부터 입력 처리를 담당할 Scanner를 선언합니다.
        Scanner scanner = new Scanner(System.in);

        // 반복문 1
        // 무한반복. 사용자가 3을 입력하면 반복문을 탈출하도록 구현합니다.
        while (true) {
            System.out.println("원하는 작업 번호를 입력해주세요.");
            System.out.println("1. 메모 읽기");
            System.out.println("2. 새 메모");
            System.out.println("3. 종료");
```

```
// 사용자가 입력한 명령 번호를 저장할 변수를 선언합니다.
int taskNum;

// nextLine()으로 한 줄 읽어온 뒤 정수형으로 변환해 taskNum에 대입합니다.
// 예외가 발생한 경우(사용자가 정수가 아닌 값 입력)
// "잘못된 입력입니다" 출력 후 반복문 1의 처음으로 돌아갑니다.
try {
    String input = scanner.nextLine();
    taskNum = Integer.parseInt(input);
} catch (NumberFormatException e) {
    System.out.println("잘못된 입력입니다.");
    continue;
}

// 메모 읽기를 선택한 경우
if (taskNum == 1) {
    System.out.println("메모 파일명을 입력하세요.");

    // 사용자로부터 문자열로 파일명을 입력받습니다.
    String fileName = scanner.nextLine();

    // 파일 내용을 읽어들이기 위해 FileInputStream을 선언합니다.
    FileInputStream inputStream = null;

    // 사용자로부터 입력한 파일명을 가지고 FileInputStream을 생성합니다.
    // 파일이 없을 경우 "파일이 존재하지 않습니다."라는 메시지를 출력한 후
    // 반복문 1의 처음으로 돌아갑니다.
    try {
        inputStream = new FileInputStream(fileName);
    } catch (FileNotFoundException e) {
        System.out.println("파일이 존재하지 않습니다.");
        continue;
    }

    // FileInputStream이 성공적으로 생성되면 안내 메시지를 출력합니다.
```

```
        System.out.println(fileName + "의 내용을 출력합니다.");

        // FileInputStream으로부터 파일의 내용을 읽어들일 Scanner를 선언합니다.
        Scanner reader = new Scanner(inputStream);

        // 반복문 2
        // 파일의 내용을 한줄씩 읽어 끝까지 출력합니다.
        while (reader.hasNextLine()) {
            System.out.println(reader.nextLine());
        }
        System.out.println("₩n");

        // 파일을 다 사용했으면 닫아줍니다.
        reader.close();
    }

    // 새 메모를 선택한 경우
    else if(taskNum == 2) {
        System.out.println("저장할 메모 파일명을 입력하세요.");

        // 새 메모를 저장하기 위해 새 파일명을 입력받습니다.
        String fileName = scanner.nextLine();

        // 파일을 쓰기 위해 FileWriter를 선언합니다.
        FileWriter writer = null;

        // 사용자가 입력한 파일명을 가지고 FileWriter를 생성합니다.
        // 파일 생성에 실패한 경우 "파일 생성에 실패했습니다." 출력 후
        // 반복문의 처음으로 돌아갑니다.
        try {
            writer = new FileWriter(fileName);
        } catch (IOException e) {
            System.out.println("파일 생성에 실패했습니다.");
            continue;
        }
```

```
        System.out.println("메모할 문자열을 입력하세요.");
        System.out.println("(종료: 빈 줄에서 엔터키 입력)");
        // 반복문 3
        // 계속해서 사용자 입력 값을 받기 위해 무한반복합니다.
        while (true) {
            String input = scanner.nextLine();

            // 사용자가 입력한 값이 빈 문자열("")이라면
            // 파일에 쓸 문자열을 입력받는 반복문 3을 탈출합니다.
            if (input.equals("")) {
                break;
            }

            // 사용자가 입력한 문자열을 파일에 쓰고
            // 줄바꿈 문자를 통해 줄바꿈을 추가해줍니다.
            try {
                writer.write(input);
                writer.write("₩n");
            } catch (IOException e) {
                System.out.println("파일에 문자열을 쓰지 못했습니다.");
            }
        }

        // 빈 문자열을 입력받아 반복문 3을 탈출했다면 입력이 종료된 것이므로
        // 파일을 닫아줍니다.
        try {
            writer.close();
        } catch (IOException e) {
            System.out.println("파일을 닫는 데 실패했습니다.");
        }
    }

    // 종료를 선택한 경우
    else if (taskNum == 3) {
```

```
                // 프로그램을 종료한하는 메시지 출력 후 반복문 1을 탈출합니다.
                System.out.println("프로그램을 종료합니다.");
                break;
            }

            // 사용자가 입력한 값이 1, 2, 3 중 하나가 아닌 경우
            // "잘못된 입력입니다"라는 메시지를 출력합니다.
            else {
                System.out.println("잘못된 입력입니다.");
            }
        }
    }
}
```

여러분이 작성한 프로그램과 비슷한가요? 모두가 다른 생각을 하므로 코드 또한 모두가 다르게 작성했을 것입니다. 다음은 이 메모장 프로그램을 실행한 결과입니다.

```
원하는 작업 번호를 입력해주세요.
1. 메모 읽기
2. 새 메모
3. 종료
2
저장할 메모 파일명을 입력하세요.
저스틴비버 연락처.txt
메모할 문자열을 입력하세요.
(종료: 빈 줄에서 엔터키 입력)
010-1234-bieber3
```

그림 9.36 Notepad의 새 메모 쓰기 기능

```
원하는 작업 번호를 입력해주세요.
1. 메모 읽기
2. 새 메모
3. 종료
1
메모 파일명을 입력하세요.
저스틴비버 연락처.txt
저스틴비버 연락처.txt의 내용을 출력합니다.
010-1234-bieber3
```

그림 9.37 Notepad의 메모 읽기 기능

```
원하는 작업 번호를 입력해주세요.
1. 메모 읽기
2. 새 메모
3. 종료
3
프로그램을 종료합니다.
```

그림 9.38 Notepad 종료

이번 절에서는 간단한 메모장 코드를 살펴보았습니다. 우리가 만든 것은 텍스트로만 상호작용을 하는 투박한 프로그램이기는 하지만 버튼이 달리고 마우스로 클릭하는 화려한 프로그램이 아니라고 해서 우리가 배운 것들이 쓸모없어지는 것은 아닙니다. 그런 프로그램들도 결국 내부적으로는 우리가 만든 것들과 비슷한 코드들로 이루어져있기 때문이죠.

1. 텍스트 파일명을 입력받아 그 파일을 복사하는 프로그램을 만들어보세요.

   - 클래스명: CopyUtility

2. 메모장 프로그램을 기반으로 간단 일기장 프로그램을 만들어보세요. 년, 월, 일 순으로 날짜를 입력받아 파일명으로 사용해보세요. 제목과 날씨를 입력받아 일기 내용의 첫 줄에 날짜와 날씨, 제목을 추가해보세요.

   - 클래스명: Diary

1. CopyUtility

```
import java.io.FileInputStream;
import java.io.FileNotFoundException;
import java.io.FileWriter;
import java.io.IOException;
import java.util.Scanner;

public class CopyUtility {

    public static void main(String[] args) {
        // 복사할 파일명을 입력받기 위해 Scanner를 생성합니다.
        Scanner scanner = new Scanner(System.in);

        // 복사할 파일명을 입력받습니다.
        System.out.println("복사할 파일명을 입력하세요.");
        String sourceFileName = scanner.nextLine();

        // 새로 저장할 파일명을 입력받습니다.
        System.out.println("저장할 파일명을 입력하세요.");
        String destinationFileName = scanner.nextLine();

        // 파일을 읽기 위해 FileInputStream을 선언합니다.
        FileInputStream inputStream = null;
        // 파일을 쓰기 위해 FileWriter 선언
        FileWriter writer = null;

        try {
            // 복사할 파일명(sourceFileName)으로 FileInputStream을 생성합니다.
            inputStream = new FileInputStream(sourceFileName);
        } catch (FileNotFoundException e) {
```

```
            // 파일이 존재하지 않는 경우 오류메시지를 출력한 후 종료합니다.
            System.out.println("존재하지 않는 파일입니다. " + sourceFileName);
            System.exit(10);
        }

        try {
            // 새로 저장할 파일명(destinationFileName)으로 FileWriter를 생성합니다.
            writer = new FileWriter(destinationFileName);
        } catch (IOException e) {
            // 파일 생성에 실패한 경우 오류메시지를 출력한 후 종료합니다.
            System.out.println("파일 생성에 실패했습니다. " +
destinationFileName);
            System.exit(11);
        }

        // 파일을 읽기 위해 앞서 생성한 FileInputStream의 Scanner를 생성합니다.
        Scanner fileReader = new Scanner(inputStream);

        while (fileReader.hasNextLine()) {
            // 파일에 추가적으로 읽을 내용이 있다면 이 구간을 계속해서 반복합니다.
            // 복사할 파일에서 문자열 한줄을 읽어옵니다.
            String line = fileReader.nextLine();

            try {
                // 새로 저장할 파일에 읽어온 문자열 한줄 쓰고 줄바꿈을 합니다.
                writer.write(line);
                writer.write("₩n");
            } catch (IOException e) {
                // 파일에 쓰기가 실패한 경우 오류메시지를 출력한 후 종료합니다.
                System.out.println("파일 쓰기에 실패했습니다. " +
destinationFileName);
                System.exit(12);
            }
        }

        // 복사가 끝나면 안내 메시지를 출력합니다.
        System.out.println("파일이 복사되었습니다.");
        System.out.println("원본 파일: " + sourceFileName);
        System.out.println("복제 파일: " + destinationFileName);
```

```
        try {
            // 다 사용한 FileWriter는 닫아줍니다.
            writer.close();
        } catch (IOException e) {
            // 파일 닫기에 실패한 경우 오류메시지를 출력합니다.
            System.out.println("파일을 닫는 중 오류가 발생했습니다.");
        }
    }
}
```

2. Diary

```
import java.io.FileInputStream;
import java.io.FileNotFoundException;
import java.io.FileWriter;
import java.io.IOException;
import java.util.Scanner;

public class Diary {

    public static void main(String[] args) {

        // 사용자로부터 입력 처리를 담당할 Scanner를 선언합니다.
        Scanner scanner = new Scanner(System.in);

        // 반복문 1
        // 무한반복. 사용자가 3을 입력하면 반복문을 탈출하도록 구현합니다.
        while (true) {
            System.out.println("원하는 작업 번호를 입력해주세요.");
            System.out.println("1. 일기 읽기");
            System.out.println("2. 새 일기");
            System.out.println("3. 종료");

            // 사용자가 입력한 명령 번호를 저장할 변수를 선언합니다.
            int taskNum;
```

```java
// nextLine()으로 한 줄 읽어온 뒤 정수형으로 변환해 taskNum에 대입합니다.
// 예외가 발생한 경우(사용자가 정수가 아닌 값 입력)
// "잘못된 입력입니다" 출력 후 반복문 1의 처음으로 돌아갑니다.
try {
    String input = scanner.nextLine();
    taskNum = Integer.parseInt(input);
} catch (NumberFormatException e) {
    System.out.println("잘못된 입력입니다.");
    continue;
}

// 일기 읽기를 선택한 경우
if (taskNum == 1) {
    // 파일명으로 사용하기 위한 년도를 입력받습니다.
    System.out.println("년도를 입력하세요.(예: 1970)");
    String year = scanner.nextLine();

    // 파일명으로 사용하기 위한 월을 입력받습니다.
    System.out.println("월을 입력하세요.(예: 01)");
    String month = scanner.nextLine();

    // 파일명으로 사용하기 위한 일을 입력받습니다.
    System.out.println("날짜를 입력하세요.(예: 01)");
    String date = scanner.nextLine();

    // 년, 월, 일을 조합해 파일명을 만듭니다.
    String fileName = year + "-" + month + "-" + date
+ ".txt";

    // 파일 내용을 읽어들이기 위해 FileInputStream을 선언합니다.
    FileInputStream inputStream = null;

    // 조합한 파일명을 가지고 FileInputStream을 생성합니다.
    // 파일이 없을 경우 "일기가 존재하지 않습니다."라는 메시지를 출력한 후
    // 반복문 1의 처음으로 돌아갑니다.
    try {
        inputStream = new FileInputStream(fileName);
    } catch (FileNotFoundException e) {
```

```
                System.out.println("일기가 존재하지 않습니다.");
                continue;
            }

            // FileInputStream이 성공적으로 생성되면 안내 메시지를 출력합니다.
            System.out.println(year + "-" + month + "-" +
date + "의 일기");

            // FileInputStream으로부터 파일의 내용을 읽어들일 Scanner를 선언합니다.
            Scanner reader = new Scanner(inputStream);

            // 반복문 2
            // 파일의 내용을 한줄씩 읽어 끝까지 출력합니다.
            while (reader.hasNextLine()) {
                System.out.println(reader.nextLine());
            }
            System.out.println("₩n");

            // 파일을 다 사용했으면 닫아줍니다.
            reader.close();
        }

        // 새 일기를 선택한 경우
        else if(taskNum == 2) {
            // 파일명으로 사용하기 위한 년도를 입력받습니다.
            System.out.println("년도를 입력하세요.(예: 1970)");
            String year = scanner.nextLine();

            // 파일명으로 사용하기 위한 월을 입력받습니다.
            System.out.println("월을 입력하세요.(예: 01)");
            String month = scanner.nextLine();

            // 파일명으로 사용하기 위한 일을 입력받습니다.
            System.out.println("날짜를 입력하세요.(예: 01)");
            String date = scanner.nextLine();

            // 년, 월, 일을 조합해 파일명을 만듭니다.
            String fileName = year + "-" + month + "-" + date
+ ".txt";
```

```
// 파일을 쓰기 위해 FileWriter를 선언합니다.
FileWriter writer = null;

// 조합한 파일명을 가지고 FileWriter를 생성합니다.
// 파일 생성에 실패한 경우 "파일 생성에 실패했습니다." 출력 후
// 반복문의 처음으로 돌아갑니다.
try {
    writer = new FileWriter(fileName);
} catch (IOException e) {
    System.out.println("파일 생성에 실패했습니다.");
    continue;
}

System.out.println("날씨를 입력하세요.");
String weather = scanner.nextLine();

System.out.println("제목을 입력하세요.");
String title = scanner.nextLine();

try {
    writer.write("날씨: " + weather);
    writer.write("₩n");
    writer.write("제목: " + title);
    writer.write("₩n");
} catch (IOException e) {
    System.out.println("파일에 문자열을 쓰지 못했습니다.");
}

System.out.println("일기 내용을 작성하세요.");
System.out.println("(종료: 빈 줄에서 엔터키 입력)");
// 반복문 3
// 계속해서 사용자 입력 값을 받기 위해 무한반복합니다.
while (true) {
    String input = scanner.nextLine();

    // 사용자가 입력한 값이 빈 문자열("")이라면
    // 파일에 쓸 문자열을 입력받는 반복문 3을 탈출합니다.
    if (input.equals("")) {
```

```
                    break;
                }

                // 사용자가 입력한 문자열을 파일에 쓰고
                // 줄바꿈 문자를 통해 줄바꿈을 추가해줍니다.
                try {
                    writer.write(input);
                    writer.write("₩n");
                } catch (IOException e) {
                    System.out.println("파일에 문자열을 쓰지 못했습니
다.");
                }
            }

            // 빈 문자열을 입력받아 반복문 3을 탈출했다면 입력이 종료된 것이므로
            // 파일을 닫아줍니다.
            try {
                writer.close();
            } catch (IOException e) {
                System.out.println("파일을 닫는 데 실패했습니다.");
            }
        }

        // 종료를 선택한 경우
        else if (taskNum == 3) {
            // 프로그램을 종료한하는 메시지 출력 후 반복문 1을 탈출합니다.
            System.out.println("프로그램을 종료합니다.");
            break;
        }

        // 사용자가 입력한 값이 1, 2, 3 중 하나가 아닌 경우
        // "잘못된 입력입니다"라는 메시지를 출력합니다.
        else {
            System.out.println("잘못된 입력입니다.");
        }
    }
  }
}
```

PART 10

메소드를 이용해 반복되는 코드 줄이기

간단한 메모장 프로그램을 통해 우리가 지금까지 배운것들만으로도 충분히 프로그램을 만들어낼 수 있다는 것을 확인했습니다. 하지만 그런 방식으로는 코드가 너무 장황해지기 때문에 코드를 읽고 어떤 내용인지 파악하기가 힘든 것이 사실입니다. 이번 장에서는 관련성 높은 코드들을 묶어 코드가 어떤 의미인지 파악하기 쉽도록 만들고 또 이렇게 묶은 코드들을 재사용하는 방법에 대해 알아보도록 하겠습니다.

목차

학습 목표

- 메소드의 개념을 이해합니다.
- 메소드를 정의하고 호출할 수 있습니다.
- 메소드의 네 가지 형태를 익힙니다.
- 전역(멤버)변수와 지역변수에 대해 이해합니다.

주요 용어

- 메소드 : 재사용 가능한 이름을 가진 코드 묶음
- 입력값 : 메소드를 사용할 때 입력하는 값
- 반환값 : 메소드가 실행되고 반환하는 값
- 전역(멤버)변수 : 메소드 바깥에 위치하며 메소드 안에서도 사용 가능한 변수
- 지역변수 : 메소드 안에 위치하며 그 변수가 위치한 메소드 안에서만 사용 가능한 변수

학습 시간

80분

동영상 강의

https://bit.ly/2VP2WU6

LESSON 01 main 메소드

메소드를 이해하기에 앞서, 우리는 이미 몇몇 메소드들을 보아왔고, 만들어왔고, 사용해왔다는 것을 인지할 필요가 있습니다. 그 중 우리가 만들어왔던 것은 코드를 작성했던 영역, 즉 main 메소드 영역입니다. 우리가 처음 만들었던 HelloJava로 돌아가봅시다.

```
public class HelloJava {
    public static void main(String[] args) {
        System.out.println("Hello, Java!");
    }
}
```

main 메소드

그림 10.1 main 메소드

익숙하죠? 우리가 매번 작성했던 코드 영역은 바로 main 메소드의 내용 부분입니다. 감이 잘 오지 않는다면 그림 10.1에서 일단은 점선으로 그려진 상자 부분을 묶어서 메소드라고 부른다고 기억하면 됩니다. 그럼 이제 메소드라는 것이 어떻게 이루어져 있는지 문법을 먼저 살펴보도록 하겠습니다.

LESSON 02

메소드의 문법

먼저 우리가 알고 있는 main 메소드의 구조부터 살펴보겠습니다.

```
   ①              ②    ③         ④
public static void main ( String[] args ) {
        // 함수 내용
}
```

그림 10.2 main 메소드의 구조

① 이 부분에 대해서는 이번 절에서는 다루지 않습니다. 이를 이해하기 위해서는 객체지향 프로그래밍이라는 개념을 먼저 익히는 것이 필요하기 때문에 지금은 메소드 앞에는 "public static"을 적어야 한다고 기억하고 넘어가도록 합시다.

② 메소드가 되돌려주는 값, 즉 반환값의 자료형을 명시합니다. void는 메소드가 아무 값도 되돌려주지 않을 때에 사용합니다.

③ 메소드의 이름입니다. 지금 살펴보고 있는 메소드를 main 메소드라고 부르는 이유가 여기에 있습니다.

④ 메소드가 받을 수 있는 입력값을 정의한 것입니다. 입력값을 필요로 하지 않는 메소드는 이를 생략할 수 있으며 필요에 따라 입력값이 여러 개가 될 수도 있습니다.

②번과 ④번 항목을 생각해본다면 메소드는 다음과 같은 네 가지 형태가 존재할 수 있음을 짐작할 수 있습니다.

그림 10.3 메소드의 네 가지 형태

main 메소드는 자바 프로그램이 동작하기 위해 꼭 필요한 메소드입니다. 다시 말해서, 자바 프로그램이 동작하기 위해서는 꼭 이와 같은 형태의 main 메소드가 하나 존재해야 합니다. 자바 프로그램을 실행시키면 컴퓨터가 먼저 main 메소드를 찾아 실행시키도록 규칙이 정해져 있기 때문입니다.

main 메소드에는 입력값이 존재하기 때문에 조금 더 복잡해 보일 수 있지만 입력값을 입력값이 필요하지 않은 경우에는 조금 더 단순하게 정의할 수 있습니다. 이제 메소드를 정의하고 사용하는 방법에 대해 살펴보도록 하겠습니다.

메소드 정의와 메소드 호출

그러면 앞에서 배운 문법에 따라 main 메소드 이외의 메소드를 하나 더 정의해봅시다. 여기에서는 가장 간단하게 입력값과 반환값이 없는 메소드를 하나 정의해보도록 하겠습니다.

클래스명 : Function01

```
1  public class Function01 {
2
3      public static void main(String[] args) {
4          System.out.println("함수를 만들어봅시다.");
5      }
6
7  ①  public static void sayHello() {
8          System.out.println("Hello.");
9      }
10 }
```

그림 10.4 sayHello 메소드를 정의

① main 메소드의 아래쪽에 sayHello라는 메소드를 하나 선언했습니다. 메소드의 반환값과 입력값은 없으며 메소드 내용은 표준 출력을 통해 "Hello."라는 문자열을 출력하는 것입니다.

이 프로그램을 실행시키면 다음과 같은 결과가 출력됩니다.

```
함수를 만들어봅시다.

Process finished with exit code 0
```

그림 10.5 Function01 실행 결과

수고를 들여 sayHello 메소드를 추가로 정의했지만 우리의 프로그램에서는 아무런 일도 일어나지 않았습니다. 메소드를 정의만 하고 사용하지는 않았기 때문입니다. 이처럼 메소드를 사용하는 행위를 "호출"이라고 부릅니다. 그러면 main 메소드에서 sayHello 메소드를 호출하도록 Function01을 수정해보도록 합시다.

클래스명 : Function01 (수정 후)

```
1  ▶  public class Function01 {
2
3  ▶      public static void main(String[] args) {
4             System.out.println("함수를 만들어봅시다.");
5         ① sayHello();
6         }
7
8         public static void sayHello() {
9             System.out.println("Hello.");
10        }
11    }
```

그림 10.6 Function01의 main 메소드에서 sayHello 메소드를 호출하도록 변경

main 메소드 안에서 sayHello 메소드를 호출하도록 코드를 수정했습니다. 1번으로 표시된 부분을 보면 sayHello라는 이름 뒤에 괄호를 열고 닫으며 세미콜론으로 문장이 끝났음을 알리고 있습니다. 메소드를 호출하는 일은 이처럼 메소드명 뒤에 괄호를 열고 닫는 것으로 표현됩니다. 이제 이 프로그램을 다시 실행시켜봅시다.

```
함수를 만들어봅시다.
Hello.

Process finished with exit code 0
```

그림 10.7 sayHello()를 호출한 결과

sayHello 메소드의 내용에 적었던대로 "Hello."라는 문자열이 출력되었습니다. 이제 메소드가 무엇인지 느낌이 좀 올 것도 같습니다. 결국 메소드라는 것은 코드 조각을 모아놓은 덩어리입니다. 이 덩어리는 이름을 가지고 있고 이름을 부르면 코드 조각들이 실행되는 것이죠. 조금 더 감을 잡을 수 있도록 비슷한 예제 코드를 하나 더 살펴봅시다.

클래스명 : Function02

```
1  public class Function02 {
2
3      public static void main(String[] args) {
4          chicken();
5      }
6
7      public static void chicken() {
8          System.out.println("치킨은 살 안 쪄요.");
9          System.out.println("살은 내가 쪄요.");
10     }
11 }
```

그림 10.8 메소드의 정의와 호출

이번에는 main 메소드에서 아무 것도 하지 않고 아래에 정의된 chicken 메소드만 호출했습니다. chicken 메소드에서는 문자열을 두 줄 출력하고 있습니다. 이 코드를 실행한 결과는 다음과 같습니다.

```
치킨은 살 안 쪄요.
살은 내가 쪄요.

Process finished with exit code 0
```

그림 10.9 Function02 실행 결과

main 코드 안에서 chicken 메소드를 호출했더니 chicken 메소드가 가진 문자열을 출력하는 코드 두 줄이 실행된 것을 확인할 수 있습니다. 이제 메소드가 어떤 것인지 감을 잡았겠죠? 이제부터는 메소드의 조금씩 알아가며 왜 이것이 유용한지에 대해 살펴보도록 하겠습니다.

LESSON 04

매개변수

앞서 메소드의 문법 구조에서 메소드의 입력값을 정의한 부분이 있다는 것을 보았습니다. 이 입력값은 매개변수라고 불리는 친구입니다. 매개변수라는 것은 간단히 말해 메소드를 호출할 때에 함께 입력할 수 있는 데이터입니다. 다음 예제 코드를 살펴보며 천천히 이해해봅시다.

클래스명 : Parameter01

```
1  public class Parameter01 {
2
3      public static void main(String[] args) {
4          writeText("치킨은 살 안 쪄요.");
5          writeText("살은 내가 쪄요.");
6      }
7
8      public static void writeText(String input) { ①
9          System.out.println(input); ②
10     }
11 }
```

그림 10.10 매개변수가 있는 메소드 정의 1

① writeText라는 메소드를 정의하면서 매개변수로 String 타입의 input이라는 변수를 선언해주었습니다. 이렇게 선언한 매개변수는 writeText 메소드 내부에서 사용이 가능합니다.

② 입력된 매개변수를 표준 출력을 통해 출력해줍니다.

앞의 예제 코드에서 데이터의 흐름을 조금 더 자세히 살펴보도록 하겠습니다.

```
public class Parameter01 {

        public static void main(String[] args) {
                writeText("치킨은 살 안 쪄요.");
                writeText("살은 내가 쪄요.");
        }

        public static void writeText( String input ) {
                Syste.out.println(input);
        }
}
```

그림 10.11 매개변수로 입력되는 데이터의 흐름

①번과 ②번은 우리가 정의한 writeText 메소드를 호출하면서 입력 값으로 전달한 문자열들이 writeText 메소드의 매개변수로 전달되는 것을 나타냅니다. 메소드 내부에서 매개변수 값을 사용하면 메소드를 호출할 때 전달된 입력값을 그대로 사용하게 됩니다.

이 프로그램을 실행시키면 다음과 같은 결과가 출력됩니다.

```
치킨은 살 안 쪄요.
살은 내가 쪄요.

Process finished with exit code 0
```

그림 10.12 Parameter01 실행 결과

이 예제 코드에서 정의한 writeText 메소드의 역할은 문자열 타입의 변수를 받아 표준 출력을 통해 출력해주는 것입니다. 메소드를 정의해놓고 보니 main 메소드의 내용이 무척 깨끗해진 것 같습니다. 절대적인 코드량은 조금 많아졌지만 함수 호출 부분이 더 깔끔해보이기는 하죠? 코드량을 줄여주는 조금 더 와닿을 수 있는 예제를 하나 더 살펴보도록 합시다.

클래스명 : Parameter02

```
3       import java.util.Scanner;
4
5  ▶    public class Parameter02 {
6
7  ▶        public static void main(String[] args) {
8            ① readTextFile("src/output03.txt");
9            ② readTextFile("src/output04.txt");
10          }
11
12        ③ public static void readTextFile(String fileName) {
13              FileInputStream inputStream = null;
14              try {
15                  inputStream = new FileInputStream(fileName);
16                  Scanner scanner = new Scanner(inputStream);
17                  while (scanner.hasNextLine()) {
18                      System.out.println(scanner.nextLine());
19                  }
20              } catch (FileNotFoundException e) {
21                  System.out.println("파일이 존재하지 않습니다.");
22              }
23          }
24      }
```

그림 10.13 매개변수가 있는 메소드 정의 2

① readTextFile 메소드를 호출하면서 실습을 진행하며 만들었던 "src/output03.txt"라는 문자열을 매개변수로 넘겨주었습니다.

② 두 번째로는 "src/output04.txt"라는 문자열을 매개변수로 넘겨줍니다.

③ readTextFile 메소드 정의입니다. 매개변수로 문자열을 받고 있으며 이 매개변수의 이름은 fileName입니다.

이 예제의 메소드 정의에서 readTextFile은 메소드의 이름이고 fileName은 매개변수의 이름입니다. 메소드의 이름과 매개변수만으로 어떤 일을 하는 메소드인지 충분히 짐작이 가능합니다. 이 메소드가 하는 일은 파일명을 받아 파일을 읽고 출력해주는 것입니다. 만일 메소드 없이 동일한 일을 하는 코드를 만들어야 한다면 코드량이 두 배는 되었을 겁니다.

LESSON 05 여러 개의 매개변수

앞서 잠시 언급했듯이 메소드는 매개변수로 여러 개의 값을 받을 수도 있습니다. 매개변수가 여러개라는 사실은 각 매개변수를 쉼표로 구분함으로써 자바에게 알려줄 수 있습니다. 다음 예제 코드의 메소드 정의를 살펴봅시다.

클래스명 : Parameter03

```
1  public class Parameter03 {
2
3      public static void main(String[] args) {
4          ① printSum(2, 3);
5      }
6
7    ② public static void printSum(int a, int b) {
8          int sum = a + b;
9          System.out.println(a + " + " + b + " = " + sum);
10     }
11 }
```

그림 10.14 여러 개의 매개변수를 가지는 메소드 정의

① printSum 메소드를 호출하면서 매개변수로 2와 3을 넘겨줍니다.

② printSum 메소드 정의입니다. 정수형 변수 두개를 매개변수로 받아 둘의 합을 계산한 후 출력해주는 역할을 합니다.

앞의 예제 코드를 실행하면 다음과 같은 결과가 출력됩니다.

```
2 + 3 = 5

Process finished with exit code 0
```

그림 10.15 Parameter03 실행 결과

이전 예제와 크게 다를 것이 없어 어렵지는 않죠? 쉼표로 매개변수를 구분하고 메소드 안에서 그 매개변수들을 사용하기만 하면 됩니다. 단, 메소드를 호출할 때에는 매개변수의 순서에 맞춰서 입력값을 전달하는 것이 중요합니다.

반환값

지금까지 정의했던 메소드들은 모두 메소드 안에서 어떤 처리를 하고 그것으로 끝인 메소드들이었습니다. 이를 통해서도 재사용이 가능한 기능들을 만들어내고 코드들을 깔끔하게 정리할 수는 있지만 각 메소드들이 서로 연계되는 데에는 크게 제약이 생깁니다. 메소드의 활용도를 높이는 기능 중 하나는 값을 되돌려주는 기능입니다. 반환값이라고 부르는 것이죠. 반환값은 메소드의 코드 실행이 끝날 때 호출한 위치에서 사용 가능한 값을 되돌려주는 것입니다. 예제 코드를 통해 이해해보겠습니다.

클래스명 : ReturnValue01

```
1   public class ReturnValue01 {
2
3       public static void main(String[] args) {
4           int result = add(2, 3); ③
5           System.out.println("2 + 3 = " + result);
6       }
7                        ①
8       public static int add(int a, int b) {
9           return a + b;
10      }      ②
11  }
```

그림 10.16 반환값이 있는 메소드 정의

① add 메소드의 반환 타입은 void가 아니고 int를 사용했습니다. 이 메소드가 정수형 값을 되돌려준다는 의미입니다.

② 값을 되돌려주기 위해서는 return 구문을 사용해야 합니다. return 뒤에 값을 명시하는 것으로 그 값을 반환할 수 있습니다. 예제 코드에서는 a + b를 반환해주었습니다. a와 b 모두 정수 타입이므로 a + b 또한 정수 타입이 되고 결국 메소드의 반환 타입과 동일하게 정수를 반환해주게 됩니다.

② add 메소드를 호출합니다. add 메소드의 반환값이 int형이므로 result라는 int형 변수에 대입해주었습니다. add(2, 3)을 호출한 결과는 결국 a + b이므로 출력은 다음과 같습니다.

```
2 + 3 = 5

Process finished with exit code 0
```

그림 10.17 Parameter03 실행 결과

반환값이 있는 것이 왜 유용할까요? 앞서 정의했던 printSum 메소드를 떠올려봅시다. 이 메소드는 두 수를 더하지만 이를 출력하는 용도로 밖에는 사용할 수가 없습니다. 하지만 이번에 정의한 add 메소드는 결과 값을 받아서 출력을 하든 저장을 하든 마음대로 할 수가 있습니다. 이처럼 메소드를 정의할 때에는 한 메소드가 한 가지 일만 하도록 만드는 것이 많은 경우 바람직합니다.

LESSON 07 여러 개의 반환값

add 메소드는 정수형 값을 반환하는 메소드였습니다. 하지만 여러 개의 값을 반환하고 싶다면 어떻게 해야 할까요? 아쉽게도 자바에서는 반환값을 여러 개 지정하는 것이 지원되지 않지만 지금까지 배운 것들을 토대로 생각해보면 약간의 제약을 가진 방법이 하나 있습니다. 바로 배열을 이용하는 것이죠. 합과 곱을 반환하는 다음 예제 코드를 통해 확인해 봅시다.

클래스명 : MultipleReturnValue

```
1  public class MultipleReturnValue {
2
3      public static void main(String[] args) {
4          int[] numbers = addAndMultiply(2, 3);
5          int sum = numbers[0];
6          int product = numbers[1];
7
8          System.out.println("2 + 3 = " + sum);
9          System.out.println("2 x 3 = " + product);
10     }
11
12     public static int[] addAndMultiply(int a, int b) {
13         int sum = a + b;
14         int product = a * b;
15
16         int[] result = {sum, product}; ②
17
18         return result;
19     }
20 }
```

그림 10.18 배열 타입의 반환값을 가지는 메소드 정의

① 메소드의 반환 타입을 정수형 배열로 정의함으로써 여러 개의 정수를 반환할 수 있도록 합니다.

② 메소드의 반환 타입에 맞추어 계산된 합과 곱을 배열로 만들어 반환합니다.

③ addAndMultiply 메소드 호출 결과를 받기 위해 정수형 배열 numbers를 선언하고 호출 결과를 대입합니다.

④ 2번에서 addAndMultiply 메소드의 반환값을 만들 때 합, 곱의 순서로 배열에 넣었으므로 numbers의 0번째 값이 합이고 1번째 값이 곱입니다.

이 예제 프로그램을 실행하면 다음과 같은 결과가 출력됩니다.

```
2 + 3 = 5
2 x 3 = 6

Process finished with exit code 0
```

그림 10.19 MultipleReturnValue 실행 결과

다소 번거로워 보이기는 하지만 원하는 결과가 나오기는 했습니다. 하지만 여기에는 한 가지 제약이 있습니다. 배열은 대부분의 경우 한 가지 타입만 지원한다는 것이죠. 예를 들어 두 수의 합과 함께 어떤 문자열을 반환하고 싶다고 했을 때에는 이런 방법을 사용할 수가 없는 것이죠. 게다가 몇 번째 위치에 어느 값이 들었는지를 잘 기억해 사용해야 한다는 단점도 존재합니다. 하지만 걱정하지 마세요. 조금씩 더 깊게 공부할수록 좋은 방법들을 알아가게 될 겁니다.

return의 또다른 용도

이제까지 실습했던 예제 코드들에서 return은 모두 반환값을 넘기는 용도로 사용되었습니다. 하지만 return에는 한 가지 용도가 더 있습니다. 반환값 없이 바로 함수를 탈출하는 것입니다. 이는 반환값의 타입이 void로 지정되었을 때에만 사용할 수 있습니다. sayHola 메소드를 보세요.

클래스명 : ReturnMethod

```
1      import java.util.Scanner;
2
3 ▶    public class ReturnMethod {
4
5 ▶        public static void main(String[] args) {
6              System.out.println("이름을 입력해주세요.");
7
8              Scanner scanner = new Scanner(System.in);
9              String name = scanner.nextLine();
10
11             sayHola(name);
12         }
13
14         public static void sayHola(String name) {
15          ① if("바보".equals(name)) {
16                 System.out.println("고운 말을 사용해주세요.");
17                 return; ②
18             }
19
20             System.out.println(name + "님, 안녕하세요?");
21         }
22     }
```

그림 10.20 "바보"를 입력하면 인사를 하지 않는 프로그램

① name 매개변수의 값이 "바보"인 경우를 판단합니다.

② "고운 말을 사용해주세요."라는 문장을 출력한 후 바로 return을 이용해 메소드를 탈출합니다.

sayHolla 메소드에서는 if문으로 특정한 조건을 만족하면 return 구문을 사용하도록 메소드를 정의했습니다. 이 프로그램을 실행하면 "바보"를 입력한 경우 if문 뒤의 코드는 실행하지 않고 if문 안쪽의 코드만 실행한 뒤 메소드를 탈출합니다.

```
이름을 입력해주세요.
바보
고운 말을 사용해주세요.

Process finished with exit code 0
```

그림 10.21 "바보"를 입력했더니 인사를 하지 않는 프로그램

이렇게 특정 조건에 따라서 메소드를 탈출하고 싶은 경우 return문을 사용할 수 있습니다. 값을 반환하는 메소드도 중간에 return문을 통해 함수를 탈출할 수 있지만 이 때에는 반환할 값을 명시해야 오류가 발생하지 않습니다.

메소드 안에서 메소드 호출

눈치가 빠른 독자들은 이미 알고 있겠지만 메소드 안에서 다른 메소드를 호출하는 것도 가능합니다. 이는 프로그램을 작성할 때에 일반적으로 사용되는 기법으로 앞으로도 프로그래밍을 한다면 자주 사용하게 될테니 반드시 숙지하고 있는 것이 좋습니다. 그러면 메소드 안에서 다른 메소드를 호출하는 다음 예제 프로그램을 살펴봅시다.

클래스명 : MethodCallWithinMethod01

```
import java.util.Scanner;

public class MethodCallWithinMethod01 {

    public static void main(String[] args) {
        calculate(); // calculate 메소드를 호출합니다.
    }

    public static void calculate() {
        // 사용자의 입력을 받기 위한 Scanner를 생성합니다.
        Scanner scanner = new Scanner(System.in);

        System.out.println("원하는 연산을 선택하세요.");
        System.out.println("1: 덧셈");
        System.out.println("2: 곱셈");
        System.out.println("그 외: 종료");

        // 원하는 연산의 번호를 문자열 타입으로 입력받습니다.
        String input = scanner.nextLine();
```

```
        // 연산을 수행하기를 원하는 첫 번째 숫자를 입력받습니다.
        System.out.println("첫 번째 숫자를 입력하세요.");
        int a = scanner.nextInt();

        // 연산을 수행하기를 원하는 두 번째 숫자를 입력받습니다.
        System.out.println("두 번째 숫자를 입력하세요.");
        int b = scanner.nextInt();

        // 만일 덧셈을 선택했다면
        // 덧셈을 위해 add 메소드를 호출하고 그 결과값을 출력합니다.
        if (input.equals("1")) {
            int sum = add(a, b);
            System.out.println(a + " + " + b + " = " + sum);
        }

        // 만일 곱셈을 선택했다면
        // 곱셈을 위해 multiply 메소드를 호출하고 그 결과값을 출력합니다.
        if (input.equals("2")) {
            int product = multiply(a, b);
            System.out.println(a + " x " + b + " = " + product);
        }
    }

    // 덧셈을 수행해 결과값을 반환하는 메소드입니다.
    public static int add(int a, int b) {
        System.out.println("덧셈을 수행합니다.");
        return a + b;
    }

    // 곱셈을 수행해 결과값을 반환하는 메소드입니다.
    public static int multiply(int a, int b) {
        System.out.println("곱셈을 수행합니다.");
        return a * b;
    }
}
```

calculate 메소드는 사용자가 입력한 값을 기반으로 덧셈 혹은 곱셈을 수행하기 위해 add와 multiply 메소드를 호출합니다. 메소드는 다른 메소드 뿐만 아니라 자기 자신 또한 호출할 수도 있습니다. 자시 자신을 호출하는 함수를 재귀함수라고 부릅니다. 하지만 재귀함수는 같은 메소드를 무한히 반복해 호출하다가 프로그램이 죽어버릴 위험 또한 존재합니다. 다음의 예제 코드를 실행해보세요.

클래스명 : RecursionFailure

```
1  public class RecursionFailure {
2
3      public static void main(String[] args) {
4          recursion();
5      }
6
7      public static void recursion() {
8          System.out.println("인셉션을 시도합니다.");
9          recursion(); ①
10     }
11 }
```

그림 10.22 자기 자신을 호출하는 recursion 메소드

① recursion 메소드 안에서 자기 자신을 호출하고 있습니다.

이 프로그램을 실행해보면 다음과 같이 동일한 문자열을 계속해서 출력하다가 오류를 출력하고 종료되어 버립니다.

```
인셉션을 시도합니다.
인셉션을 시도합니다.
인셉션을 시도합니다.
인셉션을 시도합니다.Exception in thread "main" java.lang.StackOverflowError
    at java.base/sun.nio.cs.UTF_8$Encoder.encodeLoop(UTF_8.java:564)
    at java.base/java.nio.charset.CharsetEncoder.encode(CharsetEncoder.j
```

그림 10.23 RecursionFailure 재귀함수의 위험성

이를 해결하기 위해서는 return을 이용해 적절한 시점에 함수를 탈출할 수 있도록 구현해주어야 하지만 위험 부담이 크기 때문에 되도록이면 사용하지 않기를 권장합니다.

LESSON 10

전역변수(멤버변수)와 지역변수

우리는 지금까지 메소드 안에서 변수를 선언해왔습니다. 다음 메소드 정의를 봅시다.

```
public static void echoSomeInputs() {
    echoInteger();
    echoString();
}

public static void echoInteger() {
    Scanner scanner = new Scanner(System.in);
    int input = scanner.nextInt();
    System.out.println(input);
}

public static void echoString() {
    Scanner scanner = new Scanner(System.in);
    String input = scanner.nextLine();
    System.out.println(input);
}
```

echoInteger와 echoString은 각각 사용자로부터 정수와 문자열을 입력받아 그대로 출력하는 메소드입니다. 메소드 내부에서는 각각 Scanner를 생성해 사용하고 있습니다. 이렇게 메소드 내부에서 선언한 변수를 지역변수라고 부릅니다. 지역변수는 메소드 실행이 끝나면 역할을 다 하고 사라지게 됩니다.

Scanner와 같은 변수를 계속해서 생성하는 것은 불필요한 중복처럼 보일 수 있습니다. 이러한 중복 코드를 제거하기 위해서는 메소드의 매개변수로 Scanner를 받는 방법이 있습니다. 다음 코드를 보세요.

```java
public static void echoSomeInputs() {
    Scanner scanner = new Scanner(System.in);
    echoInteger(scanner);
    echoString(scanner);
}

public static void echoInteger(Scanner scanner) {
    int input = scanner.nextInt();
    System.out.println(input);
}

public static void echoString(Scanner scanner) {
    String input = scanner.nextLine();
    System.out.println(input);
}
```

Scanner를 여러번 생성하는 것은 해소되었지만 매개변수로 이를 하나하나 전달한다는 것은 나름대로 번거로운 일일 것입니다. 이런 번거로운 요소들을 해소하기 위해서는 전역변수(멤버변수)를 사용할 수 있습니다. 지금까지는 메소드 안에서 변수를 선언했지만 사실은 메소드 바깥에서도 변수를 선언할 수 있습니다. 다음 코드를 살펴봅시다.

클래스명 : GlobalVariable

```
1      import java.util.Scanner;
2
3 ▶    public class GlobalVariable {
4
5       ① public static Scanner scanner = new Scanner(System.in);
6
7 ▶        public static void main(String[] args) {
8              echoSomeInputs();
9          }
10
11         public static void echoSomeInputs() {
12             echoInteger();
13             echoString();
14         }
15
16         public static void echoInteger() {
17           ② int input = scanner.nextInt();
18             System.out.println(input);
19         }
20
21         public static void echoString() {
22           ③ String input = scanner.nextLine();
23             System.out.println(input);
24         }
25     }
```

그림 10.24 전역변수의 사용

① 메소드 바깥에 변수를 선언해줍니다. 이 때에는 변수 앞에 public static을 붙여주어야 public static으로 시작하는 메소드 안에서 사용할 수 있습니다. 전역변수를 선언할 때에는 메소드보다 위쪽에 선언하는 것이 일반적입니다.

②③ 전역변수로 선언한 변수들은 여러 메소드 안에서 사용할 수 있습니다.

사실 자바에서 전역변수보다는 멤버변수라고 부르는 것이 올바른 이름입니다. 하지만 여기에서는 클래스 개념에 대해서는 논하지 않기 때문에 어느 위치에서든 사용할 수 있는 변수라는 의미의 전역변수라고 표현했습니다.

전역변수를 프로그램이 시작될때부터 종료될때까지 언제든 사용할 수 있습니다. 프로그램을 만들다 보면 공통적으로 사용하는 변수들이나 어떤 상태를 나타내는 변수를 가지고있으면 편할때가 많습니다. 게임에서 현재 점수나 남은 생명을 표현하기 위한 변수들이 대표적인 예입니다.

메인 메소드 하나만 있는 프로그램이라면 메인 메소드가 시작하는 부분에서 지역변수를 만들어도 비슷한 효과를 볼 수 있습니다. 하지만 많은 메소드를 가지고있는 코드라면 매번 매개변수로 값을 전달하는 것이 어렵습니다. 때문에 전역변수를 적절히 사용하는 것은 종종 프로그램을 쉽게 만들 수 있는 지름길이 되기도 합니다.

1. 앞서 작성했던 간단한 메모장 프로그램을 메소드를 사용해 다시 작성해보세요.

   - 클래스명: NotepadWithMethods

2. 앞서 작성했던 일기장 프로그램을 메소드를 사용해 다시 작성해보세요.

   - 클래스명: DiaryWithMethods

1. NotepadWithMethods

```
import java.io.FileInputStream;
import java.io.FileNotFoundException;
import java.io.FileWriter;
import java.io.IOException;
import java.util.Scanner;

public class NotepadWithMethods {

    // 사용자로부터 입력 처리를 담당할 Scanner를 전역변수로 선언합니다.
    public static Scanner scanner = new Scanner(System.in);

    public static void main(String[] args) {

        // 무한반복. 사용자가 3을 입력하면 반복문을 탈출하도록 구현합니다.
        while (true) {
            System.out.println("원하는 작업 번호를 입력해주세요.");
            System.out.println("1. 메모 읽기");
            System.out.println("2. 새 메모");
            System.out.println("3. 종료");

            // 사용자로부터 명령 번호를 입력받습니다.
            String operation = scanner.nextLine();
            int taskNum = parseIntegerOrNegative1(operation);

            // 메모 읽기를 선택한 경우
            if (taskNum == 1) {
                System.out.println("메모 파일명을 입력하세요.");

                // 사용자로부터 문자열로 파일명을 입력받습니다.
```

```
            String fileName = scanner.nextLine();

            // 사용자가 입력한 파일명으로 된 파일을 읽어 내용을 출력합니다.
            readMemo(fileName);
        }

        // 새 메모를 선택한 경우
        else if(taskNum == 2) {
            System.out.println("저장할 메모 파일명을 입력하세요.");

            // 새 메모를 저장하기 위해 새 파일명을 입력받습니다.
            String fileName = scanner.nextLine();

            // 사용자가 입력한 파일명으로 메모를 작성합니다.
            writeMemo(fileName);
        }

        // 종료를 선택한 경우
        else if (taskNum == 3) {
            // 프로그램을 종료하는 메시지 출력 후 반복문을 탈출합니다.
            System.out.println("프로그램을 종료합니다.");
            break;
        }

        // 사용자가 입력한 값이 1, 2, 3 중 하나가 아닌 경우
        // "잘못된 입력입니다"라는 메시지를 출력합니다.
        else {
            System.out.println("잘못된 입력입니다.");
        }
    }
}

private static void readMemo(String fileName) {
    // 파일 내용을 읽어들이기 위해 FileInputStream을 선언합니다.
    FileInputStream inputStream = null;

    // 사용자로부터 입력한 파일명을 가지고 FileInputStream을 생성합니다.
    // 파일이 없을 경우 "파일이 존재하지 않습니다."라는 메시지를 출력한 후
    // 그대로 메소드를 탈출합니다.
```

```
        try {
            inputStream = new FileInputStream(fileName);
        } catch (FileNotFoundException e) {
            System.out.println("파일이 존재하지 않습니다.");
            return;
        }

        // FileInputStream이 성공적으로 생성되면 안내 메시지를 출력합니다.
        System.out.println(fileName + "의 내용을 출력합니다.");

        // FileInputStream으로부터 파일의 내용을 읽어들일 Scanner를 선언합니다.
        Scanner reader = new Scanner(inputStream);

        // 파일의 내용을 한줄씩 읽어 끝까지 출력합니다.
        while (reader.hasNextLine()) {
            System.out.println(reader.nextLine());
        }
        System.out.println("₩n");

        // 파일을 다 사용했으면 닫아줍니다.
        reader.close();
    }

    private static void writeMemo(String fileName) {
        // 파일을 쓰기 위해 FileWriter를 선언합니다.
        FileWriter writer = null;

        // 사용자가 입력한 파일명을 가지고 FileWriter를 생성합니다.
        // 파일 생성에 실패한 경우 "파일 생성에 실패했습니다." 출력 후
        // 반복문의 처음으로 돌아갑니다.
        try {
            writer = new FileWriter(fileName);
        } catch (IOException e) {
            System.out.println("파일 생성에 실패했습니다.");
            return;
        }

        System.out.println("메모할 문자열을 입력하세요.");
        System.out.println("(종료: 빈 줄에서 엔터키 입력)");
```

```
        while (true) {
            // 이 while 문은 반복해서 사용자 입력을 파일에 씁니다.
            // 사용자로부터 문자열을 한줄 입력받습니다.
            String input = scanner.nextLine();

            // 사용자가 입력한 값이 빈 문자열("")이라면 반복문을 탈출합니다.
            if (input.equals("")) {
                break;
            }

            // 사용자가 입력한 문자열을 파일에 쓰고
            // 줄바꿈 문자를 통해 줄바꿈을 추가해줍니다.
            try {
                writer.write(input);
                writer.write("₩n");
            } catch (IOException e) {
                System.out.println("파일에 문자열을 쓰지 못했습니다.");
            }
        }

        // 빈 문자열을 입력받아 반복문을 탈출했다면 입력이 종료된 것이므로
        // 파일을 닫아줍니다.
        try {
            writer.close();
        } catch (IOException e) {
            System.out.println("파일을 닫는 데 실패했습니다.");
        }
    }

    public static int parseIntegerOrNegative1(String input) {
        // 문자열을 정수로 변환해 반환합니다.
        // 예외가 발생한 경우(사용자가 정수가 아닌 값 입력) -1 을 반환합니다.
        try {
            return Integer.parseInt(input);
        } catch (NumberFormatException e) {
            return -1;
        }
    }
}
```

2. DiaryWithMethods

```
import java.io.FileInputStream;
import java.io.FileNotFoundException;
import java.io.FileWriter;
import java.io.IOException;
import java.util.Scanner;

public class DiaryWithMethods {

    // 사용자로부터 입력 처리를 담당할 Scanner를 전역변수로 선언합니다.
    public static Scanner scanner = new Scanner(System.in);

    public static void main(String[] args) {

        // 무한반복. 사용자가 3을 입력하면 반복문을 탈출하도록 구현합니다.
        while (true) {
            System.out.println("원하는 작업 번호를 입력해주세요.");
            System.out.println("1. 일기 읽기");
            System.out.println("2. 새 일기");
            System.out.println("3. 종료");

            // 사용자로부터 명령 번호를 입력받습니다.
            String operation= scanner.nextLine();
            int taskNum = parseIntegerOrNegative1(operation);

            // 일기 읽기를 선택한 경우
            if (taskNum == 1) {
                // 일기 파일명을 입력받습니다.
                String fileName = readFileName();

                // 일기를 읽어 출력합니다.
                readDiary(fileName);
            }

            // 새 일기를 선택한 경우
            else if (taskNum == 2) {
                // 일기 파일명을 입력받습니다.
                String fileName = readFileName();
```

```
                // 일기 내용을 입력받아 파일에 씁니다.
                writeDiary(fileName);
            }

            // 종료를 선택한 경우
            else if (taskNum == 3) {
                // 프로그램을 종료한하는 메시지 출력 후 반복문을 탈출합니다.
                System.out.println("프로그램을 종료합니다.");
                break;
            }

            // 사용자가 입력한 값이 1, 2, 3 중 하나가 아닌 경우
            // "잘못된 입력입니다"라는 메시지를 출력합니다.
            else {
                System.out.println("잘못된 입력입니다.");
            }
        }
    }

    public static int parseIntegerOrNegative1(String input) {
        // 문자열을 정수로 변환해 반환합니다.
        // 예외가 발생한 경우(사용자가 정수가 아닌 값 입력) -1 을 반환합니다.
        try {
            return Integer.parseInt(input);
        } catch (NumberFormatException e) {
            return -1;
        }

    }

    public static String readFileName() {
        // 파일명으로 사용하기 위한 년도를 입력받습니다.
        System.out.println("년도를 입력하세요.(예: 1970)");
        String year = scanner.nextLine();

        // 파일명으로 사용하기 위한 월을 입력받습니다.
        System.out.println("월을 입력하세요.(예: 01)");
        String month = scanner.nextLine();
```

```java
        // 파일명으로 사용하기 위한 일을 입력받습니다.
        System.out.println("날짜를 입력하세요.(예: 01)");
        String date = scanner.nextLine();

        // 년, 월, 일을 조합해 파일명을 만들어 반환합니다.
        return year + "-" + month + "-" + date + ".txt";
    }

    private static void readDiary(String fileName) {
        // 파일 내용을 읽어들이기 위해 FileInputStream을 선언합니다.
        FileInputStream inputStream = null;

        // 조합한 파일명을 가지고 FileInputStream을 생성합니다.
        // 파일이 없을 경우 "일기가 존재하지 않습니다."라는 메시지를 출력한 후
        // 메소드를 탈출합니다.
        try {
            inputStream = new FileInputStream(fileName);
        } catch (FileNotFoundException e) {
            System.out.println("일기가 존재하지 않습니다.");
            return;
        }

        // 파일명에서 날짜를 자릅니다.
        String date = fileName.substring(0, 10);

        // FileInputStream이 성공적으로 생성되면 안내 메시지를 출력합니다.
        System.out.println(date + "의 일기");

        // FileInputStream으로부터 파일의 내용을 읽어들일 Scanner를 선언합니다.
        Scanner reader = new Scanner(inputStream);

        // 파일의 내용을 한줄씩 읽어 끝까지 출력합니다.
        while (reader.hasNextLine()) {
            System.out.println(reader.nextLine());
        }
        System.out.println("₩n");

        // 파일을 다 사용했으면 닫아줍니다.
```

```java
        reader.close();
    }

    private static void writeDiary(String fileName) {
        // 파일을 쓰기 위해 FileWriter를 선언합니다.
        FileWriter writer = null;

        // 조합한 파일명을 가지고 FileWriter를 생성합니다.
        // 파일 생성에 실패한 경우 "파일 생성에 실패했습니다." 출력 후
        // 메소드를 탈출합니다.
        try {
            writer = new FileWriter(fileName);
        } catch (IOException e) {
            System.out.println("파일 생성에 실패했습니다.");
            return;
        }

        System.out.println("날씨를 입력하세요.");
        String weather = scanner.nextLine();

        System.out.println("제목을 입력하세요.");
        String title = scanner.nextLine();

        try {
            writer.write("날씨: " + weather);
            writer.write("₩n");
            writer.write("제목: " + title);
            writer.write("₩n");
        } catch (IOException e) {
            System.out.println("파일에 문자열을 쓰지 못했습니다.");
        }

        System.out.println("일기 내용을 작성하세요.");
        System.out.println("(종료: 빈 줄에서 엔터키 입력)");

        // 계속해서 사용자 입력 값을 받기 위해 무한반복합니다.
        // 빈 문자열을 입력하면 반복문을 탈출합니다.
        while (true) {
            String input = scanner.nextLine();
```

```
            // 사용자가 입력한 값이 빈 문자열("")이라면
            // 파일에 쓸 문자열을 입력받는 반복문을 탈출합니다.
            if (input.equals("")) {
                break;
            }

            // 사용자가 입력한 문자열을 파일에 쓰고
            // 줄바꿈 문자를 통해 줄바꿈을 추가해줍니다.
            try {
                writer.write(input);
                writer.write("₩n");
            } catch (IOException e) {
                System.out.println("파일에 문자열을 쓰지 못했습니다.");
            }
        }

        // 빈 문자열을 입력받아 반복문을 탈출했다면 입력이 종료된 것이므로
        // 파일을 닫아줍니다.
        try {
            writer.close();
        } catch (IOException e) {
            System.out.println("파일을 닫는 데 실패했습니다.");
        }
    }
}
```

PART 11 배열보다 유용한 컬렉션(Collection)

우리는 앞에서 배열에 대해 배웠습니다. 어떨 때 배열을 사용하고 이것이 왜 유용한지 그리고 그 한계가 무엇인지에 대해서도 알 수 있었습니다. 배열이 가지는 한계 중 하나는 크기가 정해져 있다는 것이었습니다. 이번 장에서는 컬렉션이 무엇인지 알아보고 컬렉션이 배열을 사용할 때의 불편한 점을 어떻게 해소해주는지 살펴보도록 하겠습니다.

목차

학습 목표

- 컬렉션에 대해 이해합니다.
- 리스트(List)와 세트(Set) 등의 컬렉션 하위 개념을 익힙니다.
- 컬렉션이 제공하는 유용한 기능들을 사용할 수 있습니다.
- 배열을 리스트로 변환할 수 있습니다.
- 리스트와 세트의 차이점에 대해 이해합니다.

주요 용어

- 컬렉션 : 나열식 자료에 대한 표준 기능들을 명세한 진보된 나열식 자료형의 아버지
- 리스트 : 중복을 허용하며 순서가 보장되는 컬렉션의 하위 자료형
- 세트 : 중복을 허용하지 않으며 순서가 보장되지 않는 컬렉션의 하위 자료형

학습 시간

100분

https://bit.ly/2VP2WU6

배열보다 편리한 List

앞에서 배웠던 배열을 사용할 때에는 배열을 만들 때 크기를 정해야 했었습니다. 하지만 많은 경우에 우리가 사용할 목록의 크기가 얼마나 클지를 정확히 예상하는 것이란 쉽지 않은 일입니다. 가령 유튜브에서 동영상 목록을 보여준다고 하면 동영상이 총 몇개인지를 정확히 알아야 배열에 담기가 좋을 겁니다. 하지만 동영상은 매일 등록과 삭제가 반복되므로 정확한 개수를 알 수 없죠.

컬렉션은 이런 데이터 목록들의 관리를 편하게 만들어주는 도구입니다. 컬렉션을 사용하면 크기가 변하는 목록에 대응하기도 훨씬 수월해집니다. 지금부터는 컬렉션의 일종인 List를 어떻게 사용하는지 차근차근 알아보도록 합시다.

그림 11.1 배열보다 똑똑한 List

```java
List<Type> list = new ArrayList<Type>();
```

그림 11.2 List를 선언하는 문법

일반적인 변수 선언과 크게 다를 것은 없지만 한 가지 크게 눈에 띄는 게 있습니다. 바로 〈Type〉이죠. 〈Type〉은 이 목록이 어떤 자료형으로 이루어져 있느냐를 나타내는 것입니다. 구체적인 예시로, 문자열 타입의 List를 선언하려면 다음과 같이 사용합니다.

```java
List<String> list = new ArrayList<String>();
```

그림 11.3 문자열 타입의 List 를 선언하는 방법

그리고 자세히 살펴보면 변수의 타입(List)과 생성해주는 값의 타입(ArrayList)이 다릅니다. List는 ArrayList에게 부모와 같은 관계입니다. 자바에서는 이런 관계에 있는 타입들의 경우 부모 타입으로 변수를 선언하고 자식 타입의 값을 대입해줄 수가 있습니다. List의 자식 타입들은 여러 종류가 있는데 가장 흔히 쓰이는 것 중 하나가 ArrayList입니다. 관계에 대한 복잡한 내용들을 이해할 필요는 없고 지금은 List를 선언할 때에 다음과 같은 방법들이 모두 동일하다는 사실만 인지하고 넘어가면 됩니다.

```java
List<String> list = new ArrayList<String>();
List<String> list = new ArrayList<>();
ArrayList<String> list = new ArrayList<>();
```

그림 11.4 문자열 타입의 List 를 선언하는 여러 방법

자바에게는 처음 등장한 String이 힌트가 되기 때문에 두 번째로 나오는 String은 new ArrayList<>()와 같이 생략도 가능합니다. 그러면 이제 ArrayList를 어떻게 사용하고 왜 편리한지를 살펴보도록 하겠습니다.

LESSON 02

List에 데이터 추가/제거하기

List를 사용하면 아주 쉽게 목록에서 데이터를 추가하거나 제거할 수 있습니다. 먼저 문자열 목록에 데이터를 추가하는 다음 예제 코드를 봅시다.

클래스명 : ListExample01

```
1     import java.util.ArrayList;
2
3 ▶   public class ListExample01 {
4
5 ▶       public static void main(String[] args) {
6             ① ArrayList<String> foods = new ArrayList<String>();
7
8                foods.add("치킨");
9             ②  foods.add("피자");
10
11            ③ System.out.println(foods);
12        }
13    }
```

그림 11.5 ArrayList에 데이터 추가 예시

① foods라는 이름의 문자열 타입 ArrayList 변수를 생성합니다.

② List에 미리 준비된 add 메소드를 호출해 문자열 데이터들을 추가합니다.

③ 데이터가 잘 추가되었는지 확인하기 위해 foods를 출력합니다.

List에는 미리 준비된 add라는 메소드가 존재합니다. 이 메소드를 호출하면서 매개변수로 목록에서 사용하는 타입의 데이터를 입력하면 목록에 데이터가 추가됩니다. 그럼 프로그램을 실행해 출력을 확인해보도록 하겠습니다.

```
[치킨, 피자]

Process finished with exit code 0
```

그림 11.6 ListExample01 실행 결과

add 메소드를 사용해서 추가했던 "치킨"과 "피자"라는 문자열이 대괄호 안에 쉼표로 구분되어 출력되었습니다. 많은 프로그래밍 언어에서 대괄호는 목록 형태의 자료를 나타내기 위해 사용하는 기호입니다.

정수나 실수, 논리형 데이터의 목록을 만든다면 지금까지 사용했던 int, double, boolean을 사용할 수 없습니다. List에서는 원시 자료형을 사용할 수 없기 때문입니다. 때문에 각각 다음과 같이 래퍼 타입으로 대체해서 사용해야 합니다.

- int → Integer : ArrayList〈Integer〉로 사용
- double → Double : ArrayList〈Double〉로 사용
- boolean → Boolean: ArrayList〈Boolean〉으로 사용

이어서 데이터를 제거하는 방법도 살펴보도록 하겠습니다. List에서 특정 데이터를 제거하는 방법은 크게 데이터를 지정하는 방법과 데이터의 위치를 지정하는 방법 두 가지가 있는데 순서대로 알아보도록 합시다.

클래스명 : ListExample02

```
1        import java.util.ArrayList;
2
3  ▶     public class ListExample02 {
4
5  ▶         public static void main(String[] args) {
6                ArrayList<String> foods = new ArrayList<String>();
7
8                foods.add("치킨");
9                foods.add("피자");
10
11             ① foods.remove("치킨");
12
13               System.out.println(foods);
14           }
15       }
```

그림 11.7 List에서 데이터 제거 예시

① List에 미리 준비된 remove 메소드를 이용해 "치킨"이라는 문자열을 제거합니다.

바로 두 번째 방법을 사용하는 예제 코드도 살펴보겠습니다.

클래스명 : ListExample03

```
1      import java.util.ArrayList;
2
3 ▶    public class ListExample03 {
4
5 ▶        public static void main(String[] args) {
6              ArrayList<String> foods = new ArrayList<String>();
7
8              foods.add("치킨");
9              foods.add("피자");
10
11         ① foods.remove(0);
12
13             System.out.println(foods);
14         }
15     }
```

그림 11.8 ArrayList에 데이터 제거 예시 2

① remove 메소드를 사용해 데이터를 제거하는데 이번에는 0을 입력해 0번째 데이터인 "치킨"을 제거했습니다.

앞의 예제 코드들에서 확인했듯이 List에는 remove 메소드가 두개 준비되어 있습니다. 하나는 값을 직접 입력하는 것이고 다른 하나는 인덱스를 입력하는 것입니다. 앞의 두 예제 코드들의 실행 결과는 동일합니다.

```
[피자]

Process finished with exit code 0
```

그림 11.9 데이터를 제거하는 예제 코드 실행 결과

언제나 그렇듯이 인덱스를 사용할 때에는 인덱스가 0번부터 시작한다는 것을 명심해야 합니다. 그렇지 않으면 프로그램 실행 도중에 오류를 마주하게 됩니다. 다음 예제 코드와 실행 결과를 참고하세요.

클래스명 : ListOutOfBound

```
1      import java.util.ArrayList;
2
3 ▶    public class ListOutOfBound {
4
5 ▶        public static void main(String[] args) {
6              ArrayList<String> foods = new ArrayList<String>();
7
8              foods.add("치킨");
9              foods.add("피자");
10
11         ①  foods.remove( index: 2);
12
13             System.out.println(foods);
14         }
15     }
```

그림 11.10 목록에서 인덱스를 잘못 지정했을 때 오류가 발생하는 프로그램

① remove 메소드를 호출하면서 매개변수로 2를 입력했습니다. 실제 목록에는 0번과 1번째밖에 존재하지 않습니다.

```
Exception in thread "main" java.lang.IndexOutOfBoundsException:
 Index 2 out of bounds for length 2 <3 internal calls>
    at java.base/java.util.Objects.checkIndex(Objects.java:372)
    at java.base/java.util.ArrayList.remove(ArrayList.java:535)
    at ListOutOfBound.main(ListOutOfBound.java:11)

Process finished with exit code 1
```

그림 11.11 목록에서 인덱스를 잘못 지정했을 때 발생하는 오류

오류 메시지를 잘 살펴보면 목록의 길이는 2로, 0번과 1번째만 존재하는데 2번째를 지정해서 오류가 발생했다는 것을 알 수 있습니다.

LESSON 03 List의 특정 위치의 값 변경하기

List에는 특정 위치의 값을 변경하기 위한 메소드도 준비되어 있습니다. 잘못 생각하면 다음과 같은 코드를 통해 값을 변경하려고 할 수 있습니다.

```
foods.get(0) = "치킨";
```

하지만 get 메소드는 값을 가져오기 위한 메소드이기 때문에 앞의 코드는 사용할 수 없습니다. 특정 위치에 있는 값을 변경하기 위해서는 set 메소드를 사용해야 합니다. 다음 코드를 보세요.

클래스명 : ListSet

```
1   import java.util.ArrayList;
2   import java.util.List;
3
4   public class ListSet {
5
6       public static void main(String[] args) {
7           List<String> foods = new ArrayList<>();
8
9           foods.add("파");
10          foods.add("피자");
11          foods.add("치킨");
12
13       ①  foods.set(0, "치킨");
14
15          System.out.println(foods);
16      }
17  }
```

그림 11.12 set 메소드의 사용 예

① set 메소드의 첫 번째 매개변수는 값을 바꿀 요소의 인덱스이고 두 번째 매개변수는 바꿔 넣으려는 값입니다.

앞의 예제 코드에서 0번째 요소는 "파"였지만 set 메소드를 통해 "치킨"으로 변경했고 출력해본 결과 0번째의 "파"가 "치킨"으로 바뀐 것을 확인할 수 있었습니다.

set 메소드의 인덱스로 존재하지 않는 번호를 사용하면 오류가 발생하게 됩니다. 예를 들어, 앞의 코드에서 10번째 값으로 "치킨"을 넣으려 하면 프로그램 실행 시에 오류가 발생하는 것을 확인할 수 있습니다. 다음 코드를 실행해봅시다.

클래스명 : ListSetError

```
1   import java.util.ArrayList;
2   import java.util.List;
3
4   public class ListSetError {
5
6       public static void main(String[] args) {
7           List<String> foods = new ArrayList<>();
8
9           foods.add("파");
10          foods.add("피자");
11          foods.add("치킨");
12
13          foods.set(10, "치킨");
14
15          System.out.println(foods);
16      }
17  }
```

```
Run: HuntTheWumpus × ListSetError ×
Exception in thread "main" java.lang.IndexOutOfBoundsException:
  Index 10 out of bounds for length 3 <3 internal calls>
    at java.base/java.util.Objects.checkIndex(Objects.java:372)
    at java.base/java.util.ArrayList.set(ArrayList.java:472)
    at ListSetError.main(ListSetError.java:13)
```

그림 11.13 set 메소드에서 발생하는 IndexOutOfBoundsException

앞의 예제 코드의 실행 결과에서 확인할 수 있듯이 배열이나 List를 사용할 때에는 항상 해당 목록이 가지고 있는 요소들의 개수에 유념해야 합니다.

LESSON 04 List에서 데이터 가져오기

목록을 목록 그대로만 사용하게 된다면 그 사용성이 크게 떨어지게 될 것입니다. 그렇기 때문에 배열과 마찬가지로 List에는 목록에서 특정 위치의 요소를 가져올 수 있도록 만들어져 있습니다. 학생 목록에서 0번째 학생을 출력하는 다음 프로그램을 살펴봅시다.

클래스명 : ListGet01

```
1   import java.util.ArrayList;
2
3   public class ListGet01 {
4
5       public static void main(String[] args) {
6           ArrayList<String> students = new ArrayList<String>();
7
8           students.add("에드 시런");
9           students.add("저스틴 비버");
10          students.add("브루노 마스");
11
12        ① String student = students.get(0);
13
14        ② System.out.println("0번 학생: " + student);
15      }
16  }
```

그림 11.14 학생 목록에서 0번 학생을 출력해주는 프로그램

이 예제 프로그램의 출력 결과는 다음과 같습니다.

```
0번 학생: 에드 시런

Process finished with exit code 0
```

그림 11.15 0번째 학생 출력 결과

이처럼 get 메소드를 이용하면 특정 위치의 요소를 가져와 사용할 수 있습니다. 한 가지 명심할 것은 remove 메소드와 마찬가지로 잘못된 위치를 지정했을 때에는 오류가 발생한다는 것입니다.

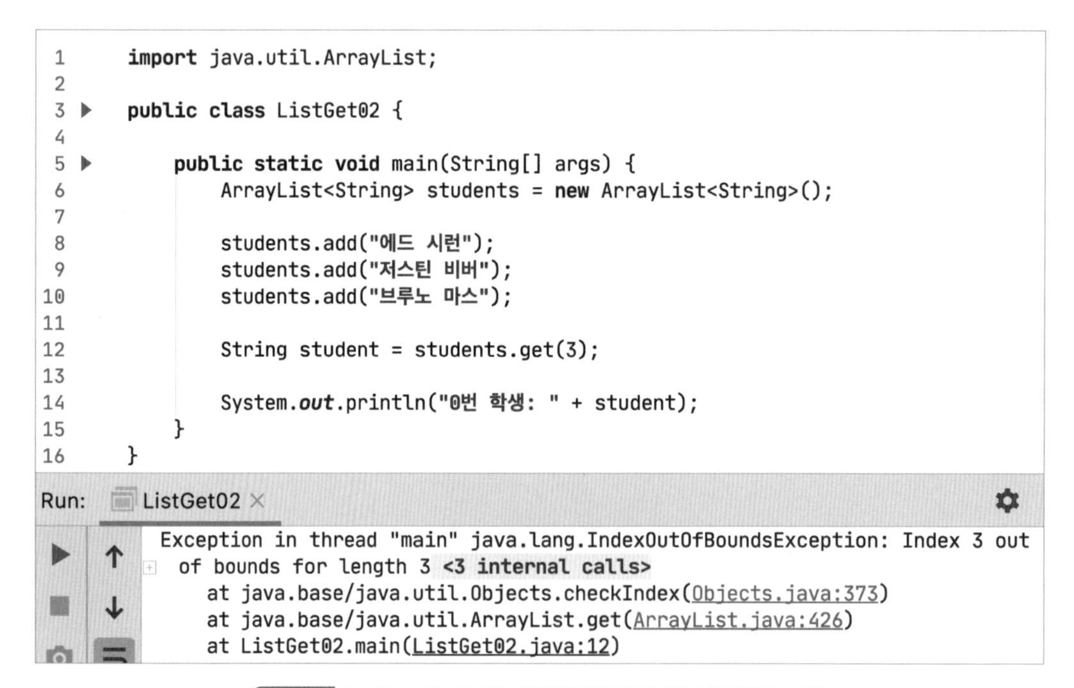

```
1   import java.util.ArrayList;
2
3   public class ListGet02 {
4
5       public static void main(String[] args) {
6           ArrayList<String> students = new ArrayList<String>();
7
8           students.add("에드 시런");
9           students.add("저스틴 비버");
10          students.add("브루노 마스");
11
12          String student = students.get(3);
13
14          System.out.println("0번 학생: " + student);
15      }
16  }
```

```
Run: ListGet02
Exception in thread "main" java.lang.IndexOutOfBoundsException: Index 3 out
 of bounds for length 3 <3 internal calls>
    at java.base/java.util.Objects.checkIndex(Objects.java:373)
    at java.base/java.util.ArrayList.get(ArrayList.java:426)
    at ListGet02.main(ListGet02.java:12)
```

그림 11.16 List의 get 메소드 사용 시 잘못된 위치를 지정했을 때 발생하는 오류

List에 특정 데이터가 있는지 확인하기

List에 데이터를 추가할 때에는 주의할 점이 하나 있습니다. List는 중복을 허용하기 때문에 무언가를 중복해서 추가한다면 그것이 그대로 목록에 반영되게 됩니다. 다음 예제 코드를 실행하면 List가 중복을 허용한다는 것을 알 수 있습니다.

클래스명 : DuplicatedElements

```
1  import java util ArrayList;
2  import java util List;
3
4  public class DuplicatedElements {
5
6      public static void main(String[] args) {
7          List<String> myFavoriteFoods = new ArrayList<>();
8
9          myFavoriteFoods add("치킨");
10         myFavoriteFoods add("피자");
11         myFavoriteFoods add("치킨");
12
13         System out println(myFavoriteFoods);
14     }
15 }
```

그림 11.17 중복을 허용하는 List

```
[치킨, 피자, 치킨]

Process finished with exit code 0
```

그림 11.18 중복된 값이 들어있는 List

이를 해결하기 위해서는 값을 추가하기 전에 이 값이 이미 존재하는지를 확인해야 합니다. List의 contains 메소드를 이용하면 이미 값이 존재하는지 여부를 확인할 수 있습니다.

클래스명 : ContainsExample

```
1      import java.util.ArrayList;
2
3 ▶    public class ContainsExample {
4
5 ▶        public static void main(String[] args) {
6              ArrayList<String> myFavoriteFoods = new ArrayList<String>();
7
8              myFavoriteFoods.add("치킨");
9              myFavoriteFoods.add("피자");
10
11         ① boolean containsChicken = myFavoriteFoods.contains("치킨");
12
13             System.out.println("목록에 치킨이 있는가? : " + containsChicken);
14         }
15     }
```

그림 11.19 목록에 이미 값이 있는지 확인할 수 있는 contains

① contains 메소드는 boolean 값을 되돌려줌으로써 목록에 값이 포함되어 있는지 여부를 알려줍니다.

contains 메소드로 "치킨"이 목록에 있는지를 확인할 때에는 이미 치킨을 목록에 추가해둔 뒤이기 때문에 이 예제 코드를 실행하면 다음과 같은 결과가 출력됩니다.

```
목록에 치킨이 있는가? : true

Process finished with exit code 0
```

그림 11.20 목록에 치킨이 있다고 알려주는 예제 프로그램

그러면 지금까지 배운 것들을 토대로 중복되지 않도록 좋아하는 음식의 목록을 입력받아 출력해주는 짧은 응용 프로그램을 작성해봅시다.

클래스명 : CheckDuplicates

```
1      import java.util.ArrayList;
2      import java.util.Scanner;
3
4 ▶    public class CheckDuplicates {
5
6 ▶        public static void main(String[] args) {
7              System.out.println("좋아하는 음식의 이름을 입력하세요.(종료: 0)");
8          ①  ArrayList<String> myFavoriteFoods = new ArrayList<String>();
9              Scanner scanner = new Scanner(System.in);
10
11             while (true) {
12             ②  String food = scanner.nextLine();
13
14             ③  if(food.equals("0")) {
15                     break;
16                 }
17
18             ④  if(myFavoriteFoods.contains(food)) {
19                     System.out.println(food + "은(는)이미 목록에 있습니다.");
20                 } else {
21                     myFavoriteFoods.add(food);
22                 }
23             }
24
25         ⑤  System.out.println(myFavoriteFoods);
26         }
27     }
```

그림 11.21 중복 없이 음식의 이름을 입력받아 출력해주는 프로그램

① 입력 요청과 함께 미리 문자열 타입의 List, 입력을 받을 Scanner를 생성합니다.

② 반복문을 수행하며 사용자로부터 문자열을 입력받습니다.

③ 만일 사용자가 “0”을 입력했다면 반복문을 탈출합니다.

④ ArrayList의 contains 메소드를 이용해 만일 우리의 목록에 이미 사용자가 입력한 값이 있다면 이미 목록에 존재한다는 메시지를 출력해줍니다.

⑤ 반복문을 탈출하면 지금까지 목록에 추가된 내용들을 출력해줍니다.

이 예제 코드를 실행시켜 테스트해보면 다음과 같이 중복값은 목록에 들어가지 않는 것을 확인할 수 있습니다.

```
좋아하는 음식의 이름을 입력하세요.(종료: 0)
치킨
피자
햄
치킨
치킨은(는)이미 목록에 있습니다.
0
[치킨, 피자, 햄]
```

그림 11.22 중복 값이 들어가지 않는다

지금까지 목록 안에 값이 있는지 확인하는 contains 메소드에 대해 알아보았습니다. 다음 절에서는 목록을 정렬하는 방법에 대해 살펴보도록 하겠습니다.

LESSON 06 List 정렬하기

목록을 사용하다 보면 이 목록을 순서대로 혹은 거꾸로 정렬하고 싶을 때가 있습니다. 이번 절에서는 List를 정렬하고 순서를 뒤집는 방법을 살펴봅시다.

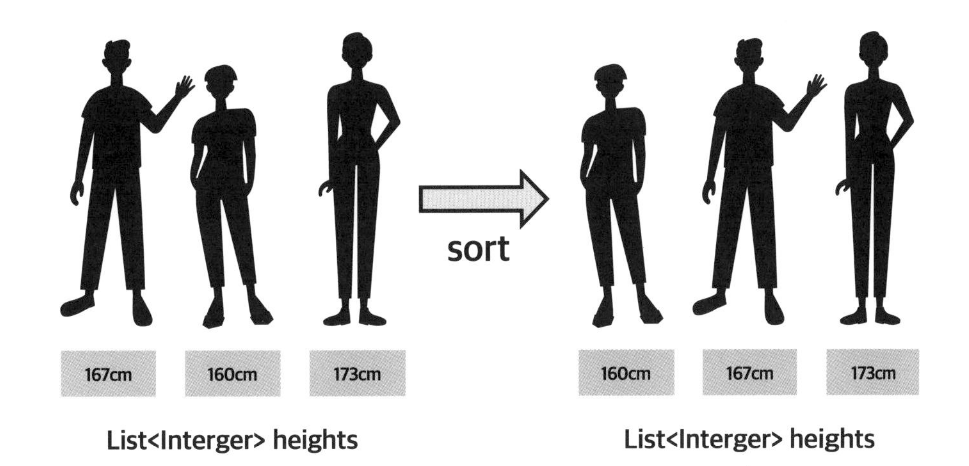

그림 11.23 키 작은 순서로 정렬

먼저 목록을 정렬하는 다음 예제 코드를 살펴봅시다.

클래스명 : Sort01

```
1       import java.util.ArrayList;
2       import java.util.Collections;
3
4 ▶     public class Sort01 {
5
6 ▶         public static void main(String[] args) {
7               ArrayList<String> students = new ArrayList<>();
8               students.add("장민호");
9               students.add("이찬원");
10              students.add("정동원");
11              students.add("임영웅");
12
13          ① Collections.sort(students);
14
15              System.out.println(students);
16          }
17      }
```

그림 11.24 문자열 목록을 정렬해 출력하는 프로그램

① Collections.sort 메소드를 사용해 목록을 정렬해줍니다. 입력값으로는 정렬하고 싶은 목록을 넣어주도록 합니다.

두 번째 줄에 java.util.Collections가 import 구문으로 사용되었다는 것에 유념해 코드를 읽어주세요. Collections의 sort 메소드를 이용하면 List를 정렬할 수 있습니다. 이 프로그램을 실행하면 다음과 같이 이름들이 정렬되어 출력됩니다.

```
[이찬원, 임영웅, 장민호, 정동원]

Process finished with exit code 0
```

그림 11.25 정렬된 문자열

Collections.sort 메소드는 기본적으로 목록을 오름차순으로 정렬해줍니다. 이번에는 이 목록을 내림차순으로 정렬해보도록 하겠습니다.

클래스명 : Sort02

```
1       import java.util.ArrayList;
2       import java.util.Collections;
3
4 ▶     public class Sort02 {
5
6 ▶         public static void main(String[] args) {
7               ArrayList<String> students = new ArrayList<>();
8               students.add("장민호");
9               students.add("이찬원");
10              students.add("정동원");
11              students.add("임영웅");
12
13              Collections.sort(students);
14          ①   Collections.reverse(students);
15
16              System.out.println(students);
17          }
18      }
```

그림 11.26 문자열 목록을 거꾸로 정렬하는 프로그램

① Collections의 sort 메소드를 이용해 목록을 정렬한 후 reverse 메소드를 이용해 목록의 순서를 뒤집어줍니다.

Collections의 reverse 메소드는 현재 목록의 순서를 거꾸로 뒤집어주는 역할을 합니다. 오름차순으로 정렬 후 뒤집으면 내림차순 정렬이 되겠죠? 그러면 목록이 내림차순으로 잘 정렬되었는지 프로그램을 실행해 확인해봅시다.

```
[정동원, 장민호, 임영웅, 이찬원]

Process finished with exit code 0
```

그림 11.27 거꾸로 정렬된 문자열

문자열이 내림차순으로 정렬된 것을 확인했습니다. 지금까지는 List에 대해 알아보았습니다. 다음 절에서는 컬렉션의 또다른 형태인 Set에 대해 알아보도록 하겠습니다.

참고 reverse 메소드를 사용할 때 명심해주세요.

reverse 메소드는 목록을 거꾸로 정렬해주는 기능이 아닙니다. 이 메소드는 sort와는 다르게 목록의 순서를 거꾸로 뒤집어 주는 기능을 합니다. 예를 들어 원래의 목록이 1, 3, 2 순서였다면 reverse 메소드를 한 번 사용했을 때의 결과는 2, 3, 1이 됩니다.

LESSON 07 List 순서 섞기

가끔은 목록의 순서를 무작위로 섞어야 할 필요가 있습니다. 로또 번호를 추천해주는 프로그램이나 점심 메뉴를 무작위로 추천해주는 프로그램 혹은 카드 게임에서 카드를 섞는 행위 등이 대표적인 예입니다.

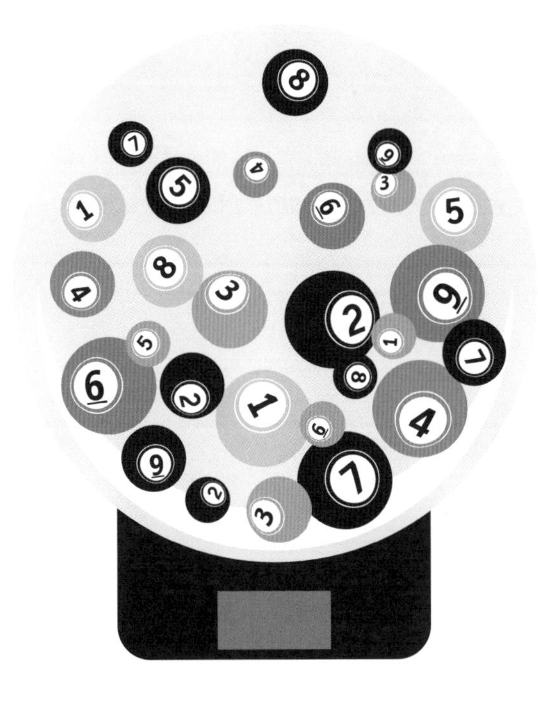

그림 11.28 로또 번호를 추첨하기 위해서는 공을 먼저 섞어야 한다

Collections가 제공하는 shuffle 메소드를 사용하면 List가 가진 요소들의 순서를 무작위로 섞을 수 있습니다. 다음 예제 코드를 따라 shuffle 메소드의 사용법을 익혀봅시다.

● **클래스명 : ListShuffle**

```
1       import java.util.ArrayList;
2       import java.util.Collections;
3       import java.util.List;
4
5 ▶     public class ListShuffle {
6
7 ▶         public static void main(String[] args) {
8               List<Integer> integers = new ArrayList<>();
9
10          ①   for (int i = 0; i < 10; i++) {
11                  integers.add(i);
12              }
13
14          ②   Collections.shuffle(integers);
15
16              System.out.println(integers);
17          }
18      }
Run:  ListShuffle ×
[3, 0, 2, 7, 4, 9, 1, 8, 5, 6]
```

그림 11.29 Collections.shuffle 메소드의 사용 예

① for문을 이용해 정수형 List에 0부터 9까지의 값을 추가했습니다.

② Collections.shuffle 메소드의 매개변수로 List를 입력하면 해당 List의 요소들을 섞어줍니다.

앞의 예제 코드를 여러번 실행하면 List의 요소들이 실행할 때마다 다른 순서로 섞여 나오는 것을 확인할 수 있습니다.

LESSON 08 배열을 List로 변환하기

List의 add 함수를 호출해 많은 데이터를 추가하는 것은 많은 중복 코드를 만들어내게 됩니다. 예를 들어 반복문 없이 0부터 9까지의 데이터를 입력해야 한다면 10줄에 걸쳐 add 메소드를 호출해야 할 것입니다. 하지만 배열은 한 줄에 선언할 수 있으므로 배열을 List로 변환할 수 있다면 코드가 많이 짧아질 것입니다. Arrays가 제공하는 asList 메소드를 이용하면 배열을 List로 변환할 수 있습니다. 다음 코드를 봅시다.

클래스명 : ArrayToList

```
1      import java.util.Arrays;
2      import java.util.List;
3
4 ▶    public class ArrayToList {
5
6 ▶        public static void main(String[] args) {
7            ① Integer[] integerArray = {0, 1, 2, 3, 4, 5, 6, 7, 8, 9};
8
9            ② List<Integer> integerList = Arrays.asList(integerArray);
10
11              System.out.println(integerList);
12           }
13     }
Run:    ArrayToList ×
        [0, 1, 2, 3, 4, 5, 6, 7, 8, 9]
```

그림 11.30 Arrays.asList 메소드의 사용 예

① 0부터 9까지의 숫자가 들어간 배열을 선언합니다. 원시 타입은 List에 사용할 수 없으므로 이 배열은 래퍼 타입으로 선언해야 합니다.

② Arrays.asList 메소드의 매개변수로 배열을 입력하면 해당 배열을 List로 변환해서 반환합니다.

이 예제 코드를 실행하면 integerList의 값이 정상적으로 0부터 9까지 출력되는 것을 확인할 수 있습니다.

예제의 코드에서는 0부터 9까지의 숫자로 목록을 만들었기 때문에 반복문을 통해 쉽게 List를 만들어낼 수도 있습니다. 하지만 연속되지 않은 숫자나 문자열 목록 같은 경우에는 Arrays.asList 메소드가 유용하게 사용될 수 있을 것입니다.

참고 리스트를 초기화하는 더 쉬운 방법이 있을까요?

A. 있습니다. 앞서 이 책의 시작 부분에서 여러분이 다운로드 받은 JDK 버전에 따라 다르지만 대부분 아래의 기능들을 모두 사용할 수 있을 겁니다.

- JDK 5 이상에서 사용 가능 : Arrays.asList(0, 1, 2, 3, 4, 5, 6, 7, 8, 9)
- JDK 9 이상에서 사용 가능 : List.of(0, 1, 2, 3, 4, 5, 6, 7, 8, 9)

LESSON 09 중복 값을 허용하지 않는 Set

컬렉션에는 많은 형태들이 준비되어 있지만 가장 기본적인 것은 List와 Set입니다. Set은 애초부터 중복 값을 허용하지 않는 집합입니다. 수학에서 배울 수 있는 집합과 동일한 의미입니다. Set을 선언하는 방법 또한 List와 비슷합니다. 문자열 타입의 Set을 선언하는 다음 코드를 보세요.

```
Set<String> set = new HashSet<String>();
```

그림 11.31 문자열 타입의 Set을 선언하는 코드

HashSet 또한 List, ArrayList와 마찬가지로 Set과 부모 자식의 관계이기 때문에 선언은 Set으로 하고 값은 HashSet을 넣어줄 수 있습니다. HashSet은 ArrayList와 함께 가장 흔히 쓰이는 Set의 자식 타입입니다.

Set은 중복을 허용하지 않는 List인 걸까요? 사실은 그렇지 않습니다. Set의 목적은 중복되지 않는 목록을 만들고 관리하는 것이지만 오로지 그것만을 위해 만들어졌기 때문에 사실상은 List보다 기능이 적습니다. 순서도 중요하지 않기 때문에 정렬 기능 같은 것도 없죠. 그렇기 때문에 List를 쓸지 Set을 쓸지는 요구 사항을 잘 생각해보고 결정해야 합니다. 이제 Set을 사용하는 방법을 예제 코드를 통해 살펴보도록 합시다.

LESSON 10 Set 사용하기

List와 마찬가지로 컬렉션의 일종인 Set에도 데이터를 추가하거나 제거할 수 있습니다. 다만 중복을 허용하지 않기 때문에 중복해서 데이터를 추가하는 경우에는 무시하게 됩니다. 문자열 집합에 중복된 데이터를 추가하고 제거하는 예제 코드를 통해 이를 확인해보겠습니다.

클래스명 : SetExample01

```
1  import java.util.HashSet;
2  import java.util.Set;
3
4  public class SetExample01 {
5
6      public static void main(String[] args) {
7          Set<String> myFavoriteFoods = new HashSet<>();
8
9          myFavoriteFoods.add("치킨");
10         myFavoriteFoods.add("피자");
11         myFavoriteFoods.add("치킨");
12
13         System.out.println(myFavoriteFoods);
14     }
15 }
```

그림 11.32 Set에 중복된 값을 넣고 출력해보는 프로그램

add 메소드를 이용해 중복된 값을 넣었지만 이 프로그램을 실행했을 때에는 다음과 같이 두 개의 요소만 출력됩니다.

```
[치킨, 피자]

Process finished with exit code 0
```

그림 11.33 Set에 중복된 값이 들어가지 않은 것을 확인

Set에서도 List와 같이 remove 메소드를 이용하면 데이터를 제거할 수 있습니다. 다음 예제 코드를 살펴봅시다.

```
1   import java.util.HashSet;
2   import java.util.Set;
3
4   public class SetExample02 {
5
6       public static void main(String[] args) {
7           Set<String> myFavoriteFoods = new HashSet<>();
8
9           myFavoriteFoods.add("치킨");
10          myFavoriteFoods.add("피자");
11          myFavoriteFoods.add("치킨");
12
13          myFavoriteFoods.remove("치킨");
14
15          System.out.println(myFavoriteFoods);
16      }
17  }
```

그림 11.34 Set에서 마지막에 "치킨"을 제거

add 메소드를 이용해 "치킨"을 두 번 넣고 마지막에 remove 메소드를 이용해 "치킨"을 제거했습니다. 이 프로그램의 실행 결과는 다음과 같습니다.

```
[피자]

Process finished with exit code 0
```

그림 11.35 슬프게도 치킨이 사라지고 피자만 남은 상황

Set도 contains 메소드를 이용해 특정 데이터가 집합 안에 포함되어 있는지를 확인할 수 있습니다. 하지만 List에서는 중복 체크용으로 contains 메소드를 사용했던 것과 달리 Set에서는 말 그대로 특정 데이터의 포함 여부를 판단하는 조금 더 원초적인 용도에 어울립니다. 결국 contains 메소드는 List나 Set이나 동일한 기능을 하지만 어떤 것을 사용할지를 선택하는 것은 프로그래머의 몫인 것입니다. 주민등록번호 목록과 같이 동일한 값이 존재하지 않는 경우에는 애초부터 오입력 방지를 위해 Set을 사용하는 편이 더 어울리겠죠? 하지만 컬렉션의 몇 번째에 어느 값이 있는지를 알고 사용하기 위해서는 List를 선택하는 편이 더 좋을 겁니다. 결국 용도에 맞게 사용하는 것이 중요한 것이죠.

반복문에서 컬렉션 이용하기

배열과 마찬가지로 컬렉션도 세련된 반복문을 사용할 수 있습니다. 문법은 배열을 사용했을 때와 동일합니다. 문자열 목록을 처음부터 끝까지 출력하는 다음 예제 코드를 봅시다.

클래스명 : CollectionLoop01

```
1      import java.util.ArrayList;
2
3  ▶   public class CollectionLoop01 {
4
5  ▶       public static void main(String[] args) {
6              ArrayList<String> myFavoriteFoods = new ArrayList<>();
7
8              myFavoriteFoods.add("치킨");
9              myFavoriteFoods.add("피자");
10             myFavoriteFoods.add("고구마말랭이");
11
12         ① for (String food : myFavoriteFoods) {
13                 System.out.println(food + " 맛있어요.");
14             }
15         }
16     }
```

그림 11.36 List를 반복문에서 사용하는 예

① List인 myFavoriteFoods를 for-each 문에 적용해 문자열을 출력합니다.

이미 배웠던 문법이라 간단하죠? 다음은 앞의 예제 코드를 실행시킨 결과입니다.

```
치킨 맛있어요.
피자 맛있어요.
고구마말랭이 맛있어요.

Process finished with exit code 0
```

그림 11.37 CollectionLoop01의 실행 결과

Set도 마찬가지의 문법을 적용할 수 있습니다.

클래스명 : CollectionLoop02

```
1   import java.util.HashSet;
2
3   public class CollectionLoop02 {
4
5       public static void main(String[] args) {
6           HashSet<String> myFavoriteFoods = new HashSet<>();
7
8           myFavoriteFoods.add("치킨");
9           myFavoriteFoods.add("피자");
10          myFavoriteFoods.add("고구마말랭이");
11
12          for (String food : myFavoriteFoods) {
13              System.out.println(food + " 맛있어요.");
14          }
15      }
16  }
```

그림 11.38 Set을 반복문에서 사용하는 예

Set을 사용했다는 점을 제외하면 List를 사용했을 때와 완전히 동일합니다. 하지만 이전에 Set은 순서가 중요하지 않다고 언급한 적이 있었습니다. 그러면 이 코드가 문자열을 어떤 순서로 출력해주는지 실행을 통해 확인해봅시다.

```
치킨 맛있어요.
고구마말랭이 맛있어요.
피자 맛있어요.

Process finished with exit code 0
```

그림 11.39 입력한 순서대로 출력되지 않을 수도 있는 Set

이처럼 Set은 입력한 순서와는 다른 순서로 처리가 될 수도 있습니다. 때문에 Set을 사용할 때에는 순서가 보장되지 않는다는 점에 유념해야 합니다.

0	치킨
1	피자
2	고구마말랭이
…	…

List

Set

그림 11.40 List와 Set

LESSON 12

컬렉션이 비어있는지 확인하기

컬렉션을 사용하다 보면 이 컬렉션이 비어있는지를 확인해야 하는 경우가 있습니다. 여러분은 모바일 앱이나 웹페이지에서 특정 검색어를 입력했을 때에 목록이 있는 경우는 목록을 표시해주고 그렇지 않은 경우는 "결과가 없습니다." 등의 문자열이 출력되는 것을 본 적이 있을 것입니다. 컬렉션이 비어있는지를 판단하는 기능이 필요한 대표적인 예입니다.

컬렉션이 비었는지를 확인하는 데에는 대표적으로 두 가지 방법이 존재합니다. 컬렉션의 크기를 사용하는 방법과 미리 준비된 메소드를 이용하는 방법입니다. 먼저 컬렉션의 크기를 사용하는 방법을 살펴봅시다. 컬렉션의 크기를 확인하기 위해서는 size 메소드를 사용해야 합니다.

클래스명 : CollectionSize

```
1       import java.util.ArrayList;
2
3 ▶     public class CollectionSize {
4
5 ▶         public static void main(String[] args) {
6               ArrayList<String> videos = new ArrayList<>();
7
8               videos.add("뽀로로와 노래해요");
9               videos.add("[헤이지니 비밀의 문] 미니특공대 루시 악당을 물리쳐라");
10              videos.add("[미방송_외장하드털이_2탄] 누가 펭수를 자극했는가");
11
12          ① System.out.println("총 " + videos.size() + "개의 동영상이 있습니다.");
13          }
14      }
```

그림 11.41 size 메소드를 이용해 동영상 목록에 동영상이 몇개 있는지 출력해주는 프로그램

① 문자열을 출력할 때 size 메소드를 호출해 동영상이 총 몇 개인지를 출력해줍니다.

```
총 3개의 동영상이 있습니다.

Process finished with exit code 0
```

그림 11.42 CollectionSize 실행 결과

동영상 목록에서 size 메소드를 이용해 간단하게 동영상의 개수를 출력해봤습니다. 그러면 동영상의 개수를 통해서 어떻게 이 동영상 목록이 비었는지를 확인할 수 있을까요? 간단합니다. 동영상이 0개인 경우입니다. 다음 예제 프로그램을 살펴봅시다.

클래스명 : CollectionSizeZero

```
1       import java.util.ArrayList;
2
3 ▶     public class CollectionSizeZero {
4
5 ▶         public static void main(String[] args) {
6           ① ArrayList<String> videos = new ArrayList<>();
7
8           ② if (videos.size() == 0) {
9                   System.out.println("목록이 비어있습니다.");
10              } else {
11                  System.out
12                          .println("총 " + videos.size() + "개의 동영상이 있습니다.");
13              }
14          }
15      }
```

그림 11.43 size 메소드를 통해 목록이 비어있는지 출력해주는 프로그램

① 빈 동영상 목록을 하나 생성합니다.

② size 메소드를 통해 만일 목록의 크기가 0이라면 "목록이 비어있습니다."를 출력해주고 그렇지 않다면 동영상 목록의 개수를 출력해줍니다.

애초부터 목록이 비어있으므로 이 예제 코드를 실행하면 다음과 같은 결과가 출력됩니다.

```
목록이 비어있습니다.

Process finished with exit code 0
```

그림 11.44 CollectionSizeZero의 실행 결과

지금까지 size 메소드를 호출해서 목록의 크기 비교를 통해 목록이 비어있는지를 판단하는 방법에 대해 알아보았습니다. 이번에는 목록이 비었는지를 판단하기 위해 준비된 메소드를 사용함으로써 조금 더 명시적으로 목록이 비었는지 여부를 판단하는 방법을 동일한 예제 코드를 통해 알아보도록 합시다.

클래스명 : CollectionIsEmpty

```
1       import java.util.ArrayList;
2
3 ▶     public class CollectionIsEmpty {
4
5 ▶         public static void main(String[] args) {
6               ArrayList<String> videos = new ArrayList<>();
7
8           ① if (videos.isEmpty()) {
9                   System.out.println("목록이 비어있습니다.");
10              } else {
11                  System.out
12                      .println("총 " + videos.size() + "개의 동영상이 있습니다.");
13              }
14          }
15      }
```

그림 11.45 isEmpty 메소드를 사용해 목록이 비었는지를 판단

① 컬렉션에 준비된 isEmpty 메소드를 사용해 목록이 비었는지 여부를 판단합니다.

isEmpty 메소드가 반환하는 값은 boolean 타입이므로 if문의 조건으로 바로 사용할 수 있습니다. isEmpty 메소드가 반환하는 값이 true인 경우 목록이 비어있다는 것이고 반대로 false인 경우는 목록이 비어있지 않다는 의미입니다. 이 프로그램을 실행시키면 바로 전의 예제 코드와 동일한 결과가 출력됩니다. 이왕이면 isEmpty 메소드를 이용하는 게 훨씬 더 명시적이어서 좋습니다.

이제 방금 배운 것들을 응용하기 위해 사용자로부터 등록할 동영상의 목록을 입력받고 isEmpty 메소드를 이용해 총 몇 개의 동영상이 등록되었는지를 출력해주는 프로그램을 작성해 보겠습니다.

클래스명 : IsEmptyOrNot

```
1   import java.util.ArrayList;
2   import java.util.Scanner;
3
4   public class IsEmptyOrNot {
5
6       public static void main(String[] args) {
7           System.out.println("추가할 동영상 제목을 입력하세요.(종료: 0)");
8       ①  Scanner scanner = new Scanner(System.in);
9           ArrayList<String> videos = new ArrayList<>();
10
11          while (true) {
12          ②  String title = scanner.nextLine();
13
14          ③  if(title.equals("0")) {
15                  break;
16              }
17
18          ④  videos.add(title);
19          }
20
21      ⑤  if (videos.isEmpty()) {
22              System.out.println("목록이 비었습니다.");
23          } else {
24              System.out.println(
25                  "총 " + videos.size() + "개의 동영상이 등록되었습니다."
26              );
27          }
28      }
29  }
```

그림 11.46 동영상 목록을 입력받아 동영상의 개수를 출력하는 프로그램

① 동영상 제목을 입력하라는 문구를 출력하고 입력을 받기 위해 Scanner와 빈 동영상 목록을 생성합니다.

② 반복문을 돌며 사용자로부터 동영상 제목을 입력받습니다.

③ 사용자가 입력한 문자열이 "0"이라면 반복문을 탈출합니다.

④ 사용자가 입력한 동영상 제목을 목록에 저장합니다.

⑤ 반복문이 종료되면 isEmpty 메소드로 동영상 목록이 비었는지를 판단해 경우에 따른 결과를 출력해줍니다.

이 프로그램의 실행 결과는 다음과 같습니다.

```
추가할 동영상 제목을 입력하세요.(종료: 0)
0
목록이 비었습니다.

Process finished with exit code 0
```

그림 11.47 제목을 입력하지 않고 바로 종료한 결과

```
추가할 동영상 제목을 입력하세요.(종료: 0)
뽀로로와 노래해요
[헤이지니 비밀의 문] 미니특공대 루시 악당을 물리쳐라
[미방송_외장하드털이_2탄] 누가 펭수를 자극했는가
0
총 3개의 동영상이 등록되었습니다.

Process finished with exit code 0
```

그림 11.48 세개의 동영상 제목을 입력한 결과

지금까지 컬렉션이 비었는지를 확인하기 위해 컬렉션의 크기를 체크하는 방법과 isEmpty 메소드를 이용하는 방법에 대해 알아보았습니다. 어느 방법을 사용하든 프로그램은 동일하게 동작하지만 이왕이면 isEmpty 메소드를 이용하는 편이 더 명시적이기 때문에 권장된다는 것을 잊지 마세요.

ArrayList와 HashSet 비교

ArrayList는 순서가 있는 목록이며 HashSet은 순서가 없는 유일한 합들의 목록이었습니다. 이번 절에서는 지금까지 배운 ArrayList와 HashSet을 간단히 비교해보도록 하겠습니다. ArrayList와 HashSet은 다음과 같은 차이점을 가지고 있습니다.

ArrayList	HashSet
순서가 있는 목록을 표현	순서가 없는 유일한 값들의 집합을 표현
중복 값을 허용	중복 값을 허용하지 않음
특정 위치의 요소에 접근 가능	특정 위치의 값에 접근할 수 없음

ArrayList에는 추가적인 기능들이 정의되어 있는 반면 HashSet에는 컬렉션의 기본 기능만이 존재합니다. 다음은 자주 사용되는 유용한 기능들과 지원 여부를 나타낸 표입니다.

메소드	기능	ArrayList에서 사용	HashSet에서 사용
add(Type data)	목록에 값 추가	O	O
add(int index, Type data)	목록의 특정 위치에 값 추가	O	X
clear()	목록에서 값 전부 제거	O	O
contains(Type data)	목록에 특정 값이 있는지 확인	O	O
isEmpty()	목록이 비었는지 확인	O	O
remove(Type data)	목록에서 특정 값 제거	O	O
remove(int index)	목록의 특정 위치의 값 제거	O	X
size()	목록의 크기 반환	O	O

1. 앞에서 작성했던 간단 메모장 프로그램에 "src/notes.txt" 파일을 이용해 지금까지 작성했던 파일명의 목록을 저장하고 보여주는 기능을 추가해보세요. 프로그램이 시작될 때 "src/notes.txt" 파일에 저장된 파일명의 목록을 읽어 ArrayList에 추가하고 새 메모가 작성되면 ArrayList에 메모 파일명을 추가하고 정렬해보세요. 프로그램을 종료할 때에는 이 목록이 다시 "src/notes.txt" 파일로 저장되어야 합니다.

   - 클래스명: NotepadWithList

1. NotepadWithList

```
import java.io.FileInputStream;
import java.io.FileNotFoundException;
import java.io.FileWriter;
import java.io.IOException;
import java.util.ArrayList;
import java.util.Collections;
import java.util.List;
import java.util.Scanner;

public class NotepadWithList {

    // 사용자로부터 입력 처리를 담당할 Scanner를 전역변수로 선언합니다.
    public static Scanner scanner = new Scanner(System.in);

    /*
    메모 목록을 담은 ArrayList입니다.
    프로그램이 시작되면 readMemoList()를 호출해 메모 목록을 미리 로드합니다.
    */
    public static List<String> memoList = readMemoList();

    public static void main(String[] args) {

        // 무한반복. 사용자가 3을 입력하면 반복문을 탈출하도록 구현합니다.
        while (true) {
            System.out.println("원하는 작업 번호를 입력해주세요.");
            System.out.println("1. 메모 읽기");
            System.out.println("2. 새 메모");
            System.out.println("3. 메모 목록");
            System.out.println("4. 종료");
```

```
// 사용자로부터 명령 번호를 입력받습니다.
String operation = scanner.nextLine();
int taskNum = parseIntegerOrNegative1(operation);

// 메모 읽기를 선택한 경우
if (taskNum == 1) {
    System.out.println("메모 파일명을 입력하세요.");

    // 사용자로부터 문자열로 파일명을 입력받습니다.
    String fileName = scanner.nextLine();

    // 사용자가 입력한 파일명으로 된 파일을 읽어 내용을 출력합니다.
    readMemo(fileName);
}

// 새 메모를 선택한 경우
else if (taskNum == 2) {
    System.out.println("저장할 메모 파일명을 입력하세요.");

    // 새 메모를 저장하기 위해 새 파일명을 입력받습니다.
    String fileName = scanner.nextLine();

    // 사용자가 입력한 파일명으로 메모를 작성합니다.
    writeMemo(fileName);
}

// 메모 목록을 선택한 경우
else if (taskNum == 3) {
    showMemoList();
}

// 종료를 선택한 경우
else if (taskNum == 4) {
    // 프로그램을 종료한하는 메시지 출력 후 반복문을 탈출합니다.
    System.out.println("프로그램을 종료합니다.");
    saveMemoList();
    break;
}
```

```
            // 사용자가 입력한 값이 1, 2, 3 중 하나가 아닌 경우
            // "잘못된 입력입니다"라는 메시지를 출력합니다.
            else {
                System.out.println("잘못된 입력입니다.");
            }
        }
    }

    private static void readMemo(String fileName) {
        // 파일 내용을 읽어들이기 위해 FileInputStream을 선언합니다.
        FileInputStream inputStream = null;

        // 사용자로부터 입력한 파일명을 가지고 FileInputStream을 생성합니다.
        // 파일이 없을 경우 "파일이 존재하지 않습니다."라는 메시지를 출력한 후
        // 그대로 메소드를 탈출합니다.
        try {
            inputStream = new FileInputStream(fileName);
        } catch (FileNotFoundException e) {
            System.out.println("파일이 존재하지 않습니다.");
            return;
        }

        // FileInputStream이 성공적으로 생성되면 안내 메시지를 출력합니다.
        System.out.println(fileName + "의 내용을 출력합니다.");

        // FileInputStream으로부터 파일의 내용을 읽어들일 Scanner를 선언합니다.
        Scanner reader = new Scanner(inputStream);

        // 파일의 내용을 한줄씩 읽어 끝까지 출력합니다.
        while (reader.hasNextLine()) {
            System.out.println(reader.nextLine());
        }
        System.out.println("₩n");

        // 파일을 다 사용했으면 닫아줍니다.
        reader.close();
    }
```

```java
private static void writeMemo(String fileName) {
    if (memoList.contains(fileName)) {
        // 메모 목록에 동일한 파일명이 존재하는 경우 메소드를 탈출합니다.
        System.out.println("파일이 이미 존재합니다.");
        return;
    }

    // 파일을 쓰기 위해 FileWriter를 선언합니다.
    FileWriter writer = null;

    // 사용자가 입력한 파일명을 가지고 FileWriter를 생성합니다.
    // 파일 생성에 실패한 경우 "파일 생성에 실패했습니다." 출력 후
    // 반복문의 처음으로 돌아갑니다.
    try {
        writer = new FileWriter(fileName);
    } catch (IOException e) {
        System.out.println("파일 생성에 실패했습니다.");
        return;
    }

    System.out.println("메모할 문자열을 입력하세요.");
    System.out.println("(종료: 빈 줄에서 엔터키 입력)");

    while (true) {
        // 이 while 문은 반복해서 사용자 입력을 파일에 씁니다.
        // 사용자로부터 문자열을 한줄 입력받습니다.
        String input = scanner.nextLine();

        // 사용자가 입력한 값이 빈 문자열("")이라면 반복문을 탈출합니다.
        if (input.equals("")) {
            break;
        }

        // 사용자가 입력한 문자열을 파일에 쓰고
        // 줄바꿈 문자를 통해 줄바꿈을 추가해줍니다.
        try {
            writer.write(input);
            writer.write("₩n");
        } catch (IOException e) {
```

```
                System.out.println("파일에 문자열을 쓰지 못했습니다.");
            }
        }

        // 빈 문자열을 입력받아 반복문을 탈출했다면 입력이 종료된 것이므로
        // 파일을 닫아주고 메모 목록에 파일명을 추가합니다.
        // 메모 목록에 파일명을 추가한 뒤에는 정렬해줍니다.
        try {
            writer.close();
            memoList.add(fileName);
            Collections.sort(memoList);
        } catch (IOException e) {
            System.out.println("파일을 닫는 데 실패했습니다.");
        }
    }

    public static ArrayList<String> readMemoList() {
        // src/notes.txt 파일을 읽기 위한 FileInputStream을 생성합니다.
        FileInputStream inputStream = null;

        // 파일로부터 읽은 메모 목록을 저장할 ArrayList입니다.
        ArrayList<String> memoList = new ArrayList<>();

        try {
            // src/notes.txt 파일을 엽니다.
            inputStream = new FileInputStream("src/notes.txt");
        } catch (FileNotFoundException e) {
            // 파일이 존재하지 않는 경우 빈 ArrayList를 반환합니다.
            return memoList;
        }

        // 파일의 내용을 읽기 위해 Scanner를 생성합니다.
        Scanner scanner = new Scanner(inputStream);

        while (scanner.hasNextLine()) {
            // 파일의 내용을 한줄씩 읽어 ArrayList에 저장합니다.
            String fileName = scanner.nextLine();
            memoList.add(fileName);
        }
```

```
        // 파일 목록이 추가된 ArrayList를 반환합니다.
        return memoList;
    }

    public static void showMemoList() {
        if (memoList.isEmpty()) {
            // 메모 목록이 빈 경우 메시지를 출력해줍니다.
            System.out.println("작성된 메모가 없습니다.");
        } else {
            System.out.println("메모 목록을 출력합니다.");

            // 메모 목록을 순회하며 파일명을 출력합니다.
            for (String fileName : memoList) {
                System.out.println(fileName);
            }
            System.out.println("");
        }
    }

    public static void saveMemoList() {
        // 메모 파일을 저장하기 위해 FileWriter를 선언합니다.
        FileWriter writer = null;

        try {
            // src/notes.txt라는 파일명으로 FileWriter를 생성합니다.
            writer = new FileWriter("src/notes.txt");

            // 메모 목록을 순회하며 notes.txt 안에 파일명을 씁니다.
            for (String fileName : memoList) {
                writer.write(fileName);
                writer.write("₩n");
            }

            // 다 쓴 파일은 닫아줍니다.
            writer.close();
        } catch (IOException e) {
            // 파일 쓰기가 실패한 경우 메시지를 출력해줍니다.
            System.out.println("메모 목록을 저장하는 데 실패했습니다.");
```

```java
        }
    }

    public static int parseIntegerOrNegative1(String input) {
        // 문자열을 정수로 변환해 반환합니다.
        // 예외가 발생한 경우(사용자가 정수가 아닌 값 입력) -1 을 반환합니다.
        try {
            return Integer.parseInt(input);
        } catch (NumberFormatException e) {
            return -1;
        }
    }
}
```

PART 12

데이터의 연결고리 Map

지금까지 배운 자료형은 한 종류의 데이터만을 표현할 수 있다는 한계가 있었습니다. 이는 곧 데이터 간의 연관관계를 표현함에 있어서 큰 제약이 있다는 의미가 됩니다. 예를 들어 단순한 전화번호부 앱을 만든다고 하면 이름과 전화번호가 연결되어야 합니다. Map을 이용하면 이런 데이터들을 쉽게 표현할 수가 있습니다. 이번 장에서는 Map을 이용해 연관성이 있는 데이터들을 묶어 표현하는 방법들에 대해 알아보도록 하겠습니다.

목차

학습 목표

- 컬렉션의 또다른 형태인 맵(Map)에 대해 이해합니다.
- 키와 값의 쌍에 대해 이해합니다.
- 맵을 자유롭게 사용할 수 있습니다.

주요 용어

- 맵 : 키-값 쌍의 목록을 표현하는 자료형
- put() : 맵에 값을 추가하는 메소드
- get() : 맵에서 값을 가져오는 메소드
- remove() : 맵에서 값을 제거하는 메소드

학습 시간

50분

동영상 강의

https://bit.ly/2VP2WU6

Map이란

Map은 키-값 쌍으로 이루어져 있는 자료구조입니다. 쉽게 풀어서 설명하자면 "홍길동의 전화번호"에서 "홍길동"을 키로 생각하고 "전화번호"를 값으로 생각할 수 있습니다. 대부분의 데이터는 이름과 전화번호의 관계처럼 어떤 연관성을 가지고 있습니다. 이를 쉽게 표현할 수 있는 자료형이 키-값을 가지는 HashMap입니다. Map으로 영한 단어사전을 만들었다면 이 Map의 내용은 다음과 같이 표현할 수 있습니다.

키	값
chicken	닭
hippo	하마
anteater	개미핥기

그림 12.1 영한 단어사전을 표현한 Map의 구조

Map은 순서를 따지지 않기 때문에 List처럼 특정 위치의 데이터를 가져다가 사용할 수는 없습니다. 대신에 키를 알고 있다면 그 키를 통해서 값을 가져오는 방법을 사용합니다. "hippo"라는 키를 알고있으면 "하마"라는 값을 가져올 수 있는 것이죠. 그렇다면 자바 문법으로 이 Map을 어떻게 표현할까요? 다음 문법을 살펴봅시다.

```
Map<KeyType, ValueType> map = new HashMap<>();
```

그림 12.2 Map을 생성하는 문법

Map과 HashMap의 관계 또한 List와 ArrayList, Set과 HashSet의 관계와 동일합니다. HashMap은 가장 흔히 쓰이는 Map의 자식 타입입니다.

KeyType은 키로 사용될 데이터의 자료형이며 ValueType은 값으로 사용될 데이터의 자료형입니다. 앞의 영한 단어사전은 키로 사용할 영단어가 문자열이고 값으로 사용할 한국어 단어 또한 문자열이므로 이를 표현할 HashMap은 다음과 같이 생성할 수 있습니다.

```
Map<String, String> map = new HashMap<>();
```

그림 12.3 키와 값 모두 문자열인 HashMap 생성

이제 Map이 무엇인지 알았으니 예제 코드를 통해 Map의 사용법을 익혀봅시다.

Map에 데이터 추가하기

Map에 데이터를 추가하기 위해서는 put 메소드를 이용하면 됩니다. put 메소드의 문법은 다음과 같습니다.

```
map.put(키, 값)
```

그림 12.4 put 메소드의 문법

put 메소드에 대한 이해를 돕기 위해 다음 그림을 살펴봅시다. 다음 그림에서 표는 Map이 가지고 있는 데이터를 나타냅니다. put 메소드를 이용해 키로 "anteater"를, 값으로 "개미핥기"를 입력하면 표의 마지막에 한 줄이 추가되고 키 칸에 "anteater"가, 값 칸에 "개미핥기"가 들어가는 것이죠.

map

키	값
chicken	닭
hippo	하마
anteater	개미핥기

```
map.put("anteater", "개미핥기")
```

그림 12.5 HashMap에 데이터를 추가하는 put 메소드

그러면 영한 단어 사전에 단어를 추가하는 다음 예제 코드를 봅시다.

클래스명 : MapPut01

```
1      import java.util.HashMap;
2
3 ▶    public class MapPut01 {
4
5 ▶        public static void main(String[] args) {
6            ① HashMap<String, String> dictionary = new HashMap<>();
7
8               dictionary.put("chicken", "닭");
9            ② dictionary.put("hippo", "하마");
10              dictionary.put("anteater", "개미핥기");
11
12           ③ System.out.println(dictionary);
13           }
14     }
```

그림 12.6 Map의 put 메소드 사용 예

① 문자열을 키로 하고 또다른 문자열을 값으로 하는 Map을 생성합니다.

② put 메소드를 이용해 Map에 데이터를 추가합니다. put 메소드의 첫 번째 매개변수는 키이고 두 번째 매개변수는 값입니다.

③ 값이 잘 들어갔는지 확인하기 위해 Map을 출력해봅니다.

이 예제 코드를 실행시키면 다음과 같이 Map의 결과가 출력됩니다.

```
{anteater=개미핥기, chicken=닭, hippo=하마}

Process finished with exit code 0
```

그림 12.7 MapPut01 실행 결과

결과를 살펴보면 "chicken=닭"과 같은 형태로 데이터들이 출력되는 것을 확인할 수 있습니다. 이는 Map에 데이터가 어떤 형태로 저장되어있는지를 나타냅니다.

예제 코드의 Map은 "chicken"과 "닭"이 연관지어졌다는 것은 알지만 영어단어와 그에 해당하는 한국어단어 쌍이라는 관계 자체는 여러분들이 스스로 정의해야 합니다. 만일 "chicken=닭"과 "하마=hippo"를 입력했다면 이 Map의 관계는 엉망이 되겠죠?

LESSON 03 Map에서 데이터 가져오기

영한 단어 사전을 사용하려면 영단어를 통해 한국어 단어를 가져올 수 있어야 합니다. get 메소드를 이용하면 키를 입력해 값을 가져올 수 있습니다. get 메소드의 문법은 다음과 같습니다.

```
map.get(키)
```

그림 12.8 get 메소드의 문법

이번에도 이해를 돕기 위해 그림을 살펴봅시다. get 메소드를 사용해 키를 입력하면 ①번처럼 Map에서 키를 통해 ②번처럼 값을 찾아가게 됩니다.

map

키	값
chicken	닭
hippo	하마
anteater	개미핥기

① ② map.get("anteater")

그림 12.9 HashMap에서 값을 가져오는 get 메소드

그러면 Map 의 get 메소드를 이용해서 영어 단어를 입력하면 한국어 단어를 출력해주는 예제 코드를 작성해보도록 하겠습니다.

클래스명 : MapGet01

```
1       import java.util.HashMap;
2       import java.util.Scanner;
3
4 ▶     public class MapGet01 {
5
6 ▶         public static void main(String[] args) {
7               HashMap<String, String> dictionary = new HashMap<>();
8
9               dictionary.put("chicken", "닭");
10          ①  dictionary.put("hippo", "하마");
11              dictionary.put("anteater", "개미핥기");
12
13              Scanner scanner = new Scanner(System.in);
14              System.out.println("번역을 원하는 영단어를 입력하세요.");
15
16          ②  String englishWord = scanner.nextLine();
17
18          ③  String koreanWord = dictionary.get(englishWord);
19
20          ④  if(koreanWord == null) {
21                  System.out.println("사전에 존재하지 않는 단어입니다.");
22              } else {
23                  System.out
24                      .println(englishWord + "는 \"" + koreanWord + "\"입니다.");
25              }
26          }
27      }
```

그림 12.10 간단한 영한 단어사전 프로그램

① Map에 사전에 쓰일 단어 데이터를 준비해줍니다.

② 사용자로부터 단어를 입력받습니다.

③ Map의 get 메소드를 호출해 사용자가 입력한 단어를 키로 입력하고 한글 단어를 가져옵니다.

④ 가져온 한국어 단어가 존재한다면 단어를 출력해줍니다. 값이 없다면 사전에 존재하지 않는다는 메시지를 출력해줍니다.

Map의 get 메소드를 호출하면서 매개변수로 키를 입력하면 그에 해당하는 값을 가져올 수 있습니다. 이 메소드는 만일 값이 없다면 null을 되돌려주기 때문에 코드에서는 if문을 통해 이 값이 null일 때를 별도로 처리했습니다. 그러면 우리가 만든 간단한 영한 단어 사전 프로그램을 테스트해봅시다.

```
번역을 원하는 영단어를 입력하세요.
anteater
anteater는 "개미핥기"입니다.
```

그림 12.11 사전에 단어가 존재하는 경우

```
번역을 원하는 영단어를 입력하세요.
book
사전에 존재하지 않는 단어입니다.
```

그림 12.12 사전에 단어가 존재하지 않는 경우

Map을 잠깐 사용해보니 벌써부터 유용하다는 생각이 들지 않나요? 물론 다른 자료형을 이용해도 동일한 프로그램을 작성할 수 있겠지만 Map을 이용한 것만큼 쉽지는 않을 것입니다.

LESSON 04

Map에서 데이터 제거하기

Map도 키-값 쌍의 목록을 표현하는 자료형이기 때문에 특정 요소를 제거할 수 있는 기능이 있습니다. 만일 사용자가 단어를 추가할 수 있는 영한 단어 사전을 만든다고 하면 잘못 입력된 단어를 제거하기 위해서 이 기능을 사용해야겠죠? 다음 예제 코드를 봅시다.

클래스명 : MapRemove01

```
1   import java.util.HashMap;
2
3   public class MapRemove01 {
4
5       public static void main(String[] args) {
6           HashMap<String, String> dictionary = new HashMap<>();
7
8           dictionary.put("chicken", "닭");
9           dictionary.put("hippo", "하마");
10          dictionary.put("anteater", "개미핥기");
11
12      ①   dictionary.remove("hippo");
13
14          System.out.println(dictionary);
15      }
16  }
```

그림 12.13 remove 메소드의 사용 예

① remove 메소드를 호출하면서 제거할 키를 매개변수로 입력합니다.

Map의 remove 메소드를 이용하면 Map에서 간단히 데이터를 제거할 수 있습니다. 다음은 예제 코드를 실행한 결과입니다.

```
{anteater=개미핥기, chicken=닭}

Process finished with exit code 0
```

그림 12.14 hippo가 사라진 단어 사전

put 메소드를 호출하면서 값을 null로 입력해도 비슷한 결과를 만들어낼 수 있지만 둘 사이에는 조금 다른 점이 있습니다. remove 메소드를 이용했을 때에는 Map의 크기 자체가 줄어들지만 put 메소드를 이용해 값을 null로 입력한다면 Map의 크기는 줄어들지 않습니다. 데이터를 제거하기 위해서는 명시적으로 remove 메소드를 호출해주는 편이 바람직합니다. 다음 예제 코드를 보세요.

```
1       import java.util.HashMap;
2
3 ▶     public class MapRemove02 {
4
5 ▶         public static void main(String[] args) {
6               HashMap<String, String> dictionary = new HashMap<>();
7
8               dictionary.put("chicken", "닭");
9               dictionary.put("hippo", "하마");
10              dictionary.put("anteater", "개미핥기");
11
12              System.out.println("put 메소드를 이용해 값을 null로 입력");
13              dictionary.put("hippo", null);
14          ①   System.out.println(dictionary.get("hippo"));
15              System.out.println(dictionary.size());
16
17              System.out.println("remove 메소드 사용");
18              dictionary.remove("hippo");
19          ②   System.out.println(dictionary.get("hippo"));
20              System.out.println(dictionary.size());
21
22              System.out.println(dictionary);
23          }
24      }
```

그림 12.15 값을 null로 설정했을 때와 remove 메소드를 사용

①번 영역과 ②번 주의깊게 살펴보고 프로그램을 실행시켜보세요. ①번에서는 put 메소드를 이용해 값을 null로 만든 뒤에 값과 크기를 출력했습니다. ②번 영역은 동일한 내용을 출력해보되 remove 메소드를 이용했습니다. 이 예제를 실행하면 다음과 같은 결과가 출력됩니다.

```
put 메소드를 이용해 값을 null로 입력
null
3
remove 메소드 사용
null
2
{anteater=개미핥기, chicken=닭}
```

그림 12.16 MapRemove02의 실행 결과

차이가 보이나요? get 메소드로 값을 가져왔을 때 둘 모두 null이 출력되지만 크기는 각각 3과 2로 달라지게 됩니다. 이 차이를 잘 기억하고 사용한다면 원하는 프로그램을 만들기가 더욱 쉬워질 것입니다.

LESSON 05 Map의 크기 확인하기

간단한 전화번호부 앱을 만든다고 하면 가끔은 전화번호부에 몇 명이 등록되어 있는지를 확인할 필요도 있을 것입니다. 혹은 전화번호부가 비어있음을 판단해 목록이 비어있음을 알려줄 필요도 있을지 모릅니다. ArrayList와 마찬가지로 HashMap에도 size와 isEmpty 메소드가 준비되어 있습니다. 다음의 예제 코드를 따라해보며 size와 isEmpty 메소드의 사용법을 익혀보도록 합시다.

클래스명 : MapSize01

```
1       import java.util.HashMap;
2
3  ▶    public class MapSize01 {
4
5  ▶        public static void main(String[] args) {
6               HashMap<String, String> contacts = new HashMap<>();
7
8               contacts.put("저스틴 비버", "010-1234-abcd");
9               contacts.put("오바마", "010-abcd-abcd");
10              contacts.put("개미핥기", "010-ab12-ab34");
11
12          ①  int size = contacts.size();
13
14              System.out.println(size + "개의 연락처가 있습니다.");
15          }
16      }
```

그림 12.17 size 메소드를 이용해 HashMap의 크기를 출력해주는 프로그램

① Map의 size 메소드를 호출하면 Map의 크기를 가져올 수 있습니다.

Map의 크기는 키의 개수와 동일합니다. 만일 put 메소드를 이용해 null 값을 넣은 Map이라면 이 경우에도 온전한 한 개의 데이터로 취급됩니다. 이 프로그램의 실행 결과는 다음과 같습니다.

```
3개의 연락처가 있습니다.

Process finished with exit code 0
```

그림 12.18 MapSize01 실행 결과

다음은 isEmpty 메소드의 사용 예입니다.

클래스명 : MapIsEmpty01

```
1    import java.util.HashMap;
2
3    public class MapIsEmpty01 {
4
5        public static void main(String[] args) {
6            HashMap<String, String> contacts = new HashMap<>();
7
8          ① if (contacts.isEmpty()) {
9                System.out.println("연락처가 비어있습니다.");
10           }
11       }
12   }
```

그림 12.19 isEmpty 메소드의 사용 예

① isEmpty 메소드를 호출해 Map이 비어있다면 연락처가 비어있다는 메시지를 출력해줍니다.

Map의 isEmpty 메소드를 호출하면 boolean 형태로 Map이 비어있는지 여부를 알려주기 때문에 if문의 조건절로 사용이 가능합니다. 이 프로그램을 실행하면 다음과 같은 결과를 확인할 수 있습니다.

```
연락처가 비어있습니다.

Process finished with exit code 0
```

그림 12.20 MapIsEmpty01 실행 결과

앞에서 List와 Set을 배우면서 이미 사용해본 메소드들이라 생소하게 다가오지는 않을 것입니다. 프로그래밍을 배우다 보면 점점 더 이렇게 익숙한 것들이 많아져 새로운 것을 익히기가 더 수월해질 것입니다.

LESSON 06

반복문에서 Map 이용하기

Map 또한 반복문에서 이용이 가능합니다. 하지만 키-값을 쌍으로 가지는 데이터이기 때문에 List나 Set과는 조금 다릅니다. Map을 반복문에서 사용하는 방법은 몇가지가 있는데 실습을 통해 하나씩 알아가도록 합시다. 먼저 키값을 Set으로 가져오는 keySet 메소드를 통해 Map에 접근하는 예제 코드를 살펴보겠습니다.

클래스명 : MapLoop01

```
1     import java.util.HashMap;
2     import java.util.Set;
3
4     public class MapLoop01 {
5
6         public static void main(String[] args) {
7             HashMap<String, String> dictionary = new HashMap<>();
8
9             dictionary.put("chicken", "닭");
10            dictionary.put("hippo", "하마");
11            dictionary.put("anteater", "개미핥기");
12
13         ① Set<String> englishWords = dictionary.keySet();
14
15         ② for (String englishWord : englishWords) {
16             ③ String koreanWord = dictionary.get(englishWord);
17                System.out.println(englishWord + ": " + koreanWord);
18            }
19        }
20    }
```

그림 12.21 Map의 키 집합을 반복문에 사용

1. Map의 keySet 메소드를 호출하면 가지고 있는 키들을 Set으로 반환합니다. 두 번째 줄에 Set이 import 되어 있는 것에 유념하세요. 영한 단어 사전에서 키는 영단어이므로 변수명은 englishWords로 선언했습니다.
2. 가져온 키들을 for-each문을 통해 반복합니다.
3. Map의 get 메소드를 이용해 한국어 단어를 가져옵니다.

앞의 예제 코드에서는 Map의 keySet 메소드를 통해 키 목록을 가져온 후 이를 순회하며 각각에 해당하는 한국어 단어를 출력했습니다. 이 코드의 실행 결과는 다음과 같습니다.

```
anteater: 개미핥기
chicken: 닭
hippo: 하마
```

그림 12.22 MapLoop01 실행 결과

키 목록을 가져오는 메소드가 존재한다면 값 목록을 가져오는 메소드 또한 존재할 것 같죠? 바로 values 메소드를 사용하면 값 목록을 컬렉션으로 가져올 수 있습니다. 다음 예제 코드를 봅시다.

클래스명 : MapLoop02

```
1     import java.util.Collection;
2     import java.util.HashMap;
3
4 ▶   public class MapLoop02 {
5
6 ▶       public static void main(String[] args) {
7             HashMap<String, String> dictionary = new HashMap<>();
8
9             dictionary.put("chicken", "닭");
10            dictionary.put("hippo", "하마");
11            dictionary.put("anteater", "개미핥기");
12
13        ①  Collection<String> koreanWords = dictionary.values();
14
15        ②  for (String koreanWord : koreanWords) {
16                System.out.println(koreanWord);
17            }
18        }
19    }
```

그림 12.23 값 목록을 가져오는 values 메소드의 사용 예

① values 메소드를 사용하면 Map에서 값 목록을 Collection으로 받아올 수 있습니다. 첫 번째 줄에 Collection이 import 되어 있는 것을 명심해주세요. Collection은 List의 조상쯤 되는 타입으로 거의 동일한 방법으로 사용할 수 있습니다.

② for-each문을 이용해 값 목록을 순회하면서 한글 단어들을 출력해줍니다.

앞의 예제 코드를 실행하면 다음과 같은 결과가 출력됩니다.

```
개미핥기
닭
하마
```

그림 12.24 MapLoop02 실행 결과

values 메소드를 사용하면 값 목록을 가져올 수 있지만 키가 중복을 허용하지 않는 것에 반해 값은 중복을 허용하고 있기 때문에 값으로 키를 유추할 수는 없습니다. 그러므로 values 메소드는 딱 값 목록만 필요할 때 사용할 수 있습니다. 중복 값이 존재하는 다음 Map을 보세요.

키	값
chicken	닭
hippo	하마
car	자동차
automobile	자동차

그림 12.25 중복된 값이 존재하는 HashMap

"자동차"라는 값으로는 이 값의 키가 "car"인지 "automobile"인지 알 수가 없겠죠?

마지막으로 실습해볼 방법은 키와 값을 쌍으로 가지고 있는 Entry 타입을 사용하는 것입니다. 다음 예제 코드를 통해 Entry 타입이 무엇인지 살펴봅시다.

클래스명 : MapLoop03

```
1      import java.util.HashMap;
2      import java.util.Map;
3      import java.util.Set;
4
5  ▶   public class MapLoop03 {
6
7  ▶       public static void main(String[] args) {
8              HashMap<String, String> dictionary = new HashMap<>();
9
10             dictionary.put("chicken", "닭");
11             dictionary.put("hippo", "하마");
12             dictionary.put("anteater", "개미핥기");
13
14          ① Set<Map.Entry<String, String>> wordPairs = dictionary.entrySet();
15
16          ② for (Map.Entry<String, String> wordPair : wordPairs) {
17              ③ String englishWord = wordPair.getKey();
18              ④ String koreanWord = wordPair.getValue();
19
20                 System.out.println(englishWord + ": " + koreanWord);
21             }
22         }
23     }
```

그림 12.26 Entry 타입의 사용 예

① Map의 entrySet 메소드를 호출하면 키-값 쌍으로 이루어진 Map.Entry들의 집합을 반환합니다. 두 번째와 세 번째 줄에 각각 Map과 Set이 import 되어 있는 것에 유념하세요. 이 데이터는 영단어-한글단어 쌍의 목록이므로 wordPairs라는 변수명을 사용했습니다.

② wordPairs는 Set 타입이이므로 for-each문을 통해 반복문에 사용하는 것이 가능합니다. 이 때 반복문 안에서 사용되는 각 요소의 타입은 Map.Entry<String, String>으로 영단어-한글단어의 쌍입니다.

③ Entry의 getKey 메소드를 호출해 키(영단어)를 가져옵니다.

④ Entry의 getValue 메소드를 호출해 값(한국어 단어)를 가져옵니다.

Entry는 Map에 종속된 자료형으로 하나의 키-값 쌍을 나타내는 자료형입니다. 앞의 예제에서는 영단어-한글단어의 쌍 하나를 의미하는 것이죠. 다음은 앞의 예제 코드를 실행한 결과입니다.

```
anteater: 개미핥기
chicken: 닭
hippo: 하마
```

그림 12.27 MapLoop03 실행 결과

다소 복잡해보이는 코드였지만 하는 일은 MapLoop01과 동일합니다. 때문에 특별한 목적이 없다면 동일한 일을 하면서도 코드가 단순한 keySet을 이용하는 것이 더 편하겠죠?

참고 리스트 두 개를 이용하면 맵과 비슷한 기능을 만들 수 있나요?

A. 네. 만들 수 있습니다. 다음 코드를 보세요.

```
List<String> keys = Arrays.asList("chicken", "hippo");
List<String> values = Arrays.asList("닭", "개미핥기");

for (int i = 0; i < keys.size(); i = i + 1) {
  String englishWord = keys.get(i);
  String koreanWord = values.get(i);

  System.out.println(englishWord + " = " + koreanWord);
}
```

앞에서 실습했던 것과 같은 단어 쌍을 출력해주는 프로그램입니다. 그런데 생각해보세요. 이 경우 사용자가 "hippo"라는 단어의 뜻을 찾고싶다면 keys 리스트에서 "hippo"라는 단어가 몇번째에 위치하는지부터 계산해야 할 것입니다. 그리고 해당하는 위치의 한글 단어를 찾아야 하는 거죠. 맵의 경우에는 dictionary.get("hippo")로 바로 값을 찾을 수 있는데 말입니다.

이처럼 프로그래밍을 할 때에는 각 용도에 맞는 자료형을 이용하는 것이 개발 속도에 중요한 영향을 미치게 됩니다.

1. 파일에 영단어와 한국어 단어 쌍 목록을 입력해두고 이 파일을 읽어 영한 단어 사전을 제공하는 프로그램을 만들어보세요.

● 클래스명: Dictionary

• 파일 내용 예시(src/dictionary.txt)

```
chicken 닭
hippo 하마
anteater 개미핥기
```

1. Dictionary

```
import java.io.FileInputStream;
import java.io.FileNotFoundException;
import java.util.HashMap;
import java.util.Map;
import java.util.Scanner;

public class Dictionary {

    public static void main(String[] args) {
        // 미리 생성해둔 사전 파일명입니다.
        String dictionaryFile = "src/dictionary.txt";

        // 파일로부터 사전 데이터를 읽어 Map으로 만듭니다.
        // 상세한 구현은 뒤쪽에 정의된 readDictionary 메소드로 정의했습니다.
        Map<String, String> dictionary = readDictionary
(dictionaryFile);

        // 사용자로부터 번역할 단어를 입력받기 위해 Scanner를 생성합니다.
        Scanner scanner = new Scanner(System.in);

        while (true) {
            // 이 반복문은 사용자로부터 문자열을 입력받은 키로
            // HashMap(dictionary)에서 데이터를 가져다가 출력해줍니다.
            System.out.println("번역할 영단어를 입력하세요.(종료: 빈 줄로 엔터)");

            // 사용자로부터 문자열을 입력받습니다.
            String englishWord = scanner.nextLine();

            // 사용자가 빈 문자열을 입력했다면 반복문을 탈출합니다.
```

```
            if (englishWord.equals("")) {
                break;
            }

            if (dictionary.containsKey(englishWord)) {
                // HashMap(dictionary)에 영단어를 키로 하는 한국어 단어가 있다면
                // 한국어 단어를 출력해줍니다.
                String koreanWord = dictionary.get(englishWord);
                System.out.println(englishWord + " 은(는) " +
koreanWord + " 입니다.");
            } else {
                // HashMap(dictionary)에 영단어를 키로 하는 한국어 단어가 없다면
                // 사전에 단어가 없다는 메시지를 출력해줍니다.
                System.out.println("사전에서 단어를 찾을 수 없습니다.");
            }
        }
    }

    public static Map<String, String> readDictionary(String
fileName) {
        // 파일로부터 읽어온 단어 데이터를 담을 Map을 생성합니다.
        Map<String, String> dictionary = new HashMap<>();

        // 사전 파일을 읽기 위해 FileInputStream을 선언합니다.
        FileInputStream inputStream = null;

        try {
            // fileName으로부터 FileInputStream을 생성합니다.
            inputStream = new FileInputStream(fileName);
        } catch (FileNotFoundException e) {
            // 파일이 존재하지 않는 경우 메시지 출력 후 프로그램을 종료합니다.
            System.out.println("사전 파일이 존재하지 않습니다.");
            System.exit(20);
        }

        // 파일로부터 내용을 읽어오기 위해 Scanner를 생성합니다.
        Scanner scanner = new Scanner(inputStream);

        // 파일의 내용을 끝까지 읽기 위한 반복문입니다.
```

```
        while (scanner.hasNextLine()) {
            // next()를 호출해 그 줄의 첫 단어(영단어)를 읽어옵니다.
            String englishWord = scanner.next();
            // 다시 한번 next()를 호출해 그 줄의 두 번째 단어(한글 단어)를 읽어옵니다.
            String koreanWord = scanner.next();

            // HashMap에 영단어를 키로, 한글 단어를 값으로 입력합니다.
            dictionary.put(englishWord, koreanWord);
        }

        // 파일의 끝까지 읽어 단어를 추가했다면 이 HashMap을 반환합니다.
        return dictionary;
    }
}
```

PART 13

움퍼스 사냥 게임 만들기

움퍼스 사냥(Hunt The Wumpus)은 1973년에 그레고리 욥(Gregory Yob)이라는 사람에 의해 탄생한 텍스트 기반의 고전 어드벤쳐 게임입니다. 마지막 절에서는 지금까지 배운 지식들을 총 동원해 움퍼스 사냥 게임을 만들어보도록 합시다.

목차

학습 목표

- 지금까지 배운 내용들을 토대로 게임의 로직을 부분적으로 구현해봅니다.
- 부분적으로 구현한 게임 로직들을 바탕으로 텍스트 기반 어드벤처 게임을 만듭니다.

주요 용어

- 움퍼스 사냥 게임 : 1970년대에 만들어진 텍스트 기반의 어드벤처 게임
- 움퍼스 : 게임 상에서 플레이어가 잡아야 하는 목표인 냄새나는 몬스터
- 구덩이 : 게임 상에서 플레이어의 목숨을 앗아갈 수 있는 함정
- 박쥐 : 게임 상에서 플레이어의 위치를 랜덤하게 옮길 수 있는 몬스터

학습 시간

150분

동영상 강의

https://bit.ly/2VP2WU6

움퍼스 사냥 게임

텍스트 기반의 고전 어드벤쳐 게임인 이 게임은 룰이 단순하고 텍스트 기반 게임이기 때문에 200여 줄의 짧은 코드로 구현이 가능합니다. 이번 절에서는 먼저 움퍼스 사냥 게임을 만들기 위해 이 게임에 대해 간단히 알아보도록 하겠습니다.

그림 13.1 1980년에 Texas Instruments TI-99/4A용으로 리메이크된 움퍼스 사냥

이 게임은 플레이어가 몬스터 움퍼스를 사냥하기 위해 움퍼스가 사는 동굴에 들어가는 것으로 시작됩니다. 동굴 안에는 20개의 방이 존재하며 각 방에는 박쥐, 구덩이와 같은 위험요소들이 있습니다. 플레이어는 다섯 발의 화살을 가지고 위험요소들을 피해 잠들어있는 움퍼스를 사냥해야 합니다. 다음은 이 게임의 룰입니다.

- 동굴에는 20개의 방이 존재한다.
- 각 방은 세 개의 다른 방으로 연결되는 통로가 존재한다.
- 각 방에는 한 마리의 움퍼스, 세 마리의 박쥐, 두 개의 구덩이가 랜덤하게 배치된다.
- 각 위험요소들은 하나의 방에 함께 존재할 수 없다.
- 플레이어가 움퍼스가 있는 방에 들어가면 움퍼스가 플레이어를 잡아먹고 게임이 종료된다.
- 플레이어가 구덩이가 있는 방에 들어가면 구덩이에 빠지고 다시는 빠져나올 수 없어 게임이 종료된다.

- 플레이어가 박쥐가 있는 방에 들어가면 박쥐가 플레이어를 잡아 랜덤한 방에 떨어트리고 박쥐는 다른 방으로 날아간다. 이 때 다음과 같은 규칙이 적용된다.
  - 다른 박쥐가 있는 방을 피해서 떨어트린다.
  - 박쥐가 플레이어를 떨어트린 방에 움퍼스가 있다면 움퍼스가 플레이어를 잡아먹고 게임이 종료된다.
  - 박쥐가 플레이어를 떨어뜨린 방에 구덩이가 있다면 플레이어는 구덩이에 빠지고 게임이 종료된다.
  - 박쥐가 날아가는 방은 다른 위험요소가 없는 방이다.

- 플레이어는 연결된 통로를 통해 다른 방에 화살을 쏠 수 있다. 이 때 다음과 같은 규칙이 적용된다.
  - 움퍼스가 있는 방을 향해 화살을 쏘면 움퍼스 사냥에 성공하고 게임이 종료된다.
  - 움퍼스가 없는 다른 방에 화살을 쏘면 75%의 확률로 움퍼스가 깨어나 다른 방으로 이동합니다. 움퍼스가 플레이어와 같은 방으로 이동하게 되면 플레이어를 잡아먹고 게임이 종료됩니다.
  - 다섯 발의 화살을 모두 사용하고 움퍼스를 잡지 못하면 사냥에 실패하고 게임이 종료됩니다.

게임은 연결된 통로를 통해 각 방에 무엇이 있는지에 대한 힌트를 제공합니다. 힌트를 제공할 때에는 세 개의 방 중 어느 방에 무엇이 있는지를 감추기 위해 랜덤한 순서에 의해 제공해야 합니다. 다음은 이 힌트의 목록입니다.

- 통로 건너편 방에 움퍼스가 있는 경우 주인공의 대사
  "어디선가 끔찍한 냄새가 난다."
- 통로 건너편 방에 박쥐가 있는 경우 주인공의 대사
  "어디선가 부스럭거리는 소리가 들린다."
- 통로 건너편 방에 구덩이가 있는 경우 주인공의 대사
  "바람이 부는 소리가 들리는 것 같다."
- 통로 건너편 방에 아무 것도 없는 경우 주인공의 대사
  "저 방에는 아무것도 없는 것 같다."

게임을 만들기 위해서는 게임의 요소를 어떻게 코드로 표현할 것인가를 알아야 합니다. 여러분들은 지금까지 배운 것들을 통해 충분히 이 게임을 만들 수 있습니다. 이제부터는 이 게임을 만들기 위해 필요한 프로그래밍 기법들, 즉 각 게임 요소들을 어떻게 표현하고 처리해야 할지에 대해 살펴보도록 하겠습니다.

동굴의 방과 통로 그리고 플레이어 이동

이번 절부터는 각 요소들을 어떻게 처리할 것인지 부분적으로 코드를 읽어보고 각 절의 마지막에 종합적인 코드를 살펴보도록 하겠습니다.

게임 규칙에 따르면 동굴에는 20개의 방이 존재하며 각 방은 3개의 다른 방과 연결되는 통로가 있습니다. 방과 통로를 표현하는 방법에는 여러 가지가 있겠지만 우리가 지금까지 배운 것을 떠올려보면 맵과 배열을 사용하는 방법이 먼저 떠오릅니다. 여기에서는 배열만을 사용해 방과 통로를 표현해보도록 하겠습니다.

이 게임에서 방에는 3개의 통로들과 위험요소가 있을 수 있다는 설정이 있습니다. 각각의 방이 세 개의 통로를 가지려면 최소 4개의 방이 필요합니다. 먼저 다음과 같이 배열로 4개의 방을 간단히 표현해봅시다.

```
int rooms = {0, 1, 2, 3};
```

단순하죠? 눈으로 구분하기 편하도록 각 방의 인덱스와 값을 동일하게 0, 1, 2, 3으로 넣었습니다.

3개의 통로 또한 다음과 같은 배열로 표현할 수 있습니다.

```
int[] links = {1, 2, 3};
```

통로를 통해 갈 수 있는 방이 1번, 2번, 3번 방이라는 의미입니다. 하지만 이는 한 방의 통로를 표현한 것에 불과합니다. 2차원 배열을 사용하면 다음과 같이 4개의 방 모두 각각 어떤 통로가 있는지를 표현할 수 있습니다.

```
int[] links = {{1, 2, 3}, {2, 3, 0}, {3, 0, 1}, {0, 1, 2}};
```

이제부터 rooms의 인덱스와 links의 인덱스가 동일한 방 번호를 의미한다고 생각하도록 합시다. links[0]은 0번 방에서 갈 수 있는 방들의 목록입니다.

앞의 코드는 0번 방에서는 1번, 2번, 3번 방으로, 1번 방에서는 2번, 3번, 0번 방으로, 2번 방에서는 3번, 0번, 1번 방으로, 3번 방에서는 0번, 1번, 2번 방으로 이동할 수 있는 통로를 표현한 것입니다. 이 방들의 연결관계를 그림으로 표현하면 다음과 같습니다. 동그라미는 방과 방 번호이고 선은 통로입니다.

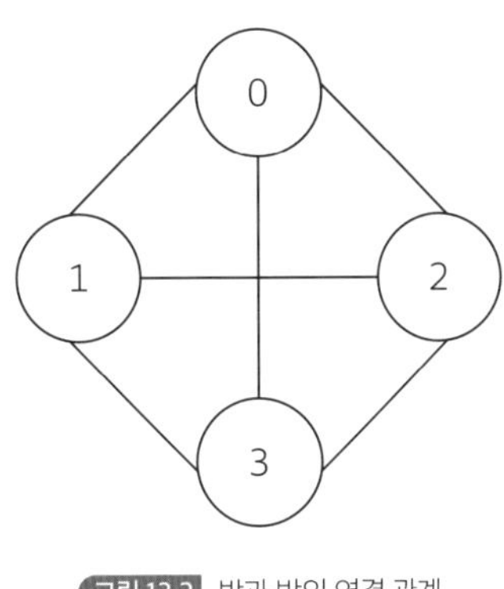

그림 13.2 방과 방의 연결 관계

이들을 종합해 방을 이동하며 현재 방의 위치를 출력해주는 예제 코드를 작성해봅시다.

클래스명 : RoomsInCave

```
import java.util.Arrays;
import java.util.Scanner;

public class RoomsInCave {

    public static void main(String[] args) {
        // 4개의 방입니다.
        int[] rooms = {0, 1, 2, 3};

        // 각 방에서 이동할 수 있는 방들의 목록을 표현한 통로입니다.
        int[][] links = {{1, 2, 3}, {2, 3, 0}, {3, 0, 1}, {0, 1, 2}};

        int currentRoom = 0; // 현재 방 번호입니다.

        Scanner scanner = new Scanner(System.in);

        while (true) {
            System.out.println("지금 " + currentRoom + "번 방에 있습니다.");
            System.out.println("다음 번호 중에서 이동할 방 번호를 입력해주세요.");

            // 현재 방에서의 통로들을 출력합니다.
            System.out.println(Arrays.toString(links[currentRoom]));

            // 이동해갈 방 번호를 입력받습니다.
            int roomNumber = scanner.nextInt();

            // 입력한 방으로 이동합니다.
            currentRoom = roomNumber;
        }
    }
}
```

이 예제 코드를 실행시키면 다음과 같은 결과를 확인할 수 있습니다.

```
지금 0번 방에 있습니다.
다음 번호 중에서 이동할 방 번호를 입력해주세요.
[1, 2, 3]
1
지금 1번 방에 있습니다.
다음 번호 중에서 이동할 방 번호를 입력해주세요.
[2, 3, 0]
2
지금 2번 방에 있습니다.
다음 번호 중에서 이동할 방 번호를 입력해주세요.
[3, 0, 1]
3
지금 3번 방에 있습니다.
다음 번호 중에서 이동할 방 번호를 입력해주세요.
[0, 1, 2]
0
지금 0번 방에 있습니다.
다음 번호 중에서 이동할 방 번호를 입력해주세요.
[1, 2, 3]
```

그림 13.3 통로를 통해 방을 이동하고 현재 위치를 출력

이 예제 코드는 예외가 발생할 가능성도 높고 해당 방에 연결된 통로가 아니어도 이동할 수 있다는 점 등에서 보완해야 할 것들이 아주 많습니다. 하지만 이 예제를 통해서 어떻게 동굴의 방들과 통로를 표현하고 위험요소를 배치하고 파악하는지에 대해서는 충분히 알 수 있을 것입니다.

주변 방에 어떤 위험요소가 존재하는지 힌트 주기

플레이어가 어떤 행동을 할지 결정하도록 만들기 위해서는 주변 방에 어떤 위험요소가 있는지에 대한 힌트를 알려줄 필요가 있습니다. 이번에는 앞서 만들었던 각 방에 위험요소를 배치하고 게임의 규칙을 참고해 연결된 통로를 통해 캐릭터가 주변 방을 살피는 상황에서 어떤 위험요소가 있는지에 따라 필요한 대사를 출력하는 내용을 구현해보겠습니다.

위험요소의 종류는 문자열 변수로 만들어 표현하면 의미 파악이 쉽고 실수를 줄일 수 있기 때문에 다음과 같이 각 위험요소를 표현하는 문자열 변수들을 선언해줄 수 있습니다.

```
String BAT = "Bat";
String PIT = "Pit";
String WUMPUS = "Wumpus";
String NOTHING = "Nothing";
```

"Nothing"이라는 문자열은 아무것도 없음을 뜻하는 것으로 사용했습니다. 마찬가지 맥락에서 "Bat"이라는 문자열은 박쥐가 있음을 뜻합니다. 변수명을 대문자로 사용한 이유는 이처럼 변하지 않는 고유한 값들을 정의한 변수에 대해서는 대문자를 사용하는 관행 때문입니다.

통로와 마찬가지로 각 방에 배치된 위험요소를 표현하기 위해서는 방과 동일한 크기의 배열이 필요합니다. 이 배열의 인덱스 또한 통로, 방과 마찬가지로 특정 방 번호를 의미하는 것으로 생각합시다. 그러면 다음과 같이 1번 방에 박쥐를, 2번 방에는 구덩이를 배치할 수 있습니다.

```
String[] hazards = {NOTHING, BAT, PIT, WUMPUS};
```

이제 이 배열을 통해 1번 방의 위험요소가 무엇인지를 판단하려면 다음과 같은 코드를 사용할 수 있습니다.

```
String hazard = hazards[1];
```

이 경우 hazard는 "Bat"이므로 1번 방에 박쥐가 있다는 것을 알 수 있는 것이죠.

앞서 만든 코드에서 각 통로를 의미하는 links라는 배열 요소로는 각각 3개의 방 번호를 사용했었습니다. links[0]의 값은 {1, 2, 3}이었고 이는 0번 방에서는 1번, 2번, 3번 방으로 갈 수 있는 통로가 있다는 것을 의미했었습니다. 우리는 이 배열을 탐색함으로써 각각의 방에 어떤 위험요소가 있는지를 출력해줄 수 있습니다. 다음 코드를 읽어봅시다.

```
// 현재 방에서 갈 수 있는 방들의 목록
int[] nextRooms = links[currentRoom];

// 방 번호들에 대해 반복문을 실행하면서
// hazards 배열에서 방 번호에 해당하는 요소를 출력
for (int nextRoom : nextRooms) {
   String hazard = hazards[nextRoom];
   System.out.println(hazard);
}
```

지금부터는 각 위험요소에 해당하는 주인공의 대사를 표현해봅시다. 이 대사들은 위험요소가 박쥐일 때에는 "어디선가 부스럭거리는 소리가 들린다.", 구덩이일 때에는 "바람이 부는 소리가 들리는 것 같다." 등의 관계가 성립합니다. 어떤 자료형이 떠오르나요? 맵을 사용하는 것이 적당해보인다는 것을 떠올렸다면 지금부터 이 게임을 혼자 만들어봐도 좋을 것 같습니다. 그러면 맵을 사용해 위험요소와 대사의 관계를 표현해보도록 합시다.

```
HashMap<String, String> hazardMessages = new HashMap<>();

hazardMessages.put(WUMPUS, "₩"어디선가 끔찍한 냄새가 난다.₩"");
hazardMessages.put(BAT, "₩"어디선가 부스럭거리는 소리가 들린다.₩"");
hazardMessages.put(PIT, "₩"바람이 부는 소리가 들리는 것 같다.₩"");
hazardMessages.put(NOTHING, "₩"저 방에는 아무것도 없는 것 같다.₩"");
```

이제 방과 통로, 위험요소, 메시지들을 종합해 다음과 같은 순서로 주인공의 대사를 판단할 수 있습니다.

1. 방 번호에 해당하는 통로들을 가져온다.
2. 반복문을 통해 통로를 순회하면서 해당 방에 존재하는 위험요소를 가져온다.
3. 위험요소를 통해 메시지를 파악한다.

이 순서를 코드로 작성해보면 다음과 같습니다.

```
// 현재 방에서 갈 수 있는 방들의 목록입니다.
int[] nextRooms = links[currentRoom];

// 반복문을 통해 연결된 방들을 순회합니다.
for (int nextRoom : nextRooms) {
    // 방 번호에 해당하는 위험요소를 가져옵니다.
    String hazard = hazards[nextRoom];
    // 위험요소에 해당하는 대사를 가져옵니다.
    String message = hazardMessages.get(hazard);
    // 대사를 출력합니다.
    System.out.println(message);
}
```

이제 최종적으로 13.2절의 코드와 합쳐서 방을 이동하며 주변 방의 위험요소에 따른 대사가 출력되는 코드를 작성해봅시다.

클래스명 : HazardInRooms

```
import java.util.Arrays;
import java.util.HashMap;
import java.util.Scanner;

public class HazardInRooms {

    public static void main(String[] args) {
        int[] rooms = {0, 1, 2, 3}; //방

        String BAT = "Bat";
        String PIT = "Pit";
        String WUMPUS = "Wumpus";
        String NOTHING = "Nothing";

        // 각 방에 배치된 위험요소입니다.
        String[] hazards = {NOTHING, BAT, PIT, WUMPUS};

        // 위험요소에 해당하는 플레이어의 대사입니다.
        HashMap<String, String> hazardMessages = new HashMap<>();

        hazardMessages.put(WUMPUS, "₩"어디선가 끔찍한 냄새가 난다.₩"");
        hazardMessages.put(BAT, "₩"어디선가 부스럭거리는 소리가 들린다.₩"");
        hazardMessages.put(PIT, "₩"바람이 부는 소리가 들리는 것 같다.₩"");
        hazardMessages.put(NOTHING, "₩"저 방에는 아무것도 없는 것 같다.₩"");

        // 각 방에서 이동할 수 있는 방들의 목록을 표현한 통로입니다.
        int[][] links = {{1, 2, 3}, {2, 3, 0}, {3, 0, 1}, {0, 1, 2}};

        int currentRoom = 0; // 현재 방 번호입니다.
```

```
        Scanner scanner = new Scanner(System.in);

        while (true) {
            System.out.println("지금 " + currentRoom + "번 방에 있습니다.");

            // 현재 방에서 갈 수 있는 방들의 목록입니다.
            int[] nextRooms = links[currentRoom];

            // 반복문을 통해 연결된 방들을 순회합니다.
            for (int nextRoom : nextRooms) {
                // 방 번호에 해당하는 위험요소를 가져옵니다.
                String hazard = hazards[nextRoom];
                // 위험요소에 해당하는 대사를 가져옵니다.
                String message = hazardMessages.get(hazard);
                // 대사를 출력합니다.
                System.out.println(message);
            }

            // 현재 방에서의 통로들을 출력합니다.
            System.out.println("다음 번호 중에서 이동할 방 번호를 입력해주세요.");
            System.out.println(Arrays.toString(nextRooms));

            // 이동해갈 방 번호를 입력받습니다.
            int roomNumber = scanner.nextInt();

            // 입력한 방으로 이동합니다.
            currentRoom = roomNumber;
        }
    }
}
```

이 예제 코드를 실행시키면 다음과 같은 결과를 확인할 수 있습니다.

```
지금 0번 방에 있습니다.
"어디선가 부스럭거리는 소리가 들린다."
"바람이 부는 소리가 들리는 것 같다."
"어디선가 끔찍한 냄새가 난다."
다음 번호 중에서 이동할 방 번호를 입력해주세요.
[1, 2, 3]
1
지금 1번 방에 있습니다.
"바람이 부는 소리가 들리는 것 같다."
"어디선가 끔찍한 냄새가 난다."
"저 방에는 아무것도 없는 것 같다."
다음 번호 중에서 이동할 방 번호를 입력해주세요.
[2, 3, 0]
2
지금 2번 방에 있습니다.
"어디선가 끔찍한 냄새가 난다."
"저 방에는 아무것도 없는 것 같다."
"어디선가 부스럭거리는 소리가 들린다."
다음 번호 중에서 이동할 방 번호를 입력해주세요.
[3, 0, 1]
3
지금 3번 방에 있습니다.
"저 방에는 아무것도 없는 것 같다."
"어디선가 부스럭거리는 소리가 들린다."
"바람이 부는 소리가 들리는 것 같다."
다음 번호 중에서 이동할 방 번호를 입력해주세요.
[0, 1, 2]
```

그림 13.4 현재 방에 연결된 다른 방들의 위험요소에 해당하는 힌트(대사) 출력

아직은 조금 투박하기는 하지만 플레이어는 이 대사들을 통해 주변 방에 어떤 위험요소가 있는지를 파악하고 플레이를 진행할 수 있을 것입니다.

LESSON 04 위험요소를 만났을 때의 이벤트 처리

이 게임에서는 플레이어가 방을 이동했을 때 각 방에 어떤 위험요소가 있는지에 따라 게임에서 지거나 랜덤한 방에 이동하게 됩니다. 움퍼스를 만난다면 움퍼스에게 잡아먹히고 구덩이를 만난다면 구덩이에 빠지고 박쥐를 만난다면 랜덤한 방으로 이동하게 되죠. 이 처리는 매 턴마다 사용자가 이동을 선택한 경우 수행해주어야 합니다.

이 이벤트들을 처리해주기 위해서는 다음과 같이 이동해간 방에 있는 위험요소를 파악한 후 조건문을 통해 각각의 이벤트를 처리해주면 됩니다.

```
// 현재 방에 위치한 위험요소를 가져옵니다.
String hazardInRoom = hazards[currentRoom];

// 현재 방에 움퍼스가 있는 경우
if (hazardInRoom.equals(WUMPUS)) {
    System.out.println("움퍼스에게 잡아먹혔습니다.");
}

// 현재 방에 구덩이가 있는 경우
else if (hazardInRoom.equals(PIT)) {
    System.out.println("구덩이에 빠졌습니다.");
}

// 현재 방에 박쥐가 있는 경우
else if (hazardInRoom.equals(BAT)) {
    System.out.println("박쥐가 당신을 잡아 다른 방에 떨어트렸습니다.");
}
```

웜퍼스나 구덩이를 만난 경우에는 단순하게 게임 종료 처리를 해주면 됩니다. 게임에서 진 것이죠. 박쥐를 만난 경우에만 방을 이동시키는 특별한 처리를 해주면 됩니다.

박쥐는 플레이어를 랜덤한 방에 이동시키되 다른 박쥐가 있는 방은 피해서 이동시킵니다. 이는 박쥐가 없는 방이 나올때까지 랜덤하게 방을 선택하는 것으로 처리할 수 있습니다. 다음 코드를 보세요.

```
Random random = new Random();

// 박쥐가 없는 방이 나올때까지 랜덤하게 방을 선택합니다.
do {
    currentRoom = random.nextInt(rooms.length);
} while (hazards[currentRoom].equals(BAT));
```

do 블록에서는 방의 개수 범위 내에서 랜덤하게 정수 하나를 선택해 플레이어의 위치에 대입해줍니다. 그리고 while의 조건으로는 이동시킨 현재 방에 박쥐가 있는지를 판단합니다. 박쥐가 있다면 괄호 안의 코드가 true를 반환할테니 랜덤한 방을 다시 선택하게 되는 것이죠.

박쥐가 플레이어를 이동시킨 후에는 박쥐 자신이 또다른 방으로 이동해야 합니다. 이 때에 박쥐는 빈 방을 찾아가야 합니다. 빈 방을 찾아가려면 플레이어가 있는 방이 아니고 다른 위험요소도 없는 방이어야 합니다. 조건이 두개이므로 while문을 사용하고 continue와 break로 while문을 제어해봅시다.

```
// 박쥐를 이동시키기 위해 원래 방의 박쥐는 먼저 제거합니다.
hazards[roomNumber] = NOTHING;

/*
플레이어를 이동시킨 후에는 플레이어가 있는 방이나
또다른 박쥐가 있는 방을 피해 박쥐를 이동시킵니다.
```

```
*/
while (true) {
    // 박쥐가 이동해 갈 방을 랜덤하게 선택합니다.
    int newBatRoom = random.nextInt(rooms.length);

    // 선택된 방이 플레이어가 있는 방이라면 방을 다시 선택합니다.
    if (newBatRoom == currentRoom) {
        continue;
    }

    /*
    선택된 방에 플레이어도 또다른 위험요소도 없다면
    선택된 방에 박쥐를 배치합니다.
     */
    if (hazards[newBatRoom].equals(NOTHING)) {
        hazards[newBatRoom] = BAT;
        break;
    }
}
```

앞서 작성했던 코드에서는 방이 네 개뿐이므로 구덩이나 움퍼스가 있는 방을 제외하면 방금 전에 있던 방으로 갈 수밖에 없습니다. 그리고 박쥐는 또다시 원래 위치로 되돌아가겠죠. 하지만 방이 늘어나면 자연스럽게 동작할 것입니다.

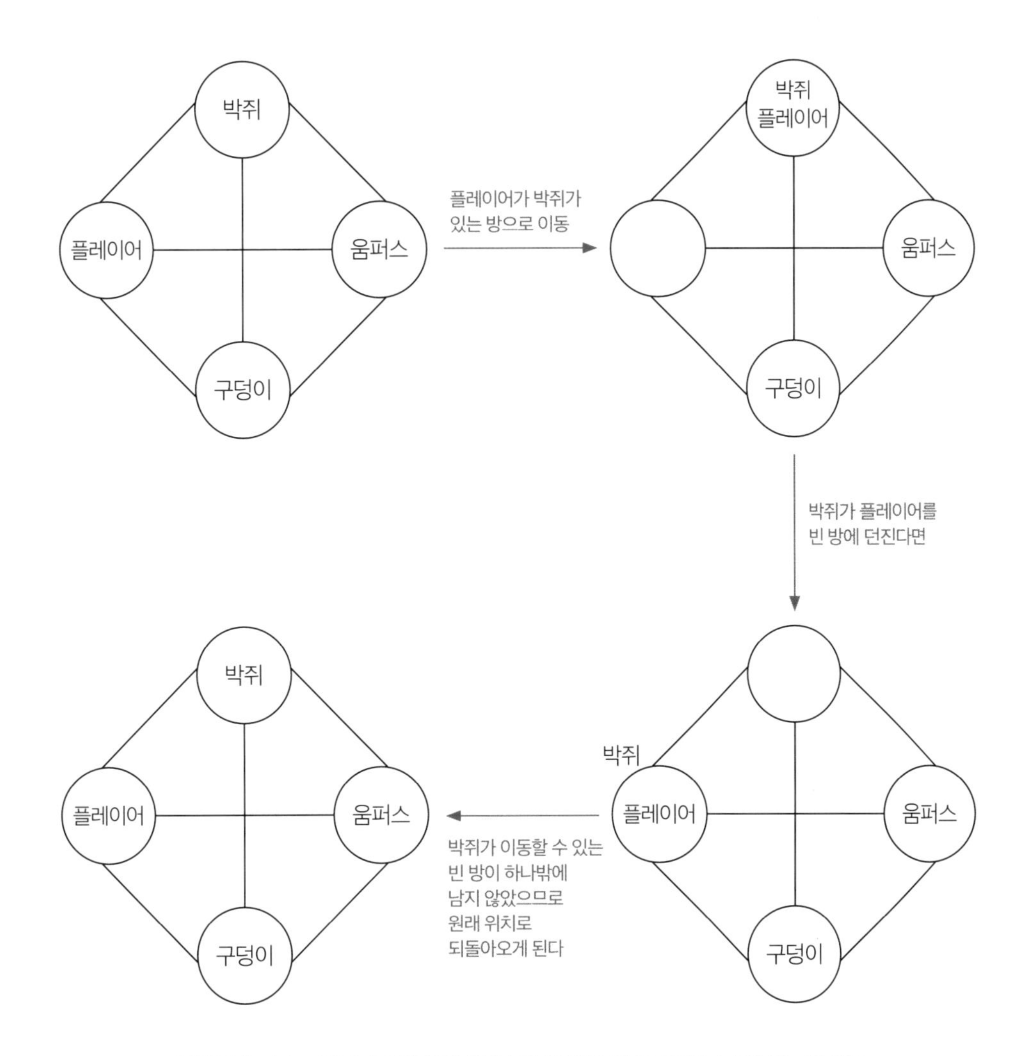

그림 13.5 방이 4개뿐일 때 플레이어가 박쥐를 만나면 원래 위치로 돌아갈 수 밖에 없는 시나리오

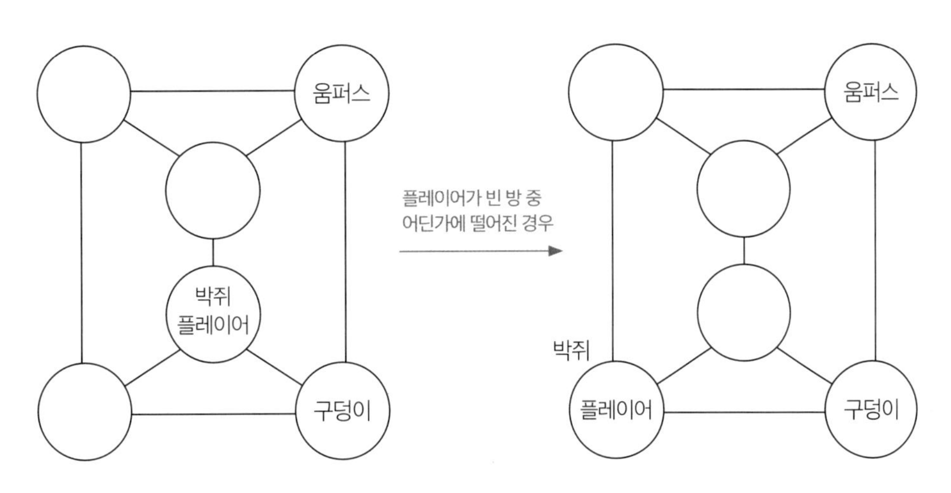

그림 13.6 방이 여섯 개인 경우 박쥐가 플레이어를 떨어트린 후에 갈 수 있는 선택지가 늘어난다

이제 이 코드들을 종합해봅시다. 변수들이 많아졌기 때문에 복잡도를 줄이기 위해 함수를 분리하고 일부 변수들은 전역변수로 빼내도록 하겠습니다.

클래스명 : MoveAndSituation

```
import java.util.Arrays;
import java.util.Random;
import java.util.Scanner;

public class MoveAndSituation {

    public static int[] rooms = {0, 1, 2, 3}; //방

    // 각 방에서 이동할 수 있는 방들의 목록을 표현한 통로입니다.
    public static int[][] links = {{1, 2, 3}, {2, 3, 0}, {3, 0, 1}, {0,
1, 2}};

    public static String BAT = "Bat";
    public static String PIT = "Pit";
    public static String WUMPUS = "Wumpus";
    public static String NOTHING = "Nothing";

    // 각 방에 배치된 위험요소입니다.
    public static String[] hazards = {NOTHING, BAT, PIT, WUMPUS};

    public static int currentRoom = 0; // 현재 방 번호입니다.

    public static void main(String[] args) {

        Scanner scanner = new Scanner(System.in);

        while (true) {
            System.out.println("지금 " + currentRoom + "번 방에 있습니다.");
```

```
            // 현재 방에서 갈 수 있는 방들의 목록입니다.
            int[] nextRooms = links[currentRoom];

            // 현재 방에서의 통로들을 출력합니다.
            System.out.println("다음 번호 중에서 이동할 방 번호를 입력해주세요.");
            System.out.println(Arrays.toString(nextRooms));

            // 이동해갈 방 번호를 입력받습니다.
            int roomNumber = scanner.nextInt();

            // 플레이어 이동 처리를 합니다.
            move(roomNumber);
        }
    }

    /*
    플레이어가 이동했을 때 이동과 그 뒤의 이벤트들을 처리하는 메소드입니다.
    이동을 하게 되면 그 방에 어떤 위험요소가 있는지를 판단하고
    각 위험요소에 해당하는 이벤트를 처리합니다.
     */
    private static void move(int room) {
        // 입력한 방으로 이동합니다.
        currentRoom = room;

        // 현재 방에 위치한 위험요소를 가져옵니다.
        String hazardInRoom = hazards[currentRoom];

        // 현재 방에 움퍼스가 있는 경우
        if (hazardInRoom.equals(WUMPUS)) {
            System.out.println("움퍼스에게 잡아먹혔습니다.");
        }

        // 현재 방에 구덩이가 있는 경우
        else if (hazardInRoom.equals(PIT)) {
```

```
        System.out.println("구덩이에 빠졌습니다.");
    }

    // 현재 방에 박쥐가 있는 경우
    else if (hazardInRoom.equals(BAT)) {
        System.out.println("박쥐가 당신을 잡아 다른 방에 떨어트렸습니다.");

        Random random = new Random();

        // 박쥐가 없는 방이 나올때까지 랜덤하게 방을 선택합니다.
        do {
            currentRoom = random.nextInt(rooms.length);
        } while (hazards[currentRoom].equals(BAT));

        /*
        박쥐를 이동시키기 위해 원래 방의 박쥐는 먼저 제거합니다.
        플레이어가 이동할 방을 선택하는 것보다 박쥐를 먼저 제거하면
        플레이어가 제자리에 머무는 경우가 생기게 되므로
        플레이어가 이동할 위치를 먼저 선택한 후 박쥐를 제거합니다.
        */
        hazards[room] = NOTHING;

        /*
        플레이어를 이동시킨 후에는 플레이어가 있는 방이나
        또다른 박쥐가 있는 방을 피해 박쥐를 이동시킵니다.
        */
        while (true) {
            // 박쥐가 이동해 갈 방을 랜덤하게 선택합니다.
            int newBatRoom = random.nextInt(rooms.length);

            /*
            선택된 방이 플레이어가 있는 방이라면
            반복문의 처음으로 되돌아가 방을 다시 선택합니다.
            */
            if (newBatRoom == currentRoom) {
```

```
                continue;
            }

            /*
            선택된 방에 플레이어도 또다른 위험요소도 없다면
            선택된 방에 박쥐를 배치합니다.
            */
            if (hazards[newBatRoom].equals(NOTHING)) {
                hazards[newBatRoom] = BAT;
                break;
            }
        }

        /*
        플레이어의 위치가 변경되었으므로 다시한번
        해당 방으로 이동했을 때에 대한 이벤트를 처리합니다.
        */
        move(currentRoom);
    }
  }
}
```

다음은 이 코드를 실행시킨 결과입니다.

```
지금 0번 방에 있습니다
다음 번호 중에서 이동할 방 번호를 입력해주세요
[1, 2, 3]
1
박쥐가 당신을 잡아 다른 방에 떨어트렸습니다
지금 0번 방에 있습니다
다음 번호 중에서 이동할 방 번호를 입력해주세요
[1, 2, 3]
2
구덩이에 빠졌습니다
지금 2번 방에 있습니다
다음 번호 중에서 이동할 방 번호를 입력해주세요
[3, 0, 1]
3
움퍼스에게 잡아먹혔습니다
지금 3번 방에 있습니다
다음 번호 중에서 이동할 방 번호를 입력해주세요
[0, 1, 2]
```

그림 13.7 플레이어가 방을 이동했을 때의 이벤트 처리

이번 절에서는 플레이어가 방을 이동했을 때 위험요소에 따른 이벤트 처리에 대해 알아보았습니다. 게임 코드가 생각보다 복잡하지는 않죠? 프로그램이라는 것은 모두 이렇게 수많은 반복문과 조건문으로 이루어져있답니다. 우리가 만든 것은 아직 온전한 게임의 모습을 갖추고 있지는 않지만 곧 그럴듯한 게임을 완성하게 될 것입니다.

LESSON 05 화살 쏘기

이 게임의 마지막 플레이 요소인 화살을 쏘는 행위는 앞 절에서 살펴보았던 플레이어의 이동과 위험요소에 대한 이벤트 처리와 거의 동일합니다. 특정 번호의 방에 화살을 쏘고 조건문을 사용해 그곳에 움퍼스가 있는지 없는지에 따른 처리를 해주면 되는 거죠. 다음 코드를 봅시다.

```
// 움퍼스가 있는 방에 화살을 쐈다면 게임 클리어
if (hazards[room].equals(WUMPUS)) {
    System.out.println("축하합니다. 당신은 움퍼스를 죽였습니다!");
} else {
    /*
    화살을 쏜 방이 움퍼스가 있는 방이 아닌 경우
    화살이 다 떨어졌다면 실패 메시지와 함께 게임 플레이를 종료합니다.
    아직 화살이 남아있다면 75%의 확률로 움퍼스를 깨우고
    움퍼스가 이동한 뒤의 이벤트를 처리합니다.
    */
}
```

움퍼스가 있거나 없거나이기 때문에 조건문은 이동보다 더 단순합니다. 하지만 움퍼스가 없는 방에 화살을 쐈을 때 처리해야 할 내용들이 조금 많습니다. 이 내용들은 다음과 같습니다.

- 5개의 화살을 다 소모한 경우 게임 오버
- 75%의 확률로 움퍼스 이동
- 움퍼스가 이동한 방이 플레이어가 있는 방이라면 게임 오버

먼저 화살이 떨어진 경우를 생각해봅시다. 이 처리를 위해서는 어딘가에 화살 개수를 나타내는 변수가 필요합니다. 다음과 같이 전역변수로 남은 화살 수를 선언할 수 있습니다.

```
public static int arrowCount = 5;
```

그리고 화살을 쏜 다음의 처리는 다음과 같이 화살의 수를 하나 감소시키는 것으로 합니다.

```
arrowCount = arrowCount - 1;
```

화살이 다 떨어진 경우에는 다음과 같이 간단하게 게임 오버 처리를 합니다.

```
if (arrowCount == 0) {
    System.out.println("당신은 움퍼스 사냥에 실패했습니다.");
    System.out.println("게임이 끝났습니다.");
}
```

화살이 다 떨어지지 않았다면 75%의 확률로 움퍼스를 이동시킵니다. 먼저 확률을 만들어내기 위해 전역변수로 Random을 하나 생성합니다.

```
public static Random random = new Random();
```

그리고 75%는 네 번 중 세 번, 즉 3/4이므로 다음과 같이 처리할 수 있습니다.

```java
else if (random.nextInt(4) != 0) {
    // 75% 의 확률로 진입
}
```

4 미만의, 즉 0부터 3까지의 정수 중 하나를 선택하고 그 중 하나가 아닐 경우를 조건으로 삼으면 3/4의 확률을 만들어낼 수 있습니다. 여기에서는 0, 1, 2, 3에서 랜덤하게 뽑은 숫자가 1, 2, 3 중 하나인 경우를 조건으로 사용했습니다.

75% 확률로 else if문으로 진입했을 때 웜퍼스의 이동 처리는 사용자의 이동 처리와 크게 다르지 않습니다. 하지만 다른 위험요소가 있는 방은 피해서 이동해야 합니다. 다음 코드를 살펴봅시다.

```java
// 플레이어에게 움퍼스가 깨어났음을 먼저 알려줍니다.
System.out.println("움퍼스가 깨어났습니다.");

int wumpusRoom = 3;
int[] nextRooms = links[wumpusRoom];

// 움퍼스가 있는 방과 연결된 방 중 하나를 랜덤하게 선택합니다.
int nextRoom = nextRooms[random.nextInt(3)];

// 선택된 방에 아무 위험요소도 없다면 움퍼스를 이동시킵니다.
if (hazards[nextRoom].equals(NOTHING)) {
    hazards[wumpusRoom] = NOTHING;
    hazards[nextRoom] = WUMPUS;
    wumpusRoom = nextRoom;
}
```

앞의 코드에서는 움퍼스가 있는 방이 3번 방이므로 wumpusRoom이라는 변수에 3을 대입했습니다. 하지만 실제 게임 상에서는 움퍼스를 랜덤하게 배치해야 하므로 반복문을 통해 위험요소 중 움퍼스가 있는 위치를 찾아내거나 움퍼스의 위치를 전역변수로 관리해야 합니다. 위험요소들을 랜덤하게 배치하는 것은 박쥐를 이동시키는 코드와 유사하기 때문에 이번 절에서는 설명하지 않지만 마지막 절의 최종 게임 코드에 주석과 함께 상세한 방법이 적혀 있습니다.

움퍼스가 이동해간 후에는 조건을 만족하는 경우 플레이어를 잡아먹을 수 있도록 추가적인 처리를 해줍니다.

```
/*
움퍼스가 이동해간 방이 플레이어와 같은 방이라면
플레이어를 잡아먹습니다.
*/
if (wumpusRoom == currentRoom) {
    System.out.println("움퍼스가 당신을 잡아먹었습니다.");
    System.out.println("당신은 움퍼스 사냥에 실패했습니다.");
}

/*
움퍼스가 이동해갔고 플레이어와 같은 방이 아니라면
움퍼스가 도망갔다는 메시지를 출력해줍니다.
*/
else if (wumpusRoom == nextRoom) {
    System.out.println("움퍼스가 도망갔습니다.");
}
```

이제 이 코드들을 조합해 화살 쏘기 처리를 하는 최종 코드를 살펴봅시다.

클래스명 : Shoot

```
import java.util.Arrays;
import java.util.Random;
import java.util.Scanner;

public class Shoot {

    public static int[] rooms = {0, 1, 2, 3}; //방

    // 각 방에서 이동할 수 있는 방들의 목록을 표현한 통로입니다.
    public static int[][] links = {{1, 2, 3}, {2, 3, 0}, {3, 0, 1}, {0,
1, 2}};

    public static String BAT = "Bat";
    public static String PIT = "Pit";
    public static String WUMPUS = "Wumpus";
    public static String NOTHING = "Nothing";

    // 각 방에 배치된 위험요소입니다.
    public static String[] hazards = {NOTHING, BAT, PIT, WUMPUS};

    public static int currentRoom = 0; // 현재 방 번호입니다.

    public static int arrowCount = 5;

    public static Random random = new Random();

    public static void main(String[] args) {
        Scanner scanner = new Scanner(System.in);

        while (true) {
            System.out.println("지금 " + currentRoom + "번 방에 있습니다.");

            // 현재 방에서 갈 수 있는 방들의 목록입니다.
```

```
            int[] nextRooms = links[currentRoom];

            // 현재 방에서의 통로들을 출력합니다.
            System.out.println("어느 방에 화살을 쏘시겠습니까?");
            System.out.println(Arrays.toString(nextRooms));

            // 화살을 쏠 방 번호를 입력받습니다.
            int roomNumber = scanner.nextInt();

            // 화살 발사 처리 메소드를 호출합니다.
            shoot(roomNumber);
        }
    }

    public static void shoot(int room) {
        // 움퍼스가 있는 방에 화살을 쐈다면 게임 클리어
        if (hazards[room].equals(WUMPUS)) {
            System.out.println("축하합니다. 당신은 움퍼스를 죽였습니다!");
        }

        /*
        화살을 쏜 방이 움퍼스가 있는 방이 아닌 경우
        화살이 다 떨어졌다면 실패 메시지와 함께 게임 플레이를 종료합니다.
        아직 화살이 남아있다면 75%의 확률로 움퍼스를 깨우고
        움퍼스가 이동했다면 움퍼스가 이동한 뒤의 이벤트를 처리합니다.
         */
        else {
            arrowCount = arrowCount - 1;

            if (arrowCount == 0) {
                System.out.println("당신은 움퍼스 사냥에 실패했습니다.");
            }

            else if (random.nextInt(4) != 0) {
                // 플레이어에게 움퍼스가 깨어났음을 먼저 알려줍니다.
```

```
            System.out.println("움퍼스가 깨어났습니다.");

            int wumpusRoom = 3;
            int[] nextRooms = links[wumpusRoom];

            // 움퍼스가 있는 방과 연결된 방 중 하나를 랜덤하게 선택합니다.
            int nextRoom = nextRooms[random.nextInt(3)];

            // 선택된 방에 아무 위험요소도 없다면 움퍼스를 이동시킵니다.
            if (hazards[nextRoom].equals(NOTHING)) {
                hazards[wumpusRoom] = NOTHING;
                hazards[nextRoom] = WUMPUS;
                wumpusRoom = nextRoom;
            }

            /*
            움퍼스가 이동해간 방이 플레이어와 같은 방이라면
            플레이어를 잡아먹습니다.
             */
            if (wumpusRoom == currentRoom) {
                System.out.println("움퍼스가 당신을 잡아먹었습니다.");
                System.out.println("당신은 움퍼스 사냥에 실패했습니다.");
            }

            /*
            움퍼스가 이동해갔고 플레이어와 같은 방이 아니라면
            움퍼스가 도망갔다는 메시지를 출력해줍니다.
             */
            else if (wumpusRoom == nextRoom) {
                System.out.println("움퍼스가 도망갔습니다.");
            }
        }
    }
  }
}
```

이 코드를 실행시킨 결과는 다음과 같습니다.

```
지금 0번 방에 있습니다.
어느 방에 화살을 쏘시겠습니까?
[1, 2, 3]
1
움퍼스가 깨어났습니다.
지금 0번 방에 있습니다.
어느 방에 화살을 쏘시겠습니까?
[1, 2, 3]
1
움퍼스가 깨어났습니다.
움퍼스가 당신을 잡아먹었습니다.
당신은 움퍼스 사냥에 실패했습니다.
지금 0번 방에 있습니다.
```

그림 13.8 화살을 쏘는 이벤트에 대한 처리

아직까지 이것만 가지고는 게임이라고 부르기 힘들겠지만 이제 거의 다 왔습니다. 다음 절에서는 지금까지 배운 기법들을 모두 동원해 움퍼스 사냥 게임을 만들어보도록 하겠습니다.

움퍼스 사냥

이제 게임을 만들 차례입니다. 이번 절에서는 이 장에서 배운 모든 것을을 종합하고 게임 종료 처리 등과 같은 게임의 흐름 제어 코드를 추가했습니다. 거기에 얹어 조금더 드라마틱한 효과들을 나타내기 위해 게임의 인트로와 곳곳에 플레이어의 대사를 추가하고 이벤트 사이사이에 딜레이를 조금씩 삽입했습니다. 다음은 게임을 시작하면 출력해줄 인트로 파일의 내용입니다.

파일명 : src/intro.txt

```
##########################################################################
##                                                                      ##
##                           Hunt the Wumpus                            ##
##                                                                      ##
##########################################################################

당신은 몬스터 움퍼스를 잡기 위해 한 동굴에 들어왔습니다.
동굴은 20개의 방으로 이루어져 있으며
각 방에는 3개의 다른 방으로 이동하는 통로가 있습니다.

위험요소들

구덩이:
- 두 개의 방에는 구덩이가 있습니다. 이 구덩이는 아주 깊어
- 한 번 빠지면 빠져나올 수 없습니다. 구덩이가 있는 방은
- 미묘하게 공기의 흐름이 다릅니다.

박쥐:
- 세 개의 방에는 커다란 박쥐가 있습니다. 만일 이 방에
- 들어가게 된다면 박쥐가 당신을 잡아 다른 방에
- 던져버리고 어디론가 날아갑니다. 당신이 던져지게 된 방에는
```

```
- 또다른 위험요소가 존재할 수 있다는 것을 명심하십시오.
- 박쥐는 이동하지 않을 때에도 항상 날개를 비벼댑니다.

움퍼스

움퍼스는 끔찍한 냄새를 풍기는 몬스터로 동굴 안의
위험요소들로부터 영향을 받지 않습니다. 그는 빨판이 달린
발을 가졌으며 박쥐가 들기에는 너무 커다란 몸통을
가졌습니다. 움퍼스는 주로 잠들어있습니다. 화살을 잘못
쏘거나 움퍼스가 있는 방 안에 들어가게 되면 그가
깨어납니다. 움퍼스가 깨어난 후에는 75%의 확률로 다른
방으로 이동하며, 만일 움퍼스와 당신이 한 방에 있게 된다면
그가 당신을 잡아먹을 것입니다.

당신

당신은 매 턴마다 현재 방과 연결된 다른 방으로 이동하거나
낡은 화살을 쏠 수 있습니다. 다섯개의 화살을 모두 소진하고도
움퍼스를 잡지 못한다면 당신은 사냥에 실패하게 됩니다.
```

그러면 지금부터는 다음의 최종 코드를 읽고 실습해보면서 실제 게임이 어떻게 구현되는지를 이해해보도록 합시다.

클래스명 : HuntTheWumpus

```
import java.io.FileInputStream;
import java.io.FileNotFoundException;
import java.util.*;

public class HuntTheWumpus {
    /*
```

```
게임 상의 방 번호를 표현한 배열입니다.
총 20개의 방이 존재하며 눈으로 세기 쉽도록
요소의 위치와 같은 번호를 값으로 사용합니다.
*/
public static Integer[] rooms = {
    0,  1,  2,  3,  4,  5,  6,  7,  8,  9,
    10, 11, 12, 13, 14, 15, 16, 17, 18, 19
};

/*
각 방에서 이동해갈 수 있는 다른 방들의 목록을 표현한 배열입니다.
각 요소는 현재 방에서 이동할 수 있는 방들의 번호들로 이루어진 배열입니다.
예를 들어, rooms[1]에서 이동할 수 있는 방들의 목록은 links[1]입니다.
1번 방에서 이동할 수 있는 방들의 목록은 0번, 9번, 2번 방입니다.
다만 1번 방에서 0번, 9번, 2번 방으로 이동할 수 있으므로
0번, 9번, 2번 방에서도 1번 방으로 이동할 수 있어야 합니다.
*/
public static Integer[][] links = {
    {1, 7, 4},    {0, 9, 2},    {1, 11, 3},   {2, 13, 4},   {3, 0,
5},
    {4, 14, 6},   {5, 16, 7},   {6, 0, 8},    {7, 17, 9},   {8, 1,
10},
    {9, 18, 11},  {10, 2, 12},  {11, 19, 13}, {12, 3, 14},  {13, 5,
15},
    {14, 19, 16}, {15, 6, 17},  {16, 8, 18},  {17, 10, 19}, {18, 12,
15}
};

/*
각 위험요소의 이름을 나타내는 문자열 변수들입니다.
반복되어 사용되는 문자열이 존재하는 경우에는 문자열을 변수로 선언해 사용하면
문자열을 잘못 입력하는 실수를 방지할 수 있습니다.
*/
public static String WUMPUS = "Wumpus";
public static String BAT = "Bat";
```

```java
    public static String PIT = "Pit";
    public static String NOTHING = "Nothing";

    /*
    맵에 위치시킬 위험요소들을 나타내는 ArrayList입니다.
    hazards의 1번째 값은 1번째 방에 위치한 위험요소를 의미합니다.
    ArrayList는 생성과 동시에 값을 추가할 수 없으므로
    main 메소드에서 값을 추가해줄 것입니다.
    */
    public static ArrayList<String> hazards = new ArrayList<>();

    /*
    위험요소가 근처에 있을 때 출력해줄 메시지를 정의한 HashMap입니다.
    키는 위험요소의 이름이고 값은 출력해줄 메시지입니다.
    HashMap은 생성과 동시에 값을 추가할 수 없으므로
    main 메소드에서 값을 추가해줄 것입니다.
    */
     public static HashMap<String, String> hazardMessages = new
HashMap<>();

    /*
    매 게임이 동일하게 진행되지 않도록 난수 생성을 담당할 Random 객체입니다.
    난수를 이용해 위험요소의 위치, 플레이어의 시작 위치 등을
    랜덤하게 설정할 수 있습니다.
    */
    public static Random random = new Random();

    // 플레이어의 입력을 처리할 Scanner 객체입니다.
    public static Scanner scanner = new Scanner(System.in);

    /*
    반복문에서 게임이 플레이 중인지 종료되었는지 여부를 확인하기 위한 변수입니다.
    플레이가 시작되면 이 값을 false로 변경합니다.
    플레이에서 목적을 달성하거나 실패하는 등의 경우 true로 변경합니다.
    */
```

```
public static boolean gameOver = true;

// 플레이어가 현재 위치한 방의 번호를 나타내는 변수입니다.
public static int currentRoom;

// 플레이어가 현재 가진 화살의 수를 나타내는 변수입니다.
public static int arrowCount;

// 움퍼스(Wumpus)가 현재 위치한 방의 번호를 나타내는 변수입니다.
public static int wumpusRoom;

public static void main(String[] args) {
    // 게임이 시작되면 인트로를 출력합니다.
    showIntro();

    // 게임이 내내 변하지 않는 값들을 먼저 초기화해줍니다.
    initializeStaticValues();

    /*
    게임 전체를 감싸는 반복문입니다.
    이 반복문은 게임 플레이가 시작되고 목적을 달성하거나 실패함으로 인해서
    게임이 종료될때까지의 구간을 1회로 정의합니다.
    */
    while (true) {
        // 게임 플레이가 시작되기 전 플레이어와 관련된 변수들을 초기화해줍니다.
        initializePlayVariables();

        // 각 방에 랜덤하게 위험요소를 배치합니다.
        setupHazards();

        delay(1000L);
        System.out.println("₩n...");
        delay(1000L);
        System.out.println("...");
        delay(1000L);
```

```
            System.out.println("동굴에 들어왔습니다...₩n");
            delay(1000L);
            System.out.println("₩"섬뜩한 곳이군.₩"");
            delay(1000L);

            // 게임 플레이를 시작합니다.
            game();

            // 게임 플레이가 끝나면 다시 플레이할지 게임을 종료할지 선택합니다.
            selectReplay();
        }
    }

    /*
    게임 플레이의 메인 반복문입니다.
    여기에서는 반복해서 플레이어의 행동을 입력받고 그에 따른 처리를 합니다.
    */
    private static void game() {
        // 이제 gameOver가 false인 동안 플레이를 반복합니다.
        while (gameOver == false) {
            // 플레이어가 취할 수 있는 행동의 목록을 안내합니다.
            System.out.println("₩n당신은 " + currentRoom + "번 방에 있습니다.");
            System.out.println("행동을 선택하세요.");
            System.out.println("1. 이동");
            System.out.println("2. 화살쏘기");
            System.out.println("3. 통로 목록");
            System.out.println("0. 플레이 종료");

            String action = scanner.nextLine();

            /*
            이동을 선택한 경우 연결된 방 목록을 알려주고
            이동할 방 번호를 입력받아 move 메소드로 이동 처리를 합니다.
            */
            if (action.equals("1")) {
```

```
        // 현재 방에 연결된 방 목록을 가져옵니다.
        Integer[] nextRooms = links[currentRoom];

        // 연결된 방 목록을 출력해줍니다.
        System.out.println("₩n몇번 방으로 이동하시겠습니까?");
        System.out.println(Arrays.toString(nextRooms));

        // 이동할 방 번호를 입력받아 정수로 변환합니다.
        String nextRoomInput = scanner.nextLine();
        int nextRoom = parseIntegerOrNegative1(nextRoomInput);

        /*
        입력받은 방 번호가 연결된 방 목록에 있는지를 검증하고
        이동 처리를 하거나 이동 불가 메시지를 출력해줍니다.
        */
        if (Arrays.asList(nextRooms).contains(nextRoom)) {
            move(nextRoom);
        } else {
            System.out.println("선택한 방으로는 이동할 수 없습니다.");
        }
    }

    /*
    화살쏘기를 선택한 경우 연결된 방 목록을 알려주고
    화살을 쏠 방 번호를 입력받아 shoot 메소드로 화살쏘기 처리를 합니다.
    */
    else if (action.equals("2")) {
        // 현재 방에 연결된 방 목록을 가져옵니다.
        Integer[] nextRooms = links[currentRoom];

        // 연결된 방 목록을 출력해줍니다.
        System.out.println("₩n몇번 방에 화살을 쏘시겠습니까?");
        System.out.println(Arrays.toString(nextRooms));

        // 화살을 쏠 방 번호를 입력받아 정수로 변환합니다.
```

```
            String targetRoomInput = scanner.nextLine();
            int targetRoom = parseIntegerOrNegative1(targetRoomInput);

            /*
            입력받은 방 번호가 연결된 방 목록에 있는지를 검증하고
            화살쏘기 처리를 하거나 화살쏘기 불가 메시지를 출력해줍니다.
            */
            if (Arrays.asList(nextRooms).contains(targetRoom)) {
                shoot(targetRoom);
            } else {
                System.out.println("선택한 방에는 화살을 쏠 수 없습니다.");
            }
        }

        // 현재 방에서 연결된 통로의 목록을 출력합니다.
        else if (action.equals("3")) {
            System.out.println("현재 방에 연결된 통로는 다음과 같습니다.");
            System.out.println(Arrays.asList(links[currentRoom]));
        }

        /*
        플레이 종료를 선택한 경우 gameOver 값을 변경해
        게임 플레이를 종료합니다.
        */
        else if (action.equals("0")) {
            System.out.println("게임 플레이를 종료합니다.");
            gameOver = true;
        }

        /*
        앞에서 처리한 숫자 이외의 값을 입력한 경우
        잘못된 입력이라는 메시지를 출력해줍니다.
        */
        else {
            System.out.println("잘못된 입력입니다.");
```

```
            }
        }
    }

    /*
    src/intro.txt 파일을 읽어 인트로를 출력합니다.
    한줄 출력할때마다 500ms씩 쉽니다.
    */
    private static void showIntro() {
        try {
            FileInputStream inputStream = new FileInputStream("src/
intro.txt");
            Scanner scanner = new Scanner(inputStream);
            while (scanner.hasNextLine()) {
                System.out.println(scanner.nextLine());
                delay(500L);
            }
        } catch (FileNotFoundException e) {
            System.out.println("인트로를 읽을 수 없어 생략합니다.");
        }
    }

    /*
    게임 시작 시 게임 플레이와 관련된 변수들을 초기화해주는 메소드입니다.
    플레이어의 시작 위치, 화살 개수 등이 이에 해당합니다.
    */
    private static void initializePlayVariables() {
        // 게임이 시작되면 gameOver 변수를 false로 설정합니다.
        gameOver = false;

        currentRoom = random.nextInt(rooms.length);
        arrowCount = 5;
    }

    // 게임이 내내 변하지 않는 값들을 먼저 초기화해주는 메소드입니다.
```

```
// 위험요소 근처에서 출력해줄 메시지가 이에 해당합니다.
public static void initializeStaticValues() {
    /*
    각 위험요소가 근처에 있을 때 출력해줄 메시지입니다.
    예를 들어서, 구덩이(Pit)가 근처에 있다면
    "바람이 부는 소리가 들리는 것 같다."라는 메시지를 출력할 것입니다.
    */
    hazardMessages.put(WUMPUS, "₩"어디선가 끔찍한 냄새가 난다.₩"");
    hazardMessages.put(BAT, "₩"어디선가 부스럭거리는 소리가 들린다.₩"");
    hazardMessages.put(PIT, "₩"바람이 부는 소리가 들리는 것 같다.₩"");
    hazardMessages.put(NOTHING, "₩"저 방에는 아무것도 없는 것 같다.₩"");
}

// 게임 플레이가 시작될 때 랜덤하게 위험요소를 배치해주는 메소드입니다.
public static void setupHazards() {
    /*
    게임이 시작되었을 때 위험요소를 나타내는 목록이 비어있다면
    목록을 "Nothing"으로 초기화해줍니다.
    */
    if (hazards.size() == 0) {
        for (int i = 0; i < rooms.length; i = i + 1) {
            hazards.add(NOTHING);
        }
    }

    /*
    게임이 다시 플레이할 때를 위해 각 방에 위치한 위험요소들을 제거해줍니다.
    (Nothing으로 설정)
    */
    for (int i = 0; i < rooms.length; i = i + 1) {
        hazards.set(i, NOTHING);
    }

    /*
    위험요소를 배치할 순서를 나타내는 배열입니다.
```

```
이 순서에 따르면 웜퍼스를 처음에 배치하게 되는데 게임의 규칙 상
웜퍼스는 한마리뿐이므로 배열에는 Wumpus가 한번만 등장합니다.
마찬가지로 박쥐는 세마리를 배치하고 구덩이는 두개를 배치합니다.
*/
String[] ordinals = {WUMPUS, BAT, BAT, BAT, PIT, PIT};

// 앞서 정의한 순서대로 위험요소 배치를 반복합니다.
for (String hazard : ordinals) {
    int room;

    /*
    이번 순서에 해당하는 위험요소를 배치할 방을 랜덤하게 선택합니다.
    위험요소를 배치할 때에는 다음 규칙을 따릅니다.
    1. 랜덤하게 선택한 방이 게임 시작 시 플레이어의 위치와 같거나
       그 방과 연결된 방인 경우 배치하지 않는다.
    2. 현재 방에 이미 배치된 위험요소가 있는 경우 다른 방을 선택한다.
    */
    while (true) {
        /*
        방들의 번호 내에서 랜덤하게 숫자 하나를 선택합니다.
        rooms.length는 20이므로 선택된 수는 0~19 중 하나입니다.
        */
        room = random.nextInt(rooms.length);

        /*
        만일 플레이어가 위치한 방과 같거나 연결된 방이라면
        반복문의 처음으로 돌아가 랜덤한 방 번호를 다시 선택합니다.
        */
        if (isTooCloseWithPlayer(room)) {
            continue;
        }

        /*
        현재 방에 아무런 위험요소가 없는 경우
        현재 선택된 방 번호를 유지한 채 반복문을 종료합니다.
```

```
                */
                if (hazards.get(room).equals(NOTHING)) {
                    break;
                }
            }

            /*
            선택된 방 번호에 해당하는 위험요소의 위치에
            현재 순서에 해당하는 위험요소를 배치합니다.
            */
            hazards.set(room, hazard);

            /*
            만일 현재 순서에 해당하는 위험요소가 움퍼스라면
            움퍼스가 위치한 방 번호를 wumpusRoom 변수에 저장합니다.
            */
            if (hazard.equals(WUMPUS)) {
                wumpusRoom = room;
            }
        }
    }

    /*
    위험요소를 배치할 방을 정할 때
    방이 플레이어의 위치와 너무 가까운지를 판단하는 메소드입니다.
    다음과 같은 경우 너무 가깝다는 의미의 true를 반환합니다.

    1. 선택한 방이 플레이어가 현재 위치한 방인 경우(currentRoom == room)
    2. 그 방과 연결된 방인 경우(links[currentRoom]에 room이 포함된 경우)

    반환값이 true이면 플레이어와 너무 가까우므로 위험요소를 배치할 수 없습니다.
    반환값이 false이면 플레이어와 충분히 멀어서 위험요소를 배치할 수 있습니다.
    */
    public static boolean isTooCloseWithPlayer(int room) {
        // 플레이어가 위치한 방일 경우를 판단합니다.
```

```java
        if (currentRoom == room) {
            return true;
        }

        /*
        플레이어가 위치한 방과 연결된 방일 경우를 판단합니다.
        links[currentRoom] 내의 요소들을 반복문을 이용해 비교하는 방법도 있지만
        컬렉션의 contains 메소드를 사용하면 조금 더 쉽게 판단할 수 있습니다.
        */
        List<Integer> linkedRooms = Arrays.asList(links[currentRoom]);
        if (linkedRooms.contains(room)) {
            return true;
        }

        /*
        앞에서 판단한 경우들에 해당하지 않으면
        플레이어의 위치와 가깝지 않다는 의미의 false를 반환합니다.
        */
        return false;
    }

    /*
    플레이어가 이동했을 때 이동과 그 뒤의 이벤트들을 처리하는 메소드입니다.
    이동을 하게 되면 그 방에 어떤 위험요소가 있는지를 판단하고
    각 위험요소에 해당하는 이벤트를 처리합니다.
    */
    public static void move(int room) {
        // 먼저 플레이어의 현재 위치를 이동할 방으로 변경합니다.
        currentRoom = room;
        System.out.println(currentRoom + "번 방으로 이동했습니다.");

        // 이동한 방에 있는 위험요소를 가져옵니다.
        String hazard = hazards.get(currentRoom);

        delay(1000L);
```

```
/*
만일 이동한 방에 움퍼스가 있다면
움퍼스가 플레이어를 잡아먹고 게임 플레이가 종료됩니다.
*/
if (hazard.equals(WUMPUS)) {
    System.out.println("₩"으아아아아악!₩"");
    delay(300L);
    System.out.println("움퍼스가 당신을 잡아먹었습니다.");
    gameOver = true;
}

/*
만일 이동한 방에 구덩이가 있다면
플레이어가 구덩이에 빠지고 게임 플레이가 종료됩니다.
*/
else if (hazard.equals(PIT)) {
    System.out.println("₩"으아아아아아아-₩"");
    delay(1000L);
    System.out.println("쿵!");
    delay(300L);
    System.out.println("당신은 구덩이에 빠졌습니다.");
    delay(300L);
    System.out.println("더이상 움퍼스를 사냥할 수 없습니다.");
    gameOver = true;
}

/*
만일 이동해간 방에 박쥐가 있다면
박쥐가 플레이어를 잡아 다른 방에 던집니다.
박쥐가 플레이어를 잡아 옮길 때에는 다른 박쥐가 있는 방은 피합니다.
플레이어를 던져버린 박쥐는 또 다른 방으로 이동합니다.
박쥐 또한 또다른 박쥐가 있는 방을 피해서 이동합니다.
*/
else if (hazard.equals(BAT)) {
```

```
System.out.println("쿵!");
delay(300L);
System.out.println("박쥐가 당신을 잡아 다른 방에 떨어트렸습니다.");

/*
플레이어가 이동할 방을 랜덤하게 선택합니다.
만일 선택된 방에 박쥐가 있다면 박쥐가 없는 방이 나올때까지
랜덤한 방을 다시 선택합니다.
*/
do {
    currentRoom = random.nextInt(rooms.length);
} while (hazards.get(currentRoom).equals(BAT));

/*
박쥐를 이동시키기 위해 원래 방의 박쥐는 먼저 제거합니다.
플레이어가 이동할 방을 선택하는 것보다 박쥐를 먼저 제거하면
플레이어가 제자리에 머무는 경우가 생기게 되므로
플레이어가 이동할 위치를 먼저 선택한 후 박쥐를 제거합니다.
*/
hazards.set(room, NOTHING);

/*
플레이어를 이동시킨 후에는 플레이어가 있는 방이나
또다른 박쥐가 있는 방을 피해 박쥐를 이동시킵니다.
*/
while (true) {
    // 박쥐가 이동해갈 방을 랜덤하게 선택합니다.
    int newBatRoom = random.nextInt(rooms.length);

    /*
    선택된 방이 플레이어가 있는 방이라면
    반복문의 처음으로 되돌아가 방을 다시 선택합니다.
    */
    if (newBatRoom == currentRoom) {
        continue;
```

```
            }

            /*
            선택된 방에 플레이어도 또다른 위험요소도 없다면
            선택된 방에 박쥐를 배치합니다.
            */
            if (hazards.get(newBatRoom).equals(NOTHING)) {
                hazards.set(newBatRoom, BAT);
                break;
            }
        }

        /*
        플레이어의 위치가 변경되었으므로 다시한번
        해당 방으로 이동했을 때에 대한 이벤트를 처리합니다.
        */
        move(currentRoom);
    }

    /*
    만일 이동해간 방에 움퍼스도 구덩이도 박쥐도 없다면
    이동해간 방과 연결된 방들을 살펴 위험요소들에 대한 메시지를 출력합니다.
    */
    else {
        /*
        플레이어에게 움퍼스가 있는 방을 들키지 않게 하기 위해서
        현재 위치에 연결된 방들의 목록을 랜덤하게 섞어줍니다.
        */
        List<Integer> nextRooms = Arrays.asList(links[currentRoom]);
        Collections.shuffle(nextRooms);

        /*
        연결되어있는 방들에 배치된 위험요소들을 파악해
        각 위험요소들에 대한 메시지를 출력합니다.
        */
```

```
            System.out.println("₩n(연결되어 있는 통로를 살핀다.)");
            for (int nextRoom : nextRooms) {
                delay(700L);
                String hazardAround = hazards.get(nextRoom);
                System.out.println(hazardMessages.get(hazardAround));
            }
        }
    }

    /*
    플레이어가 화살을 쐈을 때 그 이벤트들을 처리하는 메소드입니다.
    화살을 쏜 방에 움퍼스가 있는지를 판단하고
    움퍼스를 맞췄을 때와 그렇지 않을 때의 처리합니다.
    */
    public static void shoot(int room) {
        // 화살의 개수를 하나 줄여줍니다.
        arrowCount = arrowCount - 1;

        delay(1000L);
        System.out.println("슈웅");
        delay(300L);

        /*
        화살을 쏜 방이 움퍼스가 있는 방인 경우
        게임 클리어 메시지와 함께 게임 플레이를 종료합니다.
        */
        if (hazards.get(room).equals(WUMPUS)) {
            System.out.println("푸슉!");
            delay(100L);
            System.out.println("₩"쿠에에에엑!₩"");
            delay(1000L);
            System.out.println("축하합니다. 당신은 움퍼스를 죽였습니다!");
            gameOver = true;
        }
```

```
/*
화살을 쏜 방이 움퍼스가 있는 방이 아닌 경우
화살이 다 떨어졌다면 실패 메시지와 함께 게임 플레이를 종료합니다.
아직 화살이 남아있다면 75%의 확률로 움퍼스를 깨우고
움퍼스가 이동한 뒤의 이벤트를 처리합니다.
*/
else {
    System.out.println("(...)");
    delay(1000L);
    System.out.println("₩"화살만 낭비했군.₩"");

    /*
    화살이 다 떨어진 경우 게임 플레이를 종료합니다.
    */
    if (arrowCount == 0) {
        delay(300L);
        System.out.println("₩"이런, 화살이 남지 않았다!₩"");
        delay(300L);
        System.out.println("당신은 움퍼스 사냥에 실패했습니다.");
        gameOver = true;
    }

    /*
    75%의 확률로 움퍼스가 이동을 시도합니다.
    random.nextInt(4) 를 이용해 0~3까지의 숫자 중 하나를 고르면
    네개의 숫자 중 하나가 아닌 경우를 판단해
    3/4의 확률을 만들어낼 수 있습니다.
    */
    else if (random.nextInt(4) != 0) {
        System.out.println("당신은 움퍼스를 깨웠습니다.");
        delay(1000L);

        Integer[] nextRooms = links[wumpusRoom];

        // 움퍼스가 있는 방과 연결된 방 중 하나를 랜덤하게 선택합니다.
```

```
                int nextRoom = nextRooms[random.nextInt(3)];

                // 선택된 방에 아무 위험요소도 없다면 움퍼스를 이동시킵니다.
                if (hazards.get(nextRoom).equals(NOTHING)) {
                    hazards.set(wumpusRoom, NOTHING);
                    hazards.set(nextRoom, WUMPUS);
                    wumpusRoom = nextRoom;
                }

                /*
                움퍼스가 이동해간 방이 플레이어와 같은 방이라면
                플레이어를 잡아먹습니다.
                */
                if (wumpusRoom == currentRoom) {
                    System.out.println("₩"으아아아아악!₩"");
                    delay(500L);
                    System.out.println("움퍼스가 당신을 잡아먹었습니다.");
                    gameOver = true;
                }

                /*
                움퍼스가 이동해갔고 플레이어와 같은 방이 아니라면
                움퍼스가 도망갔다는 메시지를 출력해줍니다.
                */
                else if (wumpusRoom == nextRoom) {
                    System.out.println("움퍼스가 도망갔습니다.");
                }
            }
        }
    }

    /*
    게임 플레이가 종료되었을 때 다시 플레이할지
    게임을 종료할지 여부를 묻는 메소드입니다.
    */
```

```
private static void selectReplay() {
    System.out.println("게임이 끝났습니다. 다시 플레이하시겠습니까?");

    /*
    0번(종료)과 1번(다시 플레이) 선택지를 주고
    둘 중 하나를 입력했을 때에 해당하는 처리를 합니다.
    */
    while (true) {
        System.out.println("(0: 종료, 1: 다시 플레이)");
        String action = scanner.nextLine();

        if (action.equals("0")) {
            System.out.println("게임을 종료합니다.");
            System.exit(0);
        }

        else if (action.equals("1")) {
            System.out.println("게임을 다시 플레이합니다.");
            break;
        }

        else {
            System.out.println("잘못된 입력입니다.");
        }
    }
}

/*
문자열을 정수로 변환해 반환합니다.
예외가 발생한 경우(사용자가 정수가 아닌 값 입력) -1을 반환합니다.
*/
public static int parseIntegerOrNegative1(String input) {
    try {
        return Integer.parseInt(input);
    } catch (NumberFormatException e) {
```

```
            return -1;
        }
    }

    /*
    지정된 시간(밀리초 단위)만큼 쉽니다.
    예외가 발생해도 게임 플레이에 지장은 없기 때문에 무시합니다.
    */
    public static void delay(Long ms) {
        try {
            Thread.sleep(ms);
        } catch (InterruptedException ignored) {
        }
    }
}
```

이 게임을 실행시키면 먼저 인트로가 한줄씩 천천히 출력됩니다.

```
################################################################
##                                                            ##
##                     Hunt the Wumpus                        ##
##                                                            ##
################################################################

당신은 몬스터 웜퍼스를 잡기 위해 한 동굴에 들어왔습니다.
동굴은 20개의 방으로 이루어져 있으며
각 방에는 3개의 다른 방으로 이동하는 통로가 있습니다.

위험요소들

 구덩이:
 - 두개의 방에는 구덩이가 있습니다. 이 구덩이는 아주 깊어
```

그림 13.9 게임 인트로 화면

그리고 시스템의 안내 메시지, 플레이어의 대사와 함께 게임이 시작됩니다.

```
...
...
동굴에 들어왔습니다...

"섬뜩한 곳이군."

당신은 16번 방에 있습니다.
행동을 선택하세요.
1. 이동
2. 화살쏘기
3. 통로 목록
0. 플레이 종료
```

그림 13.10 게임 플레이 시작

```
1

몇번 방으로 이동하시겠습니까?
[6, 17, 15]
6
6번 방으로 이동했습니다.

(연결되어 있는 통로를 살핀다.)
"저 방에는 아무것도 없는 것 같다."
"바람이 부는 소리가 들리는 것 같다."
"저 방에는 아무것도 없는 것 같다."
```

그림 13.11 6번 방으로 이동

이동을 선택하고 6번 방으로 이동해봅니다. 대사를 보니 6번 연결된 방 중 한 방에 구덩이가 있습니다. 16번 방은 방금 전에 지나온 방이므로 16번 방을 제외한 방 중 하나에 구덩이가 있습니다. 둘 중 하나가 구덩이라는 것을 알게 되었으므로 안전하게 다시 16번 방을 통해 15번 방으로 이동해봅니다.

```
1

몇번 방으로 이동하시겠습니까?
[15, 17, 6]
15
15번 방으로 이동했습니다.

(연결되어 있는 통로를 살핀다.)
"저 방에는 아무것도 없는 것 같다."
"어디선가 부스럭거리는 소리가 들린다."
"어디선가 끔찍한 냄새가 난다."

당신은 15번 방에 있습니다.
행동을 선택하세요.
1. 이동
2. 화살쏘기
3. 통로 목록
0. 플레이 종료
3
현재 방에 연결된 통로는 다음과 같습니다.
[16, 14, 19]
```

그림 13.12 14번과 19번 방 어딘가에 박쥐와 움퍼스가 있는 상황

15번 방에 연결된 방에는 박쥐와 움퍼스가 있습니다. 16번 방은 이미 지나왔으므로 14번과 19번 방이 위험한 방입니다. 다시 16번 방을 통해 17번 방으로 이동해봅니다.

```
몇번 방으로 이동하시겠습니까?
[15, 6, 17]
17
17번 방으로 이동했습니다.

(연결되어 있는 통로를 살핀다.)
"저 방에는 아무것도 없는 것 같다."
"저 방에는 아무것도 없는 것 같다."
"저 방에는 아무것도 없는 것 같다."
```

그림 13.13 17번 방에 연결된 방들은 모두 안전하다

17번 방에 연결된 방들은 모두 안전합니다. 다시 이동을 선택하고 다음 방으로 옮겨봅니다.

```
1

몇번 방으로 이동하시겠습니까?
[16, 8, 18]
18
18번 방으로 이동했습니다.

(연결되어 있는 통로를 살핀다.)
"어디선가 끔찍한 냄새가 난다."
"저 방에는 아무것도 없는 것 같다."
"저 방에는 아무것도 없는 것 같다."

당신은 18번 방에 있습니다.
행동을 선택하세요.
1. 이동
2. 화살쏘기
3. 통로 목록
0. 플레이 종료
3
현재 방에 연결된 통로는 다음과 같습니다.
[19, 10, 17]
```

그림 13.14 18번 방에 연결된 방들 중 하나에 움퍼스가 있다

18번 방과 연결된 방 중 하나에 움퍼스가 있습니다. 17번 방은 이미 지나온 방이므로 19번과 10번 방 중 하나에 움퍼스가 있는 것입니다. 그런데 아까 움퍼스가 있는 방을 발견했었습니다. 15번 방과 연결되어 있던 16번, 14번, 19번 방 중 하나에 움퍼스가 있었습니다. 16번은 아무것도 없었고 14번과 19번 방 중 하나가 움퍼스가 있는 방이었는데 18번 방에서는 10번과 19번 방 중 하나에 움퍼스가 있다고 합니다. 그렇다면 겹치는 방인 19번 방에 움퍼스가 있을 것입니다. 19번 방에 화살을 쏴봅니다.

```
당신은 18번 방에 있습니다.
행동을 선택하세요.
1. 이동
2. 화살쏘기
3. 통로 목록
0. 플레이 종료
2

몇번 방에 화살을 쏘시겠습니까?
[19, 10, 17]
19
슈웅
푸슉!
"쿠에에에엑!"
축하합니다. 당신은 움퍼스를 죽였습니다!
게임이 끝났습니다. 다시 플레이하시겠습니까?
(0: 종료, 1: 다시 플레이)
```

그림 13.15 예상대로 19번 방에 움퍼스가 있다

축하합니다. 당신은 움퍼스를 죽였습니다! 이번에는 일이 잘 풀려 금방 움퍼스를 잡을 수 있었지만 몇 번 플레이하다 보면 지금처럼 쉽기만 한 게임은 아니라는 것을 알 수 있을 것입니다.

지금까지 책의 마지막 수업으로 1970년대의 텍스트 기반 게임을 만들고 테스트 삼아 플레이까지 해봤습니다. 이 프로젝트를 통해 여러분들이 프로그래밍에 흥미를 느꼈기를 바랍니다.

어려울 것 같지만 알고 보면 논리적으로 말하기와 다를 바가 없는 것이 프로그래밍입니다. 자바라는 것은 프로그래밍을 위한 하나의 언어이고 우리가 일상적으로 사용하는 다른 언어들에 비하면 아주 제한된 문법만이 존재하기 때문에 그만큼 익숙해지는 데에는 오랜 시간이 필요하지 않습니다.

여러분들이 이 책을 통해 프로그래밍이 어렵지 않다고 느끼고 즐겁게 생활 프로그래밍을 즐길 수 있게 되었기를 바랍니다.

초보자도
간단히
단숨에 배우는
자바 JAVA

2020년 9월 15일 초판 1쇄 인쇄
2020년 9월 22일 초판 1쇄 발행

지은이 이현석

펴낸이 정상석
책임편집 엄진영
디자인 김보라
일러스트 김희연
펴낸 곳 터닝포인트(www.diytp.com)
등록번호 제2005-000285호

주소 (03991) 서울시 마포구 동교로27길 53 지남빌딩 308호
전화 (02) 332-7646
팩스 (02) 3142-7646
ISBN 979-11-6134-074-6 (13000)

정가 18,000원

내용 및 집필 문의 diamat@naver.com
터닝포인트는 삶에 긍정적 변화를 가져오는 좋은 원고를 환영합니다.

—

이 도서의 국립중앙도서관 출판예정도서목록(CIP)은 서지정보유통지원시스템 홈페이지(http://seoji.nl.go.kr)와
국가자료공동목록시스템(http://www.nl.go.kr/kolisnet)에서 이용하실 수 있습니다. (CIP제어번호: CIP2020031706)